Controlling von Garantieleistungen

Von der Fakultät für Maschinenwesen der
Rheinisch-Westfälischen Technischen Hochschule Aachen
zur Erlangung des akademischen Grades eines
Doktors der Ingenieurwissenschaften
genehmigte Dissertation

vorgelegt von
Diplom-Ingenieur Ulf-Rudolf von Haacke
aus Verden/Aller

Referent: Univ.-Prof. Dr.-Ing. Dipl.-Wirt.Ing. Dr.techn. h.c. (N) Walter Eversheim
Korreferent: Univ.-Prof. Dr.-Ing. Dr.h.c. (BR) Prof. h.c. (TJ) Tilo Pfeifer

Tag der mündlichen Prüfung: 06. November 1996
D 82 (Diss. RWTH Aachen)

Fraunhofer Institut
Produktionstechnologie

Berichte aus der Produktionstechnik

Ulf-Rudolf von Haacke

Controlling von Garantieleistungen

Herausgeber:

Prof. Dr.-Ing. Dr. h. c. Dipl.-Wirt. Ing. W. Eversheim
Prof. Dr.-Ing. F. Klocke
Prof. em. Dr.-Ing. Dr. h. c. mult. W. König
Prof. Dr.-Ing. Dr. h. c. Prof. h. c. T. Pfeifer
Prof. Dr.-Ing. Dr.-Ing. E. h. M. Weck

Band 28/96
Shaker Verlag
D 82 (Diss. RWTH Aachen)

Die Deutsche Bibliothek - CIP-Einheitsaufnahme

von Haacke, Ulf-Rudolf:
Controlling von Garantieleistungen / Ulf-Rudolf von Haacke. - Als Ms. gedr. -
Aachen: Shaker, 1996
   (Berichte aus der Produktionstechnik; Bd. 96,28)
   Zugl.: Aachen, Techn. Hochsch., Diss., 1996
ISBN 3-8265-2002-5
NE: GT

Copyright Shaker Verlag 1996
Alle Rechte, auch das des auszugsweisen Nachdruckes, der auszugsweisen
oder vollständigen Wiedergabe, der Speicherung in Datenverarbeitungs-
anlagen und der Übersetzung, vorbehalten.

Als Manuskript gedruckt. Printed in Germany.

ISBN 3-8265-2002-5
ISSN 0943-1756

Shaker Verlag GmbH • Postfach 1290 • 52013 Aachen
Telefon: 02407 / 95 96 - 0 • Telefax: 02407 / 95 96 - 9
Internet: www.shaker.de • eMail: info@shaker.de

„Qualität heißt, daß der Kunde zurückkommt
und nicht die Ware"

Seghezzi, 1996

Vorwort

Die vorliegende Dissertation entstand während meiner Tätigkeit als wissenschaftlicher Mitarbeiter am Fraunhofer-Institut für Produktionstechnologie (IPT) in Aachen.

Herrn Professor Walter Eversheim, dem Leiter der Abteilung Planung und Organisation des oben genannten Instituts und Leiter des Lehrstuhls für Produktionssystematik am Laboratorium für Werkzeugmaschinen und Betriebslehre (WZL) der Rheinisch-Westfälischen Technischen Hochschule Aachen, danke ich für die Gelegenheit zur Promotion. Seine wohlwollende Förderung und Unterstützung ermöglichte die Durchführung dieser Arbeit. Herrn Professor Tilo Pfeifer bin ich für die Übernahme des Korreferats sehr dankbar.

Besonders danken möchte ich auch meinen Eltern. Sie haben mich auf meinem bisherigen Lebensweg stets nach allen Kräften unterstützt. Meine wissenschaftliche Arbeit ist nicht zuletzt auch ein Ergebnis ihrer toleranten und weltoffenen Erziehung.

Den ehemaligen und aktiven Kolleginnen und Kollegen des Fraunhofer-Instituts für Produktionstechnologie und des Lehrstuhls für Produktionssystematik gilt mein Dank für die kreative, erlebnisreiche und humorvolle Arbeitsatmosphäre. Ihre Unterstützung bei der täglichen Arbeit und ihre Anregungen haben einen wertvollen Beitrag zu dieser Arbeit geleistet. Danken möchte ich in diesem Zusammenhang auch all den Verwaltungsangestellten und Sekretärinnen, die sich in dieser Zeit sehr verständnisvoll auf meinen Arbeitsrhythmus eingestellt haben und durch ihren Einsatz überhaupt erst die nötigen Freiräume für die nächtliche wissenschaftliche Arbeit schufen.

Ganz besonderer Dank gilt Herrn Michael Leiters, der mich durch seinen ausgezeichneten Arbeitseinsatz und inhaltliche kontroverse Diskussionen bei der Erstellung der Arbeit unterstützt hat. Ebenso bedanke ich mich bei Markus Müller, Dr. Andreas Laschet und Dr. Mathias Erb für die Hilfe bei der Erstellung der Arbeit sowie bei deren Rezensierung. Sie alle haben in besonderer Weise meine Zeit am Institut geprägt, mir zu jeder Tages- und Nachtzeit mit mehr oder weniger weisen Ratschlägen zur Seite gestanden und in guten wie auch schlechten Stunden (Projekten) nie den Humor verloren.

Besonderes Lob gebührt auch meinen Hiwis für ihren unermüdlichen Arbeitseinsatz und die Bereitschaft, alle persönlichen Belange inklusive der Nahrungsaufnahme an zweite Stelle zu schieben. Wegen ihres Fleißes und des „freiwillig" extrem hohen Arbeitseinsatzes sind sie am Institut zur Legende geworden. Danken möchte ich auch

Ute Schütt für ihre kompetente, tolerante und unermüdliche Zusammenarbeit bei der Erstellung des Software-Prototypen.

Besonderer Dank gebührt auch Herrn Dr. K. Keller, der mich ganz wesentlich bei allen mathematisch-statistischen Fragestellungen unterstützte und über die Numerische Beratung der RWTH Aachen einen wichtigen Beitrag zur Schaffung eines wissenschaftlich anspruchsvollen Umfeldes geleistet hat.

Mein ganz besonderer Dank gilt schließlich Brigitte, deren liebevolle Zuneigung ich nun seit fast 10 Jahren genieße. Sie hat mich in dieser Zeit entlastet und mir durch ihre Geduld und ihr Verständnis den nötigen emotionalen Rückhalt gegeben. Mindestens ebenso wertvoll waren allerdings auch die zahlreichen wissenschaftlichen Diskussionen und ihre kritischen Anregungen aus der ökonomischen Perspektive.

Aachen, im November 1996

0 Verzeichnisse

0.1 Inhaltsverzeichnis

0 Verzeichnisse	I
0.1 Inhaltsverzeichnis	I
0.2 Abbildungsverzeichnis	III
0.3 Abkürzungsverzeichnis	VI
1 Einleitung	**1**
1.1 Ausgangssituation	1
1.2 Zielsetzung und Vorgehensweise	3
2 Grundlagen und Potentialanalyse	**7**
2.1 Qualitätsmanagement	7
2.2 Qualitätsbezogene Kosten - Qualitätscontrolling	10
2.3 Grundlagen der Garantieleistung	15
2.3.1 Gewährleistung	16
2.3.2 Garantieleistung	16
2.3.3 Produkthaftung	18
2.3.4 Zuverlässigkeit	19
2.4 Bedeutung der Garantieleistung für die Ziele des Unternehmens	23
2.4.1 Die Leistungsdimension	23
2.4.2 Die Kostendimension	26
2.4.3 Informatorische Dimension	28
2.5 Bestehende Ansätze zum Controlling von Garantieleistungen	29
2.6 Zwischenfazit - Ausgangssituation	32
3 Grobkonzept eines Controlling von Garantieleistungen	**34**
3.1 Grundlagen des betrieblichen Controlling	34
3.2 Anforderungen an das Garantiecontrolling	36
3.2.1 Inhaltliche Anforderungen	37
3.2.2 Formale Anforderungen	41
3.3 Strukturierung eines Grobkonzepts zum Controlling von Garantieleistungen	41

3.3.1 Grundlagen der gewählten Modellierungsmethodik _____ 42
3.3.2 Ableitung des Grobkonzepts _____ 46

3.4 Fazit: Grobkonzept _____ 51

4 Detaillierung des Konzepts _____ 53

4.1 Modellierung des Problembereiches _____ 53
   4.1.1 Produktstrukturmodell _____ 55
   4.1.2 Garantiemodell _____ 57
   4.1.3 Prozeßkostenmodell _____ 61

4.2 Systemelement Lageanalyse _____ 63
   4.2.1 Erneuerungsprozesse _____ 65
   4.2.2 Retrospektive Garantiekostenanalyse _____ 68
   4.2.3 Prospektive Garantiekostenbetrachtungen _____ 73

4.3 Systemelement Zielplanung _____ 76
   4.3.1 Ableitung von Zuverlässigkeitszielen mit QFD _____ 77
   4.3.2 Ableitung von Kostenzielen mit Hilfe des Target Costing _____ 79
   4.3.3 Ableitung komponentenbezogener Garantiekostenziele _____ 81

4.4 Systemelement Maßnahmenbewertung _____ 84
   4.4.1 Entwicklung des Bewertungsmodells _____ 85
   4.4.2 Abbildung zuverlässigkeitsrelevanter Produkteigenschaften _____ 87
   4.4.3 Simulation des Referenzzustandes _____ 90
   4.4.4 Abbildung der Maßnahme und Prognose der Maßnahmenwirkung _____ 96
   4.4.5 Bewertung und Vergleich der Ergebnisse _____ 98

4.5 Fazit: Detailkonzept _____ 101

5 Umsetzung und Evaluierung _____ 103

5.1 Unterstützung des Controllingsystems durch ein EDV-Hilfsmittel _____ 103
   5.1.1 Systemkonzept _____ 104
   5.1.2 Implementierung _____ 107

5.2 Industrielles Fallbeispiel _____ 108

6 Zusammenfassung _____ 117

7 Literaturverzeichnis _____ 120

8 Anhang _____ A1

0.2 Abbildungsverzeichnis

Bild 1.1: Kennzeichen der Ist-Situation - Handlungsbedarf
Bild 1.2: Aufbau der Arbeit
Bild 2.1: Qualität und Qualitätsmanagement in der DIN EN ISO 8402
Bild 2.2: Wachstums- und Rentabilitätssteigerung durch Qualität
Bild 2.3: Dimensionen der Qualität nach GARVIN
Bild 2.4: Qualitätsbezogene Kosten und Aufwände
Bild 2.5: Klassische und neue Gliederung der qualitätsbezogenen Kosten
Bild 2.6: Haftungsgrundlagen bei fehlerhaften Produkten
Bild 2.7: Beschreibung stetiger normalverteilter Zufallsvariablen
Bild 2.8: „Badewannenkurve" zur Beschreibung der Ausfallrate technischer Systeme
Bild 2.9: Drei-parametrige Weibull-Verteilung
Bild 2.10: Garantie als extrinsisches Zeichen zur Risikominderung
Bild 2.11: Erlössteigerung durch Garantievergabe im Preis-Absatz-Diagramm
Bild 2.12: Bedeutung der Garantiekostenprognose für das Unternehmen
Bild 2.13: Nutzung qualitätsrelevanter Felddaten
Bild 2.14: Einordnung in angrenzende Arbeiten
Bild 3.1: Konzeptioneller Bezugsrahmen für das Controlling
Bild 3.2: Ableitung der Anforderungen an das Controllingsystem
Bild 3.3: Vom Garantiecontrolling betroffene Entscheidungsbereiche
Bild 3.4: Anforderungen an das System zum Controlling von Garantieleistungen
Bild 3.5: Grundbegriffe der Systemtechnik
Bild 3.6: Verschiedene Beschreibungssichten und -ebenen der ARIS-Methode
Bild 3.7: Ereignisorientierte Prozeßkette von ARIS im hierarchischen Aufbau
Bild 3.8: Ableitung der Systemelemente des Controlling von Garantieleistungen
Bild 3.9: Systemkoppelnde und -bildende Elemente des Garantiecontrolling
Bild 3.10: Systemelemente des Garantiecontrolling
Bild 4.1: Abgrenzung des Problembereiches und der betrachteten Einflußparameter
Bild 4.2: Bewertung alternativer Ansätze zur Modellierung des Ausfallverhaltens
Bild 4.3: Zuverlässigkeitsorientiertes Produktstrukturmodell

Bild 4.4: FRW- und PRW-Modelle bzw. deren Kombination
Bild 4.5: Mehrdimensionale Garantiebedingungen
Bild 4.6: Garantiemodell
Bild 4.7: Ressourcenorientierte Prozeßkostenrechnung
Bild 4.8: Prozeßkostenmodell der Fehlerbeseitigung
Bild 4.9: Lageanalyse/-kontrolle als Element des Controllingsystems
Bild 4.10: Ausfalldichtefunktion $f(t)$, Erneuerungsprozeß und -funktion $H(t)$
Bild 4.11: Ermittlung der komponentenspezifischen Erneuerungs- und Ausfalldichtefunktion
Bild 4.12: Isochronendiagramm
Bild 4.13: Bewertetes Isochronendiagramm nach dem Ressourcenverfahren
Bild 4.14: Detaillierung der Fehlerhäufigkeits- und Kostenanalysen
Bild 4.15: Prognose auf der Basis einer zweidimensionalen Schätzung
Bild 4.16: Vorgehensweise zur Zielplanung
Bild 4.17: Quality Function Deployment als Ausgangspunkt für die Top-Down-Definition kundenorientierter Zuverlässigkeitsziele
Bild 4.18: Berücksichtigung der Garantiekosten in der Zielkostenrechnung
Bild 4.19: Ableitung komponentenbezogener Soll-Werte für Garantiestückkosten
Bild 4.20: Bestimmung zeitbezogener Garantiekostenziele
Bild 4.21: Verknüpfung der Teilmodelle zum Bewertungsmodell
Bild 4.22: Vorgehensweise zur Maßnahmenbewertung
Bild 4.23: Bereiche der Weibull-Verteilung im Doppelt-Logarithmischen Diagramm
Bild 4.24: Bewertung verschiedener Analysemethoden zur Beschreibung des Ausfallverhaltens eines Produktes und seiner Komponenten
Bild 4.25: Monte-Carlo-Simulation zu erwartender Garantiestückkosten
Bild 4.26: Ergebnisse der Simulation
Bild 4.27: Transformation zweidimensionaler in eindimensionale Problemstellungen
Bild 4.28: Abbildung der Maßnahmen im Bewertungsmodell
Bild 4.29: Multiplikativ-additive Bestimmung der Garantiekostenfunktion $\Delta GK(t)_{MO}$
Bild 4.30: Bewertung der Maßnahmen mit Hilfe einer Investitionsrechnung
Bild 5.1: Funktionale Einbindung des GMS in die CAQ-Funktionalität
Bild 5.2: Einbindung des GMS in betriebliche DV-Systeme

Bild 5.3: GMS-Datenmodell (Ausschnitt)
Bild 5.4: Steuerungssicht des GMS (Ausschnitt)
Bild 5.5: GMS-Bedieneroberfläche und Masken
Bild 5.6: Ermittlung der Prozeßkosten pro Garantiefall
Bild 5.7: Aufbau des Produktstrukturmodells und des Garantiemodells
Bild 5.8: Isochronendiagramm und Häufigkeitsanalyse im GMS
Bild 5.9: Abbildung der Maßnahmen zur Garantiekostensenkung im GMS
Bild 5.10: Bewertung der Maßnahmen mit Hilfe der Simulation
Bild 5.11: Ergebnisse der Einführung eines Systems zum Garantiecontrolling

0.3 Abkürzungsverzeichnis

α_I, α_{II}	Glättungsfaktoren
$\alpha^{(i)}$	Gleichverteilte Zufallszahl
β	Gewichtungsfaktor
δ	Verhältniszahl
A_0	Einmalige Auszahlung zum Zeitpunkt t_0
$A_{lmn}\ A_{lmi}$	Laufende Auszahlungen, mengenneutral oder mengeninduziert
$A(t^*)$	Auszahlungen in der Periode t^*
ARIS	Architektur Integrierter Informationssysteme
ASQC	American Society for Quality Control
AWK	Aachener Werkzeugmaschinen-Kolloquium
BGB	Bürgerliches Gesetzbuch
Bsp.	Beispiel
bspw.	beispielsweise
bzw.	beziehungsweise
CAD	Computer Aided Design
CAP	Computer Aided Planning
CAQ	Computer Aided Quality Management
CIMOSA	CIM Open System Architecture
DDS	Department of Decision Systems
DGQ	Deutsche Gesellschaft für Qualität e. V.
Dgl.	Differentialgleichung
d. h.	das heißt
DIN	Deutsches Institut für Normung e. V.
DV	Datenverarbeitung
E	Erwartungswert
E_0	Einmalige Einzahlung zum Zeitpunkt t_0
E_L	Laufende Einzahlungen
$E(t^*)$	Einzahlungen in der Periode t^*
eEPK	erweiterte Ereignisorientierte Prozeßkette

engl.	englisch
etc.	et cetera
evtl.	eventuell
f.	folgende (eine Seite)
ff.	folgende (mehrere Seiten)
FhG	Fraunhofer Gesellschaft
FMEA	Failure Mode and Effects Analysis
FRW	Free Replacement Warranty
$f(t)$, $f(t^*)$	Verteilungsdichtefunktion
$F(t)$, $F(t^*)$	Verteilungsfunktion
FTA	Fault Tree Analysis
Δg	Stückgewinn
ggf.	gegebenenfalls
$\Delta GK(t^*)$	Garantiekostenfunktion, Garantiekosten in der Periode t^*
$\Delta GKE(t^*)$	Einsparungen an Garantiekosten in der Periode t^*
GSK	Garantiestückkosten für ein vorgegebenes t_G
GMS	Garantie-Management-System
$GSK(t^*)$	Garantiestückkostenverteilung in Abhängigkeit von t^*
$\Delta GSK(t^*)$	Garantiestückkostendichte (-funktion)
$H(t)$, $H(t^*)$	Erneuerungsfunktion
$\Delta H(t^*)$	Erneuerungsdichte (-funktion)
	hier definiert als $\Delta H(t_n^*) = H(t_n^*) - H(t_{n-1}^*)$
HGB	Handelsgesetzbuch
HK	Herstellkosten
i	Kalkulationszinssatz
I_n	Isochrone für $t_{MIS} = n$
ICAM	Integration Computer Aided Manufacturing Program
IDEF1	ICAM Defintion Language (Information Modeling)
IDEFO	ICAM Defintion Language (Function Modeling)
i. d. R.	in der Regel
i. e. S.	im engeren Sinne

IPA	Fraunhofer-Institut für Produktionstechnik und Automatisierung
IPT	Fraunhofer-Institut für Produktionstechnologie
i. S.	im Sinne
i. w. S.	im weiteren Sinne
kalk.	kalkulatorisch
Kap.	Kapitel
KLR	Kosten- und Leistungsrechnung
M_1, M_2	Maßnahme 1 bzw. 2
$M(t^*)$	verkaufte Menge im Zeitintervall t^*
MC	Monte - Carlo - Methode
MIS	Month in Service
MOP	Month of Production
MTBF	Mean Time between Failure
Δm	(Absatz-)Mengensteigerung durch Garantievergabe
N	Anzahl
$N_A(t^*)$	Anzahl an Ausfällen im Zeitintervall t^*
o. g.	oben genannt
PPS	Produktionsplanung und -steuerung
PROPLAN	System zur EDV-gestützten Prozeßanalyse
PRW	Pro Rata Warranty
Δp	Preis- bzw. Erlössteigerung (durch Änderung der Garantiebedingungen)
q	Abzinsungsfaktor
QFD	Quality Function Deployment
RBK	Reklamationsbearbeitungskosten
rel.	relativ
RK(t)	Reklamationskosten, die vom Produzenten zu tragen sind RK(t) = f(W(t), RBK)
R(t)	Überlebenswahrscheinlichkeit
S.	Seite
S_i	Erneuerungspunkte
SA	Structured Analysis

SADT	Structured Analysis and Design Technique
SQL	Structured Query Language
t	Zeit
t^*	diskrete Zeitintervalle
t_G	Garantiedauer (Zeit, Betriebsstunden, Kilometerleistung)
t_{MIS}	Betriebszeit · Month In Service
t_{MOP}	Herstellungszeitpunkt · Month Of Production
T_i	Abstände zwischen Erneuerungspunkten
TDM	Tausend Deutsche Mark
TU	Technische Universität
u. a.	und andere
Uni.	Universität
V_{K1}	Verwendungshäufigkeit der Komponente K1
VDI	Verein Deutscher Ingenieure
vgl.	vergleiche
$W(t)$	Erstattungsfunktion, ggf. abhängig vom Zeitwert des Produktes bei PRW
$W_{S_i}(t)$	Wahrscheinlichkeit, daß genau S_i Erneuerungspunkte zwischen 0 und t liegen
Y_I, Y_{II}	Schätzwerte für einen Punkt der Isochrone
Z	Zahlungsreihe
z. B.	zum Beispiel

1 Einleitung

1.1 Ausgangssituation

Die gravierende Verschärfung des Wettbewerbs auf den internationalen Märkten zwingt Unternehmer zunehmend, ihre Marktleistung bezüglich der Ziele Qualität, Zeit und Kosten zu positionieren und zu differenzieren [TÖPF 93, S. 1]. Eine konsequente Ausrichtung dieser Leistung an den Bedürfnissen des Kunden ist auf den vielfach gesättigten Märkten zu einer unabdingbaren Voraussetzung für den unternehmerischen Erfolg geworden [SIMO 91, S. 254ff.; PFEI 93, S. 2f.].

Die daraus resultierende Forderung nach einer starken Kunden- und Prozeßorientierung aller unternehmerischen Aktivitäten hat zu einem deutlichen Wandel im gesamten Produktionsmanagement [AWK 93, S. 1-12; EVER 93a, S. 119ff.], vor allem aber dem Kosten- und Qualitätsmanagement geführt [HORV 92, S. 3; EVER 93b, S. 1; ZINK 95, S. 47]. Insbesondere der gleichzeitigen Optimierung von Qualität und Kosten wird von verschiedener Seite eine hohe Wettbewerbsrelevanz beigemessen [BUGG 95, S. 20; vgl. auch SEGH 96, S. 26]. In einer auf diese Wettbewerbsfaktoren ausgerichteten Wirtschaftsordnung ist deshalb eine fundierte Kenntnis der durch Qualität und insbesondere „Nicht-Qualität" anfallenden Kosten von existenzieller Bedeutung.

Um im Wettbewerb erfolgreich zu sein, ist bei der Planung und Herstellung von Produkten sorgfältig zwischen der vom Kunden wahrgenommenen Produktqualität bzw. dem Produktnutzen und den damit verbundenen Kosten abzuwägen [vgl. ZINK 95, S. 1]. In diesem Zusammenhang nehmen Garantien eine besondere Stellung ein, da sie direkten Einfluß auf die Wettbewerbsfaktoren Qualität und Kosten besitzen [BLIS 96, S. 5]. Garantien sind zusätzliche freiwillige Leistungen des Herstellers, die geeignet sind, die Hauptleistung - das Produkt - zu stützen. Mit ihnen verpflichten sich die Hersteller deutlich über die gesetzliche Gewährleistung hinaus, für die Güte ihrer Produkte einzustehen [SCHI 67, S. 12f.]. Mit Garantien können Produzenten dem Kunden einerseits ein hohes Qualitätsniveau demonstrieren [SHIM 82, S. 38]. Andererseits sind mit der Garantievergabe aber auch langfristige finanzielle Verpflichtungen in Form von Qualitätsfolgekosten verbunden [vgl. ROMM 95, S. 1]. In einem preislich ausgereizten Wettbewerbsumfeld kommt deshalb einer ertragsorientierten Gestaltung dieser Zusatzleistung große Bedeutung zu [vgl. BLIS 96, S. 5].

Garantien erfüllen neben der gesetzlichen Gewährleistung im wesentlichen zwei absatzpolitische Aufgaben: Zum einen erleichtern sie dem Kunden die Kaufentscheidung, weil sie auf ihn insbesondere bei neuen bzw. unbekannten Produkten risikomindernd wirken [BEAR 82, S. 229; EMON 89, S. 44]. Sie stärken in Form einer Gütegewähr das Vertrauen des Kunden in bestimmte Produkteigenschaften bzw. das Qualitätsimage und stellen damit eine wesentliche Hilfe bei der Absatzanbahnung dar [SCHI 67, S. 45ff.]. Zum anderen stellen Garantien als Erzeugnisnebenleistung eine wichtige Komponente des Service dar. Sie ermöglichen es, die Kundenzufriedenheit auch im Schadensfall wiederherzustellen und eine dauerhafte Beziehung zwischen den Kunden und dem Unternehmen zu schaffen. Garantien leisten damit insbesondere auf gesättigten Märkten einen wichtigen Beitrag zur langfristigen Absatzvorbereitung und -erhaltung [SCHI 67, S. 47ff.; FRIE 94a, S. 69]. Damit besitzt die Garantie insbesondere in der ersten und letzten Phase des Produktlebenszykluses hohe Wettbewerbsrelevanz.

Vor diesem Hintergrund haben sich Garantien zu einem effektiven absatzfördernden Instrument entwickelt [PADM 96, S. 393]. Insbesondere in den vergangenen Jahren ist - wie z. B. in der Computerbranche - ein deutlicher Trend zu längeren Garantiezeiten zu verzeichnen [PCWO 91, S. 25; vgl. auch ROMM 95, S. 1]. Damit sind aber gleichzeitig auch die daraus resultierenden unternehmerischen Risiken gestiegen, da die mit Garantieverträgen verbundenen, langfristigen finanziellen Verpflichtungen die Ertragsfähigkeit bestimmter Produkte oder Varianten signifikant verändern können. Nach den Ergebnissen einer Langzeitstudie können Garantiekosten in Einzelfällen das dreifache der Herstellkosten betragen [ROMM 95, S. 1]. Um eine erfolgreiche Sortimentspolitik zu gewährleisten, ist deshalb den Garantie- und Gewährleistungskosten bei der Kalkulation des Produktes ausreichend Rechnung zu tragen.

Trotz ihrer Bedeutung für den wirtschaftlichen Erfolg einzelner Produkte und Varianten fehlen derzeit durchgängige, wissenschaftlich fundierte Ansätze für eine wirkungsvolle Planung, Steuerung und Kontrolle der Garantieleistung und der damit verbundenen Kosten (**Bild 1.1**). Verschärfend wirkt sich dabei der o. g. Trend zu längeren Garantiezeiten bei abnehmenden Produktlebenszyklen - und damit sinkender nachträglicher Beeinflußbarkeit der Garantiekosten - aus. Darüber hinaus ergeben sich aus den diametral entgegengesetzten Forderungen nach komplexeren und gleichzeitig zuverlässigeren Produkten [BRUN 92b, S. 1] zusätzliche Schwierigkeiten für das Garantiekostenmanagement. Aus den vom Fraunhofer-Institut für Produktionstechnologie zu diesem Thema durchgeführten Projekten konnte der oben angesprochene Handlungsbedarf bestätigt werden: Zur systematischen Reduzierung der Garantiekosten bedarf es wegen der Interdisziplinarität der Problemstellung eines koordinierenden Instrumentariums.

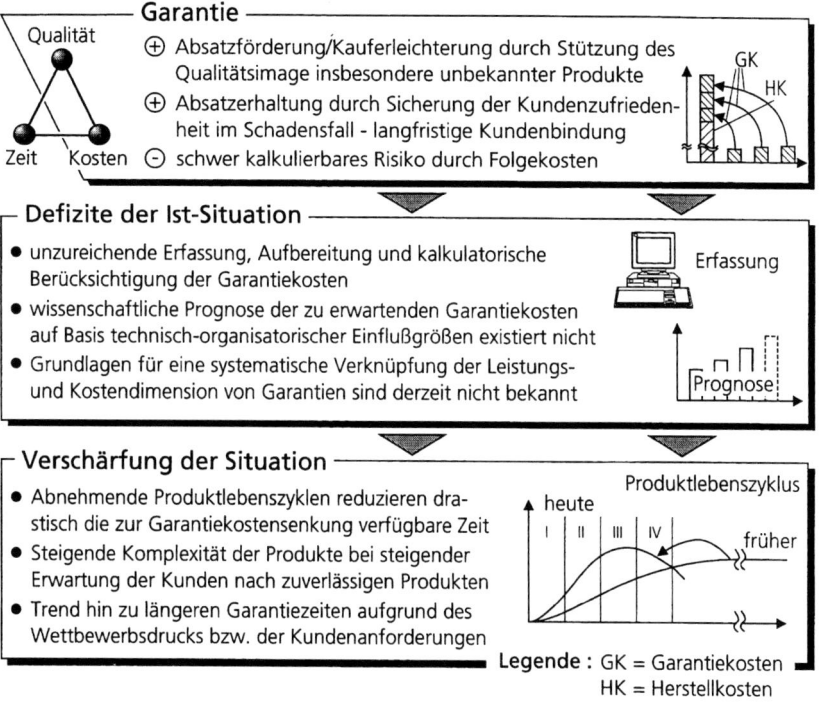

Bild 1.1: Kennzeichen der Ist-Situation - Handlungsbedarf

1.2 Zielsetzung und Vorgehensweise

Ziel dieser Arbeit ist die Konzeption eines Systems zum GARANTIECONTROLLING[1], um eine ertragsorientierte PLANUNG, STEUERUNG und KONTROLLE der mit der GARANTIELEISTUNG verbundenen Kosten in allen betroffenen betrieblichen Entscheidungsbereichen zu ermöglichen. Aus ingenieurwissenschaftlicher Perspektive stehen dabei in dieser Arbeit die technischen bzw. technisch-organisatorischen Einflußgrößen auf die Garantiekosten im Vordergrund (z. B. Produktzuverlässigkeit); leistungswirtschaftliche Aspekte wie Um-

---

[1] Garantiekosten können wegen ihrer rel. Höhe [vgl. ROMM 95, S. 1; HAUF 95, S. 1037] als wesentlich im Hinblick auf die Beeinflussung der Erfolgs- und Liquiditätsziele des Unternehmens angesehen werden. Damit ist nach REICHMANN ihre Controllingrelevanz unmittelbar nachgewiesen [REICH 95, S. 4].

satzsteigerungen aufgrund von Garantieerweiterungen werden nur indirekt berücksichtigt. Durch das GARANTIECONTROLLING sollen:

- garantierelevante Informationen entscheidungsorientiert aufbereitet und bereitgestellt,
- eine Festlegung realistischer Garantiekostenziele unterstützt und
- garantiepolitische bzw. garantierelevante Handlungsalternativen im Sinne von Trade-Off-Entscheidungen mit Hilfe einer Prognose ihrer Auswirkungen bewertet werden können.

Um diese Anforderungen erfüllen zu können, soll ein DV-Prototyp zur Unterstützung der wesentlichen Funktionen des Garantiecontrolling entwickelt werden. Mit seiner Hilfe soll eine rationale Umsetzung der erarbeiteten Hilfsmittel in der betrieblichen Praxis möglich sein.

Betrachtungsobjekt des GARANTIECONTROLLING wird in dieser Arbeit die FUNKTIONALE QUALITÄT komplexer Serien- bzw. Kleinserienprodukte aus der Perspektive des Herstellers sein. Der Zuverlässigkeit der betrachteten Systeme wird dabei besondere Aufmerksamkeit gewidmet, da sie die wesentliche produktimmanente Einflußgröße auf die Garantiekosten ist.

Die verursachungsgerechte monetäre Bewertung der Produktzuverlässigkeit in der frühen Nutzungsphase ermöglicht eine Berücksichtigung überperiodig anfallender Fehlerkosten in einem lebenszyklusorientierten Kostenmanagement. Auf dieser Basis kann man die Reduzierung unmittelbarer Nachlauf- und Folgekosten als Folge einer Investition in Fehlerverhütung abschätzen [FRIE 94a, S. 64; HORV 90, S. 106f.]. Die entwickelten stochastischen Modelle erlauben hierzu - ohne detaillierte Kenntnis der ablaufenden Schadensprozesse - ausreichend genaue Aussagen zu den Garantiekosten zu treffen, die aus spezifischen Parameterkombinationen resultieren [vgl. SCHN 92, S. 94]. Zur Auslegung sicherheitskritischer Bauteile sind sie nicht geeignet.

Um der dargestellten ingenieurwissenschaftlichen Zielsetzung gerecht zu werden, wird aus wissenschaftstheoretischer Sicht ein REALWISSENSCHAFTLICHER ANSATZ nach ULRICH verfolgt [ULRI 76a, S. 304ff.]. Da in dieser Ausarbeitung ein Handlungssystem [BRUN 91, S. 41] zum Controlling von Garantieleistungen entwickelt werden soll, kann der Inhalt dem Bereich der ANGEWANDTEN WISSENSCHAFTEN bzw. HANDLUNGSWISSENSCHAFTEN zugeordnet werden [ULRI 76a, S. 305]. Der Aufbau der Arbeit orientiert sich deshalb an dem entsprechenden Forschungsprozeß, der sich aus TERMINOLOGISCH-DESKRIPTIVEN, EMPIRISCH-INDUKTIVEN und ANALYTISCH-DEDUKTIVEN PHASEN zusammensetzt [ULRI 76b, S. 347] (**Bild 1.2**).

Ausgangspunkt der Arbeit ist in KAPITEL 2 eine umfassende Analyse der mit der Garantieleistung verbundenen Problembereiche. Dazu wird die Entwicklung des Qualitätsmanagement (Kap. 2.1) sowie die damit verbundene wachsende Bedeutung qualitätsbezogener Wirtschaftlichkeitsbetrachtungen erläutert (Kap. 2.2). Die Grundlagen der Garantieleistung werden dargestellt (Kap. 2.3). Einer Beschreibung der Bedeutung der Garantie für die Unternehmensziele (Kap. 2.4) folgt die Würdigung bestehender Ansätze hinsichtlich der Zielsetzung dieser Arbeit (Kap 2.5).

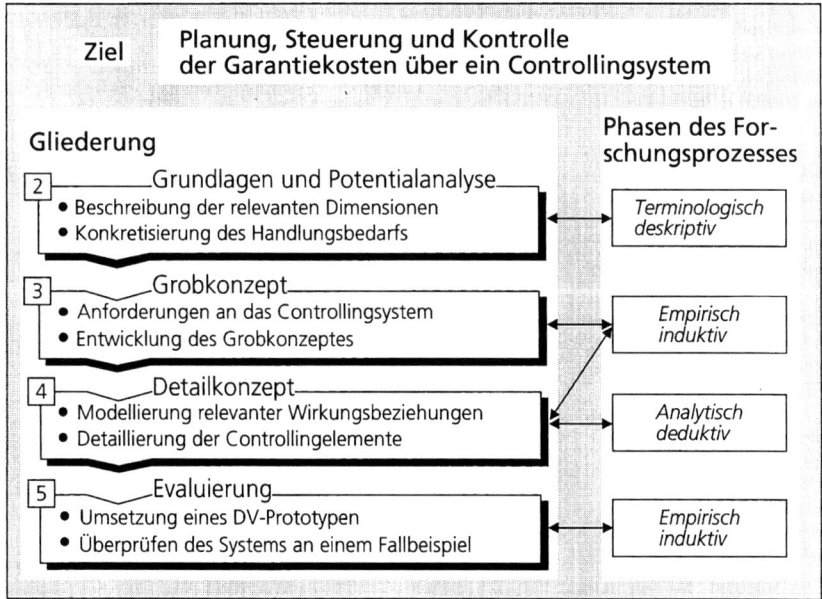

Bild 1.2: Aufbau der Arbeit

In KAPITEL 3 wird dem aufgezeigten Forschungsbedarf durch die Ableitung eines Grobkonzepts für ein Garantiecontrolling Rechnung getragen. Dazu werden aufbauend auf einer Charakterisierung allgemeiner betrieblicher Controllingfunktionen (Kap. 3.1) empirisch-induktiv die Anforderungen an das System zum Garantiecontrolling abgeleitet (Kap.3.2) und ein entsprechendes Grobkonzept entwickelt (Kap. 3.3). Um eine möglichst hohe Problemorientierung zu gewährleisten, werden die Hauptelemente des Controllingsystems durch Aktivitäten gebildet, die den Führungsprozeß direkt unterstützen.

Die Ausarbeitung und Detaillierung des Konzepts erfolgt in KAPITEL 4 entsprechend der zuvor erläuterten Gliederung. In KAPITEL 5 wird eine für das Garantiecontrolling erforderliche Informationsunterstützung in Form eines DV-Prototypen vorgestellt (Kap. 5.1).

Abschließend wird die Anwendbarkeit des Controllingsystems anhand eines industriellen Anwendungsbeispiels evaluiert und Einsatzmöglichkeiten der erarbeiteten Hilfsmittel aufgezeigt (Kap. 5.2).

2
Grundlagen und Potentialanalyse

Entsprechend der Zielsetzung dieser Arbeit werden im folgenden die Grundlagen der Garantieleistung sowie die mit einem entsprechenden Controlling erschließbaren Potentiale vorgestellt. Zu diesem Zweck wird zunächst die für diese Arbeit relevante Entwicklung des Qualitätsmanagement beschrieben (Kap. 2.1). Die daraus resultierende zunehmende Bedeutung einer fundierten Analyse der mit der Qualität und insbesondere „Nicht-Qualität" verbundenen Kosten zur ertragsorientierten Steuerung der Aktivitäten des Qualitätsmanagement wird erklärt (Kap. 2.2). Das daraus entstandene Forschungsfeld des Qualitätscontrolling wird skizziert.

Anschließend werden die Grundlagen der Garantiekosten vorgestellt (Kap. 2.3) und die Bedeutung der Garantie für die Ziele des Unternehmens hinsichtlich der Dimensionen Leistung, Kosten und Information erarbeitet (Kap. 2.4). Abschließend sollen bestehende Ansätze hinsichtlich der Zielsetzung dieser Arbeit kritisch gewürdigt und der Handlungsbedarf konkretisiert werden (Kap. 2.5).

2.1 Qualitätsmanagement

Nach der aktuellen Norm bezeichnet der Begriff Qualität *die Gesamtheit von Merkmalen einer Einheit bezüglich ihrer Eignung, festgelegte und vorausgesetzte Erfordernisse zu erfüllen* [DIN 95, S. 3]. Heute werden alle betrieblichen Aktivitäten, die zur Sicherstellung der entsprechenden Qualität nötig sind, unter dem Begriff Qualitätsmanagement subsumiert [GEIG 94, S. 3; PETR 94, S. 90]. Normengemäß beinhaltet Qualitätsmanagement *alle Tätigkeiten des Gesamtmanagement, welche die Qualitätspolitik, Ziele und Verantwortungen festlegen sowie diese durch Mittel wie Qualitätsplanung, Qualitätslenkung, Qualitätsmanagement-Darlegung und Qualitätsverbesserung verwirklichen* [DIN 95, S. 15ff.] (**Bild 2.1**).

Die Definition dieser Begriffe unterlag aufgrund der dynamischen Entwicklung im Bereich des Qualitätsmanagement in den vergangenen Jahren einer stetigen Veränderung [vgl. DGQ 87; DGQ 93 und GEIG 94, S. 43 - 56 und S. 69 - 79]. Die Entwicklung zeichnet sich dabei durch eine deutliche Erweiterung des Qualitätsbegriffs sowie einer damit einhergehenden Ausweitung der qualitätsbezogenen betrieblichen Aktivitäten aus [vgl. HAIS 89, S. 4 - 13; SEGH 96, S. 16ff.].

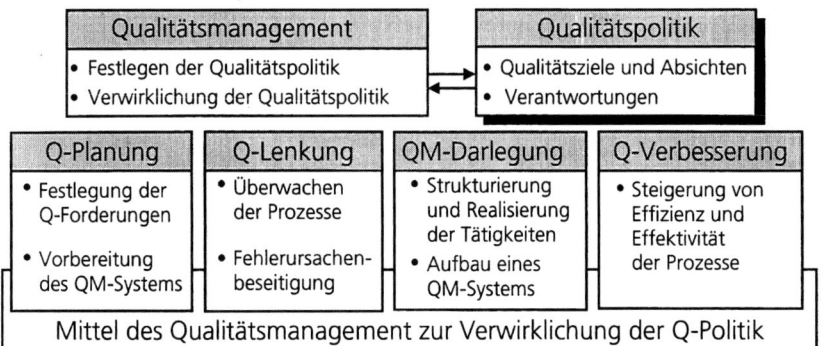

Bild 2.1: Qualität und Qualitätsmanagement in der DIN EN ISO 8402

Im Mittelalter wurden Güter nur in kleinen Mengen und in individueller Produktion von Handwerkern und Lehrlingen hergestellt. Ein im Sinne der Anforderungen leistungsfähiges Produkt wurde als natürliches Arbeitsergebnis qualifizierter Handwerker angesehen [JURA 70, S. 20, vgl. auch GARV 88, S. 3 - 4]. Qualitätssichernde Tätigkeiten im heutigen Sinne gab es nicht. Die Produktqualität wurde indirekt über das Zunftwesen und amtliche Schau-Anstalten garantiert, die ein hohes Ausbildungsniveau sicherstellten und den Handwerker bei nicht einwandfreier Ware bestraften oder gar vom Wettbewerb ausschlossen [CHAN 78, S. 50 - 64; LERN 94, S. 19 - 22].

Erst die Anonymisierung der Hersteller-Käufer-Beziehung durch standardisierte Massenprodukte und organisierte Händlernetze machten eine formelle GÜTEGEWÄHR im Sinne einer PRODUKTGARANTIE erforderlich [LOOM 96, S. 40ff.]. Sie sollte den Kunden von der FEHLERFREIHEIT des Produktes überzeugen. Aus dieser Zeit stammt die Auffassung, Qualität zeige sich als „Abwesenheit von Fehlern" [vgl. auch GARV 88, S. 4 - 5].

Mit der Einführung arbeitsteiliger Prozesse Ende des 18. Jahrhunderts nahm der Anteil des einzelnen Arbeiters am Gesamtarbeitsergebnis stetig ab. Damit reduzierte sich auch seine Verantwortung für die Fehlerfreiheit des Endproduktes. Um dennoch die Weitergabe fehlerhafter Produkte an den Kunden verhindern zu können, konzentrierte sich die traditionelle Qualitätskontrolle auf die Auslese mangelhafter Produkte nach deren Herstellung [vgl. RADF 17, S. 102; vgl. LERN 94, S. 23]. In seinem Werk SCIENTIFIC MANAGEMENT legitimierte TAYLOR schließlich Anfang des 20. Jahrhunderts die Entwicklung einer qualitätssichernden Disziplin, indem er die Qualitätskontrolle als Aufgabe eines der acht Fachmeister herausstellte [TAYL 14, S. 44 - 49].

Zu einer veränderten Auffassung des Qualitätsbegriffs im Sinne einer verstärkten ORIENTIERUNG AN KUNDENBEDÜRFNISSEN trugen in den 50er und 60er Jahren vor allem die amerikanischen Qualitätsexperten DEMING, JURAN und FEIGENBAUM mit ihren Arbeiten bei [LASC 94, S. 7]. Nach den von ihnen entwickelten Qualitätskonzepten sollten sich Maßnahmen zur Sicherung der Qualität nicht auf „end of pipe-Kontrollen" beschränken, sondern sich nach der Devise „Quality is everybody's job" auf alle Unternehmensbereiche erstrecken [vgl. JURA 80; DEMI 82; FEIG 91]. Dementsprechend erhöhte sich die Anzahl der in der Praxis eingesetzten Qualitätstechniken und -methoden drastisch. Dies gilt insbesondere für die präventiven (DESIGN REVIEW, FAILURE MODE AND EFFECT ANALYSIS = FMEA, etc.) [PFEI 93, S. 50 - 56 und 59ff.] und statistischen Methoden (STATISTICAL PROCESS CONTROLL = SPC, DESIGN OF EXPERIMENTS = DoE, etc.) [WHEE 86; TAGU 87]. Durch Einsatz und Koordination der Methoden begannen sich die Einzeldisziplinen des Qualitätsmanagement heutiger Prägung herauszubilden.

Mit der Einführung umfassender Qualitätskonzepte wie beispielsweise TOTAL QUALITY CONTROL (TQC) nach FEIGENBAUM [FEIG 83], COMPANY WIDE QUALITY CONTROL (CWQC) nach ISHIKAWA [ISHI 85] und TOTAL QUALITY MANAGEMENT (TQM) [ZINK 94; FREH 94] ging eine stetige Zunahme der Verantwortung des Management für Qualität einher [vgl. DEMI 86, S. 5, 23ff.]. Dies lag zum einen an dem durch die Methodenvielfalt stark angewachsenen Koordinationsbedarf entlang der industriellen Wertschöpfungskette [FEIG 83, S. 11 - 12 u. S. 149ff.; HORV 90, S. 8]. Zum anderen machte die Erkenntnis, daß sich Qualität zu einem entscheidenden Wettbewerbsfaktor entwickelt hatte (**Bild 2.2**), dessen stärkere Berücksichtigung durch das Management bei der Gestaltung des strategischen Wettbewerbs erforderlich [FEIG 83, S. 17 - 24; GARV 88, S. 21ff.].

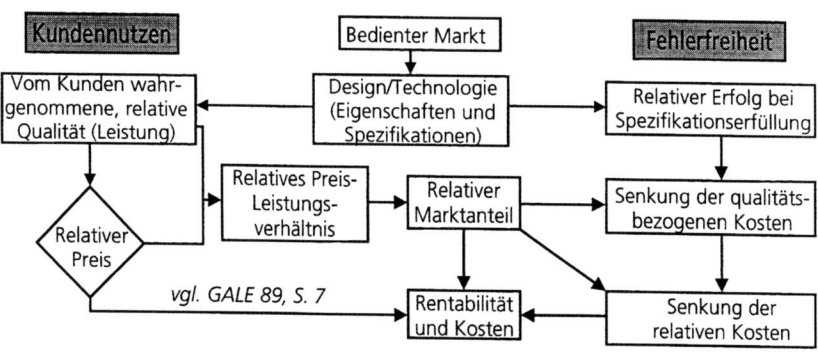

Bild 2.2: Wachstums- und Rentabilitätssteigerung durch Qualität

Heute wird Qualität primär über die Zufriedenheit des Kunden definiert. Sie schließt neben der Erzeugnisleistung auch alle weiteren Unternehmensleistungen über den gesamten Produktlebenszyklus ein [vgl. OESS 93, S. 89ff; GARV 88, S. 49 - 68]. Ein Modell zur Beschreibung der wesentlichen vom Kunden wahrgenommenen Dimensionen der Qualität wurde von GARVIN vorgestellt [GARV 88, S. 49]. Aus der von ihm erarbeiteten Gliederung kann man erkennen, daß die GARANTIELEISTUNG direkt oder indirekt auf 4 der 8 QUALITÄTSDIMENSIONEN wirkt (**Bild 2.3**). Mit der Garantie soll einerseits das QUALITÄTSIMAGE gestärkt und der Kunde von der ZUVERLÄSSIGKEIT und HALTBARKEIT des Produktes überzeugt werden. Andererseits ist die Erbringung der Garantieleistung durch den KUNDENDIENST im Fehlerfall ein wirkungsvolles Mittel zur Schadensbegrenzung [vgl. FRIE 94a, S. 69; SIMO 91, S. 263].

Gebrauchsnutzen	Ausstattung	Zuverlässigkeit	Normgerechtigkeit
Nutzen der grundlegenden Produktfunktionen	Zusatzfunktionen über die Grundfunktionen des Produktes hinaus	Wahrscheinlichkeit für das Auftreten einer Störung	Kompatibilität zu anderen Werkstücken

vgl. GARV 88, S. 47ff.

Wirkung der Garantieleistung

Haltbarkeit	Kundendienst	Ästhetik	Qualitätsimage
Dauer bis zur endgültigen Funktionsuntüchtigkeit	Aufwand und Flexibilität der Schadensbehebung	Übereinstimmung des Produktes mit persönlichen Einstellungen	Meinung über die Qualität eines Produktes

Bild 2.3: Dimensionen der Qualität nach GARVIN

Aus diesem Grund ist der ganzheitlichen Planung, Gestaltung und Kontrolle der Garantieleistung im Rahmen des Qualitätsmanagement zunehmende Bedeutung beizumessen. Durch die Entwicklung eines Systems zum Garantiecontrolling soll diesem Trend Rechnung getragen werden.

2.2 Qualitätsbezogene Kosten - Qualitätscontrolling

Mit der steigenden Bedeutung des Qualitätsmanagement für die Führungskräfte veränderten sich auch die Meßgrößen zur Führung der Qualität [vgl. SEGH 96, S. 30ff.]. War in der klassischen Qualitätskontrolle zunächst das Ausmaß von Toleranzverletzungen die wesentliche Entscheidungsgrundlage, so erfordert das heutige Qualitätsmanagement weitreichendere, allgemeingültigere Führungsgrößen. Sie müssen vor allem geeignet sein, die Erfolgswirksamkeit von Qualitätsmanagementmaßnahmen zu bewerten. In diesem Zusammenhang gewann der Wissenschaftsbereich der QUALITÄTSBEZOGENEN KOSTEN für Unternehmen insbesondere in den vergangenen 10 Jahren zunehmend an Bedeutung [vgl. FRIE 94a, S. 21].

Grundlagen und Potentialanalyse

Die Ursprünge der Qualitätskostenrechnung gehen bis in die 50er Jahre zurück. Zu den großen Wegbereitern eines an wirtschaftlichen Kriterien orientierten Qualitätsmanagement gehören vor allem JURAN, FEIGENBAUM und CROSBY [vgl. JURA 88; FEIG 83; CROS 79]. Sie verwenden QUALITÄTSBEZOGENE KOSTEN als wesentlichen Maßstab für die Beurteilung von Qualitätsverbesserungen [LASC 94, S. 10]. Der in Theorie und Praxis vorherrschende, wertmäßige Kostenbegriff definiert

KOSTEN als den bewerteten "Verbrauch von Gütern und Dienstleistungen für die Herstellung und den Absatz von betrieblichen Leistungen und die Aufrechterhaltung der dafür erforderlichen Kapazitäten" [WÖHE 90, S. 1218].

Der Begriff der Qualitätskosten deckt sich nur zum Teil mit diesem betriebswirtschaftlich definierten Kostenbegriff [HAHN 81, S. 18ff.]. Unter Qualitätskosten werden üblicherweise auch geschäftsneutrale Aufwände bzw. Erlösschmälerungen subsumiert, zu denen bspw. auch Aufwendungen für Garantieleistungen und Produkthaftpflicht gehören [STEI 94, S. 73] (**Bild 2.4**)[2].

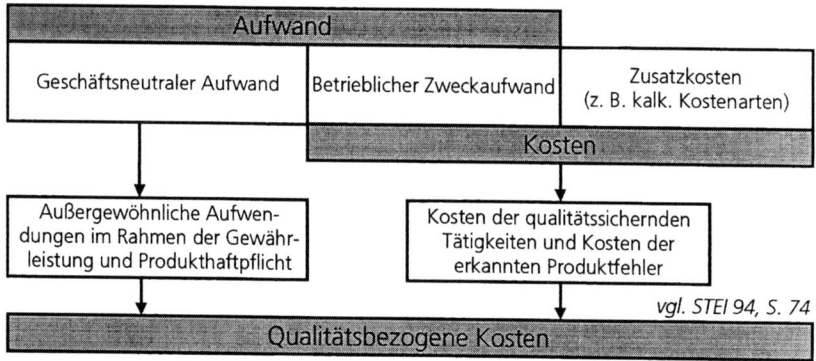

Bild 2.4: Qualitätsbezogene Kosten und Aufwände

Bereits 1956 entwickelt FEIGENBAUM eine Gliederung der qualitätsbezogenen Kosten[3], die bis heute insbesondere in der Industrie eine weite Verbreitung gefunden hat. Danach setzen sich die qualitätsbezogenen Kosten aus Fehlerverhütungskosten, Prüfkosten und Fehlerkosten zusammen (**Bild 2.5**) [HAHN 81, S. 9, 18 - 29, 120ff.].

---

[2] Vor diesem Hintergrund werden unter dem Begriff der Garantiekosten ebenfalls die geschäftsneutralen Aufwände subsumiert, die sich bspw. aus einer Kaufpreisminderung ergeben.

[3] Qualitätsbezogene Kosten werden insbesondere in der angeführten Literatur auch als Qualitätskosten bezeichnet.

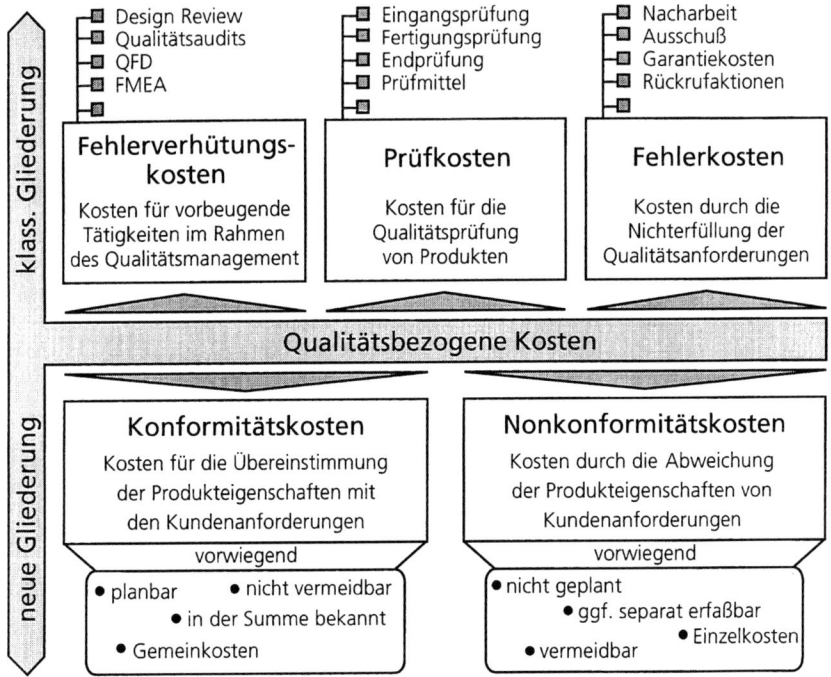

Bild 2.5: Klassische und neue Gliederung der qualitätsbezogenen Kosten

Trotz der starken Verbreitung dieser Gliederung wird sie heute sowohl von der Praxis als auch von der Wissenschaft als unzweckmäßig [MASI 88, S. 11; SEGH 96, S. 172] oder sogar sinnlos bezeichnet [KAMI 92, S. 122; TOMY 94, S. 39ff.]. Da die Probleme dieser Gliederung in der Literatur hinreichend diskutiert und dokumentiert sind [WILD 92; KAND 94], sollen an dieser Stelle nur die wesentlichen drei Kritikpunkte aufgeführt werden:

- Qualitätskosten enthalten Aufwendungen, die mit dem Ziel anfallen, die Fähigkeit zur Erzeugung fehlerfreier Erzeugnisse zu schaffen und zu erhalten. Damit stellen diese "Kosten" eine positive Investition dar und dürfen nicht begrifflich mit den Kosten verknüpft werden, die zur Beseitigung bereits realisierter Abweichungen, wie bspw. Nacharbeit, anfallen [WILD 92, S. 762].
- Die Kategorie Prüfkosten subsumiert willkürlich einzelne Kostenarten, die zum Teil eine Folge von Fehlern sind (Sortierprüfung) und zum Teil fehlerverhütenden Charakter besitzen [KAND 94, S. 769].
- Die nach der klassischen Gliederung optimale Qualitätskostenlage bietet keine Grundlage für unternehmerische Entscheidungen [KAMI 92, S. 122].

Neben diesen inhaltlichen Kritikpunkten führt dieser Ansatz qualitätsbezogener Kosten in der Praxis zu zahlreichen Problemen, da er implizit die vollständige Erfassung aller Kosten in Form einer Qualitätskostenrechnung voraussetzte [HAHN 81; RAUB 89]. Für Unternehmen ergibt sich daraus ein hoher Erfassungsaufwand, der dadurch verstärkt wird, daß sich die Einteilung nicht ausreichend an der herkömmlichen Kostenrechnungsstruktur orientierte [LASC 94, S. 31].

Zur Beseitigung einiger wesentlicher o. g. Defizite der klassischen Dreiteilung der Qualitätskosten schlug MASING vor, sich im wesentlichen auf die Erfassung und Analyse der Fehlerkosten zu konzentrieren und diese zukünftig korrekter als FEHLLEISTUNGSAUFWAND (FLA) zu bezeichnen [MASI 88, S. 11 - 12]. Mit Hilfe des Fehlleistungsaufwands ist eine Bewertung und Priorisierung anstehender QM-Maßnahmen in Form einer Investitions- und Wirtschaftlichkeitsrechnung möglich. Eine vollständige Erfassung aller qualitätsrelevanten Kosten, insbesondere der Konformitätskosten, steht demnach nicht mehr im Vordergrund [vgl. auch STEI 94, S. 66, 71; FRIE 94a, S. 63].

MASINGs Vorschlag traf in Wissenschaft und Praxis auf breite Zustimmung [BLEC 88; KAMI 92] und wurde von CROSBY und später WILDEMANN zur neuen Gliederung qualitätsbezogener Kosten weiterentwickelt [CROS 90; WILD 92], die in Bild 2.5 dargestellt ist[4]. Danach wird zwischen Kosten der Übereinstimmung (Konformitätskosten) und Kosten der Abweichung (Nonkonformitätskosten) unterschieden [vgl. CROS 90, S. 92; WILD 92, S. 762ff.]. Während Konformitätskosten Investitionscharakter haben und der geplanten Erfüllung von Anforderungen dienen, stellen Nonkonformitätskosten nachträgliche, ungeplante Verbesserungen im Falle der Nichterfüllung dar. Die Nonkonformitätskosten entsprechen dabei dem von MASING begrifflich postulierten Fehlleistungsaufwand [KAND 94, S. 771]. Durch diese Einteilung wird eine stärkere Kundenorientierung, eine höhere Transparenz und eine Verdeutlichung der angestrebten Präventivstrategie unterstützt [KAND 94, S. 773].

In Anlehnung an die Ansätze von MASING und WILDEMANN konzentrieren sich derzeit die Bemühungen in der Industrie vornehmlich auf die Erfassung und Auswertung des Fehlleistungsaufwandes [MASI 93, S. 152; FRIE 94a, S. 72ff.; GUPT 95, S. 80]. In Abhängigkeit vom Ort der Fehlerentdeckung kann dabei generell zwischen INTERNEM und EXTERNEM FEHLLEISTUNGSAUFWAND differenziert werden. GARANTIE- UND GEWÄHRLEISTUNGSKOSTEN lassen sich danach eindeutig dem EXTERNEN FEHLLEISTUNGSAUFWAND zuordnen. Da interne und externe Fehlleistungsaufwendungen entscheidungsrelevant und

---

[4] Weitere Gliederungsansätze, die sich in der Literatur finden [KAMI 93, S. 21; TOMY 94, S. 61ff.; DIN 95, S. 22], sollen wegen ihrer geringen praktischen Relevanz an dieser Stelle nicht diskutiert werden.

verhältnismäßig leicht erfaßbar sind, eignen sie sich besonders zur wirtschaftlichen Steuerung qualitätsfördernder Aktivitäten. Dies gilt vor allem für Garantie- und Gewährleistungskosten, die zwar meist undifferenziert, aber dennoch automatisch über die Finanzbuchhaltung erfaßt und ausgewiesen werden [LASC 94, S. 34; WILD 92, S. 766].

Neben der Kostendimension qualitätssichernder Maßnahmen ist ebenso deren Leistungsdimension in den vergangenen Jahren immer stärker in den Vordergrund der Betrachtung gerückt [vgl. WILD 92, S. 761]. Eine Quantifizierung des Nutzens von Qualität bzw. von einzelnen qualitätsfördernden Maßnahmen ist für eine strategiekonforme Gestaltung des Qualitätsmanagement von größter Bedeutung. Mit dieser sowohl kosten- wie auch leistungsseitigen hohen Erfolgsrelevanz fordert das Qualitätsmanagement die gesamte Bandbreite unternehmerischen Handelns. Aus diesem Grund schlägt HORVÁTH vor, das Qualtitätsmangagement durch ein maßgeschneidertes, d. h. problemorientiertes Controlling zu unterstützen [HORV 90, S. 4ff.]. HORVÁTH definiert

Qualitätscontrolling als „ein Teilsystem des Controlling, welches unternehmensweite Vorgänge mit dem Ziel koordiniert, eine anforderungsgerechte Qualität wirtschaftlich sicherzustellen" [HORV 90, S. 12].

Dabei ist es das Ziel, durch Koordination, Integration und Informationsversorgung[5] die Effizienz und Effektivität des Qualitätsmanagement zu verbessern [HORV 90, S. 15; KAMI 93, S. 41ff.]. Neben der Definition qualitätsrelevanter Ziele und deren kontinuierlicher Kontrolle soll mit Hilfe des Qualitätscontrolling eine Überprüfung verschiedener Qualitätsmanagementmaßnahmen hinsichtlich ihrer Erfolgswirksamkeit möglich sein [TOMY 94, S. 80]. Damit werden durch das Qualitätscontrolling unter anderem Aufgaben erfüllt, die ursprünglich mit Hilfe der Qualitätskostenrechnung [vgl. HAHN 81, S. 144; RAUB 89, S. 47ff.] erbracht werden sollten. Neben monetären werden allerdings auch nicht monetäre Meßgrößen wie bspw. die Kundenzufriedenheit verwendet [vgl. FRIE 94a, S. 108].

Unter den im Rahmen des Qualitätscontrolling verwendeten monetären Größen nehmen entsprechend den Vorschlägen MASINGs Fehlerkosten eine wichtige Stellung ein [vgl. TOMY 94, S. 82]. Dies gilt in besonderem Maße für die externen Fehlerkosten [BRUN 92a, S. 312], die bei realistischer Bewertung deutlich höher angesetzt werden müssen als die Kosten für Reparatur und Material. Um zu einer verursachungsgerechten Bewertung zu kommen, wird in dieser Arbeit der Ansatz verfolgt, für Reklamationen im

---

[5] Die Hauptfunktionen Integration, Informationsversorgung und Koordination sind in der Controllingrelevanten Literatur ausreichend detailliert definiert [siehe auch Kapitel 3.1; HORV 94; REIC 95; NIED 94].

Grundlagen und Potentialanalyse 15

Garantiezeitraum ggf. alle KOSTEN ZUR ERHALTUNG DER KUNDENZUFRIEDENHEIT anzusetzen. Dazu gehören neben KOSTEN FÜR REPARATUR und ABWICKLUNG bspw. auch jene, die für die BEREITSTELLUNG VON ERSATZ-/LEIHPRODUKTEN anfallen. Der häufig unternommene aber wenig erfolgversprechende Versuch einer Quantifizierung der aus Qualitätsmängeln resultierenden KUNDENUNZUFRIEDENHEIT [vgl. FRÖH 93a; FRÖH 93b] wird wegen seiner großen Ungenauigkeit und weiterer vielfältiger Nachteile [STEIN 94, S. 68; FRIE 94a, S. 92] nicht verfolgt.

2.3 Grundlagen der Garantieleistung

Im vorangegangenen Abschnitt sind Garantiekosten als wesentliches Element der Nonkonformitätskosten bzw. des externen Fehlleistungsaufwands identifiziert worden. Für die Entstehung dieser Kosten sind vor allem zwei Sachverhalte relevant, die im folgenden näher erläutert werden sollen: Zum einen muß ein Defekt vorliegen, d. h. ein Produkt aufgrund seiner mangelhaften Zuverlässigkeit ausfallen[6]. Zum anderen muß neben der Beanstandung durch den Kunden eine rechtskräftige Verpflichtung des Produzenten vorliegen, für diesen Mangel finanziell einzustehen. Bevor die Grundlagen der Zuverlässigkeitsbetrachtung zur Beschreibung des Produktausfallverhaltens vorgestellt werden (Kap. 2.3.4), sollen zunächst die zivilrechtlichen Haftungsgrundlagen für die Gewährleistung, den Garantievertrag und die Produkthaftung erläutert und gegeneinander abgegrenzt werden (Kap. 2.3.1-3). In **Bild 2.6** sind die verschiedenen Haftungsgrundlagen dargestellt, aus denen sich eine unbedingte Einstandspflicht des Herstellers ergeben kann.

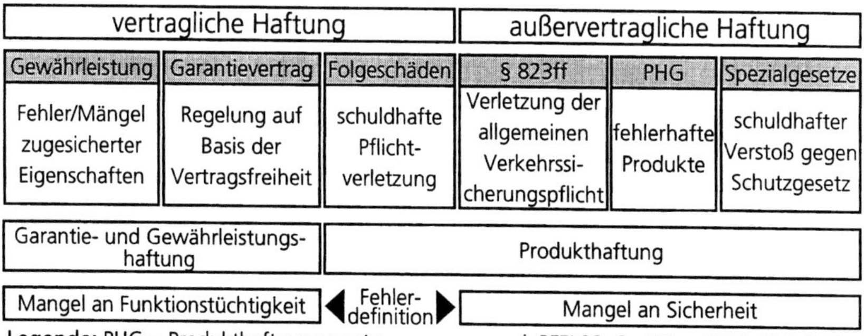

vertragliche Haftung			außervertragliche Haftung		
Gewährleistung	Garantievertrag	Folgeschäden	§ 823ff	PHG	Spezialgesetze
Fehler/Mängel zugesicherter Eigenschaften	Regelung auf Basis der Vertragsfreiheit	schuldhafte Pflichtverletzung	Verletzung der allgemeinen Verkehrssicherungspflicht	fehlerhafte Produkte	schuldhafter Verstoß gegen Schutzgesetz
Garantie- und Gewährleistungshaftung			Produkthaftung		
Mangel an Funktionstüchtigkeit		◀ Fehlerdefinition ▶	Mangel an Sicherheit		

Legende: PHG = Produkthaftungsgesetz   vgl. *PFEI 93, S. 406 u. SCHM 94, S. 745*

Bild 2.6: Haftungsgrundlagen bei fehlerhaften Produkten

---

[6] Zielsetzungskonform werden in dieser Arbeit Reklamationen aufgrund von Falschlieferung (Menge, Spezifikation, Termin) nicht berücksichtigt. Zu ihrer Erfassung und Auswertung siehe LASCHET [LASC 94].

2.3.1 Gewährleistung

Allgemein werden unter Gewährleistungsverpflichtungen die verschiedenen im Bürgerlichen Recht niedergelegten Verbindlichkeiten verstanden [SCHI 67, S. 14]. Danach muß der Hersteller/Lieferant dafür Gewähr leisten, daß die von ihm gelieferte Ware die Qualitätsforderung erfüllt [§§ 459, 633 BGB; DGQ 88, S. 47]. D. h., er haftet für die Fehlerfreiheit i. S. von Funktionstüchtigkeit, Zweckeignung und Nutzungsmöglichkeit sowie für das Vorhandensein etwaiger zugesicherter Eigenschaften [PFEI 93, S. 408]. Der Anspruch auf Gewährleistung ist dabei unabhängig vom Verschulden des Verpflichteten [DGQ 88, S. 47]. Zur Wahrung seiner Ansprüche hat der Kunde allerdings den Mangel unverzüglich anzuzeigen [§ 377 HGB, vgl. GEIG 94, S. 228]. Die für diese Arbeit relevanten Gewährleistungsvorschriften sind im Kauf- und Werkvertragsrecht gegliedert [BGB 91; vgl. BROC 89, S. 252].

Liegt ein Fehler[7] bei Gefahrenübergang vor, kann der Käufer über Minderung oder Wandlung einen Preisnachlaß bzw. eine Kaufpreiserstattung gegen Rückgabe der Ware verlangen [§ 462 BGB]. Im Fall der Gattungsschuld ist der Hersteller/Lieferant zur Nachlieferung einer mangelfreien Sache verpflichtet [§ 480 BGB]. Schadensersatz kann der Käufer nach Kaufrecht verlangen, wenn zugesicherte Eigenschaften fehlen [§ 463 BGB]. In diesem Fall kann der Hersteller sogar zur Haftung für Folgeschäden gezwungen werden, die sich aus der Nichterfüllung der zugesicherten Eigenschaften ergeben [DGQ 88, S. 51; PFEI 93, S. 409]. Im Falle eines Werk-/Werkliefervertrages hat der Kunde einen Anspruch auf Nachbesserung der mangelhaften Sache [§§ 633, 634, 651 BGB].

Um einer starke Kundenbindung zu unterstützen, sehen sich viele Unternehmer in der Praxis gezwungen, die oben genannten Gesetze sehr im Sinne ihrer Kunden zu interpretieren, d. h. für Fehler innerhalb der gesetzlichen Frist von 6 Monaten [vgl. § 477 BGB] nahezu uneingeschränkt finanziell einzustehen. Fragen der konkreten Anspruchsgrundlage im Einzelfall bzw. der Beweislast [vgl. dazu PFEI 93, S. 431ff.] haben daher in der Praxis an Bedeutung verloren, da es unter den verschärften Wettbewerbsbedingungen für ein Unternehmen verhängnisvoll sein kann, sich auf Rechtspositionen zurückzuziehen [PAUL 74, S. 799].

2.3.2 Garantieleistung

Der Garantiebegriff tritt in der Praxis in den unterschiedlichsten Formen auf und reicht vom leeren Schlagwort der Geschmacks-, Frische- und Zufriedenheitsgarantie bis hin zu

---

[7] Man beachte an dieser Stelle die unterschiedliche Interpretation des Fehler-/Mangelbegriffes im Gewährleistungsrecht bzw. der gesamten außervertraglichen Haftung [vgl. PFEI 93, S. 407 - 408].

umfangreichen Zusagen zur kostenlosen Beseitigung von Produktmängeln in der Nutzungsphase. In dieser Arbeit sollen nur letztgenannte Garantieleistungen berücksichtigt werden, da nur sie eine für den Verbraucher günstige Erweiterung der gesetzlichen Gewährleistung darstellen [vgl. GEIG 94, S. 228].

Fälschlicherweise werden die Begriffe Garantie- und Gewährleistung in Literatur und Praxis häufig synonym verwendet [vgl. KAND 94, S. 768; HORV 90, S. 126, 142]. Dabei wird vernachlässigt, daß es sich bei der Garantie im Gegensatz zur Gewährleistung um eine rein freiwillige Leistung des Herstellers handelt. Während das Gewährleistungsrecht im BGB verankert ist, ist der Garantievertrag gesetzlich nicht geregelt [PFEI 93, S. 411]. Seine Zulässigkeit ergibt sich aus dem Grundsatz der Vertragsfreiheit [BROC 89, S. 131]. Damit besitzen Unternehmer erhebliche Freiheitsgrade zur Gestaltung dieser Produktnebenleistung [vgl. BLIS 92a, S. 130ff.]. Ein weiterer erheblicher Unterschied zur Gewährleistung besteht darin, daß Gewährleistungsansprüche nur dann geltend gemacht werden können, wenn die Sache bereits zur Zeit des Gefahrenübergangs einen Fehler aufweist [vgl. REIN 83, S. 12; § 459 BGB]. Im Gegensatz dazu verpflichtet die Garantie i. d. R. den Hersteller zur Leistung, sobald ein Mangel vorliegt [STOL 56, S 48] [8].

Um die Garantie gegenüber der Gewährleistung und der „unechten"[9] Garantie (Bsp. Frischegarantie) abzugrenzen, wird in der vorliegenden Arbeit unter Garantie

> eine auf einem mündlichen oder schriftlichen Vertrag fußende Verpflichtung eines Unternehmens verstanden, die finanziellen Aufwendungen für die Wiederherstellung bzw. Erhaltung der Produktbeschaffenheit sowie der zugesicherten Eigenschaften zu tragen.

Diese Definition geht deutlich über die Zusage einer reinen Mängelbeseitigung hinaus, da sie ggf. auch jene vertraglichen Verpflichtungen einschließt, die einen Erhalt des Produktnutzens auch im Schadensfall sicherstellen (Bsp. Mobilitätsgarantie der Automobilhersteller). Dies ist vor dem Hintergrund einer verstärkten Kundenorientierung besonders wichtig.

---

[8] Die sich aus juristischer Perspektive ergebenden zahlreichen Abgrenzungsprobleme zwischen Garantie- und Gewährleistung [vgl. TÖNN 84, S. 1730ff.; BGH 88, S. 1153] werden im folgenden nicht betrachtet, da sie keine Auswirkungen auf die insgesamt anfallenden finanziellen Aufwendungen besitzen.

[9] SCHIECKE differenziert Garantien nach verschiedenen Kriterien in echte und unechte Garantien [SCHI 67, S. 34ff.]. Im Sinne dieser Einteilung werden in der vorliegenden Arbeit nur echte Garantien betrachtet.

Im Gegensatz zur Garantieleistung stehen diejenigen Leistungen, die ein Unternehmen auf dem Kulanzwege erbringt, außerhalb jeglicher formeller Verpflichtung [SCHI 67, S. 20]. Dennoch ist Kulanz ein wirksames Mittel zur Pflege und Erleichterung der Beziehungen zwischen den Wirtschaftenden, mit dem Härten und unglückliche Abgrenzungen gemildert bzw. vermieden werden [vgl. LENZ 40, S. 20].

2.3.3 Produkthaftung

Unter Produkthaftung versteht man die Haftung für die Schäden, die aus der Benutzung fehlerhafter Waren entstehen [HÄGE 90, S. 18]. Während der Garantievertrag und das Gewährleistungsrecht den unmittelbaren Schaden bzw. Minderwert der Sache selbst betreffen, handelt es sich im Kernbereich der Produkthaftung um die mittelbaren Schäden, d. h. Folgeschäden, die an sonstigen Rechtsgütern Dritter durch die Fehlerhaftigkeit der Sache entstanden sind [vgl. SCHM 94, S. 746]. Dementsprechend verpflichtet die Produkthaftung den Hersteller oder Händler, für Schäden aufzukommen, die einem Dritten durch Fehler eines vom Hersteller/Händler in Verkehr gebrachten Produktes entstanden sind.

Nach SCHMIDT-SALZER setzt sich die Anspruchsgrundlage der Produkthaftung aus vertraglicher und außervertraglicher Haftung zusammen [SCHM 94, S. 745ff.] (Bild 2.6). Somit werden durch die Produkthaftung nicht nur wie im Gewährleistungsrecht die Interessen des Käufers an der Nutzungsmöglichkeit geschützt, sondern alle Personen vor der rechtswidrigen Beeinträchtigung ihrer Rechtssphäre durch andere [PFEI 93, S. 412; DGQ 88, S. 25ff]. Der Produkthaftung liegt folglich ein anderer Fehlerbegriff zugrunde als der Garantie- und Gewährleistungshaftung [BAUE 89, S. 183ff.]. Fehlerhaftigkeit bedeutet hier vornehmlich einen (technisch und mit wirtschaftlich zumutbaren Mitteln vermeidbaren) Mangel an Sicherheit [PFEI 93, S. 413]. Die Tauglichkeit und Funktionstüchtigkeit des Rechtsgutes spielt danach nur eine untergeordnete Rolle.

Das Produkthaftungsgesetz als wesentlicher Bestandteil der Produkthaftung (vgl. Bild 2.6) hat schon vor dem Inkrafttreten zum 01.01.1990 für große Aufmerksamkeit gesorgt. Entsprechend umfangreich ist auch die verfügbare Fachliteratur [vgl. BELZ 92; HÄGE 90; KOCH 90; WEST 91; EBER 91]. Die große Bedeutung der Produkthaftung für die betriebliche Praxis läßt sich aus der Tatsache ableiten, daß die Mängelfolgeschäden bzw. Begleitschäden weit über den Wert des fehlerhaften Produktes selbst hinaus gehen können und damit ein großes Risiko für das Unternehmen darstellen [vgl. HÄGE 90, S. 18]. Die auf Basis der Produkthaftung geltend gemachten finanziellen Forderungen werden jedoch in dieser Arbeit nicht berücksichtigt.

Grundlagen und Potentialanalyse 19

2.3.4 Zuverlässigkeit

Nachdem in den vorangegangenen Abschnitten die Garantieleistung aus juristischer Perspektive gegenüber der Gewährleistung und der Produkthaftung abgegrenzt wurde, sollen im folgenden einige Grundbegriffe der Zuverlässigkeitstheorie erläutert werden. Dies geschieht vor dem Hintergrund, daß in dieser Arbeit primär auf das Controlling der Garantieleistungen abgestellt wird, die aufgrund mangelnder funktionaler „Qualität auf Zeit" - d. h. unzureichender Zuverlässigkeit - von Kundenseite eingefordert werden. Die Zuverlässigkeit der im Feld befindlichen Produkte ist damit ein wichtiger Parameter für die Garantiekosten. Sie bedarf deshalb einer Beschreibung und Quantifizierung durch geeignete Kenngrößen, die im Rahmen eines Garantiecontrolling gesteuert und überwacht werden müssen.

Zuverlässigkeit kann als der zeitbezogene Aspekt der Qualität verstanden werden [DIN 95, S. 12] und reflektiert die Wahrscheinlichkeit, nach der ein Produkt in einer bestimmten Zeitspanne versagt [GARV 88, S. 52]. Berücksichtigt man die Verpflichtung des Herstellers, für die fehlerfreie Nutzung des Produktes finanziell einzustehen, kann die Zuverlässigkeit eines Produktes bzw. deren Abschätzung entscheidend für dessen langfristigen wirtschaftlichen Erfolg sein.

Die Zuverlässigkeit nach DIN ist keine quantitative Größe und damit auch keine mathematische Wahrscheinlichkeit [SCHN 92, S. 7]. Um Aussagen über die Zuverlässigkeit einer Einheit machen zu können, werden daher unter anderem die in **Bild 2.7** dargestellten quantitativen Bewertungskenngrößen wie Dichtefunktion $f(t)$, Verteilungsfunktion $F(t)$ und Ausfallrate $\lambda(t)$ verwendet.

Die Dichtefunktion $f(t)$ ist der (relative) Anteil von Einheiten einer Grundgesamtheit, der in dem folgenden kleinen Zeitintervall dt ausfällt. Sie läßt sich für den diskreten Fall anschaulich als relatives Histogramm darstellen [vgl. BERT 90, S. 9ff.]. Die Verteilungsfunktion $F(t)$ gibt den Ausfallanteil einer Grundgesamtheit bis zur Lebensdauer t an (Ausfallverteilung) [VDA 84, S. 223]. Sie ist identisch mit der in Bild 2.7 dargestellten Ausfallwahrscheinlichkeit $F(t)$, die die Wahrscheinlichkeit beschreibt, mit der die Ausfälle zu einem Zeitpunkt t insgesamt auftreten [BERT 90, S. 13]. Da $F(t)$ eine kumulierte Größe ist und für $t \to \infty$ alle Einheiten als ausgefallen gelten, folgt für den Grenzwert $F(t \to \infty) = 1$.

Die Ausfallrate $\lambda(t)$ gibt die Wahrscheinlichkeit an, mit der eine Betrachtungseinheit des Restbestandes in dem darauffolgenden Intervall $(t + dt)$ ausfällt. Alle drei Größen $f(t)$, $F(t)$ und $\lambda(t)$ können auf der Basis empirischer Untersuchungen ermittelt werden. Bei ausreichend großer Stichprobe lassen sich die Ergebnisse verallgemeinern und unter gewissen Einschränkungen auf die Grundgesamtheit übertragen.

Ausfalldichtefunktion $f(t)$:
Anteil der Einheiten, der in der entsprechenden (kleinen) Zeiteinheit ausfällt.

$$f(t) = \frac{1}{\sqrt{2\pi\sigma^2}} e^{\frac{-(t-\mu)^2}{2\sigma^2}}$$

Ausfallwahrscheinlichkeit $F(t)$:
Wahrscheinlichkeit, daß eine Einheit, die zum Zeitpunkt $t=0$ zu arbeiten begann, bis zum Zeitpunkt t ausgefallen ist.

$$F(t) = \int_0^t \frac{1}{\sqrt{2\pi\sigma^2}} e^{\frac{-(t-\mu)^2}{2\sigma^2}} d(t)$$

Ausfallrate $\lambda(t)$:
Maß für die Geschwindigkeit, mit der Ausfallprozesse ablaufen.

$$\lambda(t) = \frac{f(t)}{1-F(t)}$$

Legende:

Erwartungswert $\mu = E(t) = \int_{-\infty}^{\infty} t f(t) dt$

Varianz $\sigma^2 = Var(t) = \int_{-\infty}^{\infty} (t-\mu)^2 f(t) dt$

Standardabweichung $\sigma = \sqrt{Var(t)}$

vgl. BERT 90, S. 28

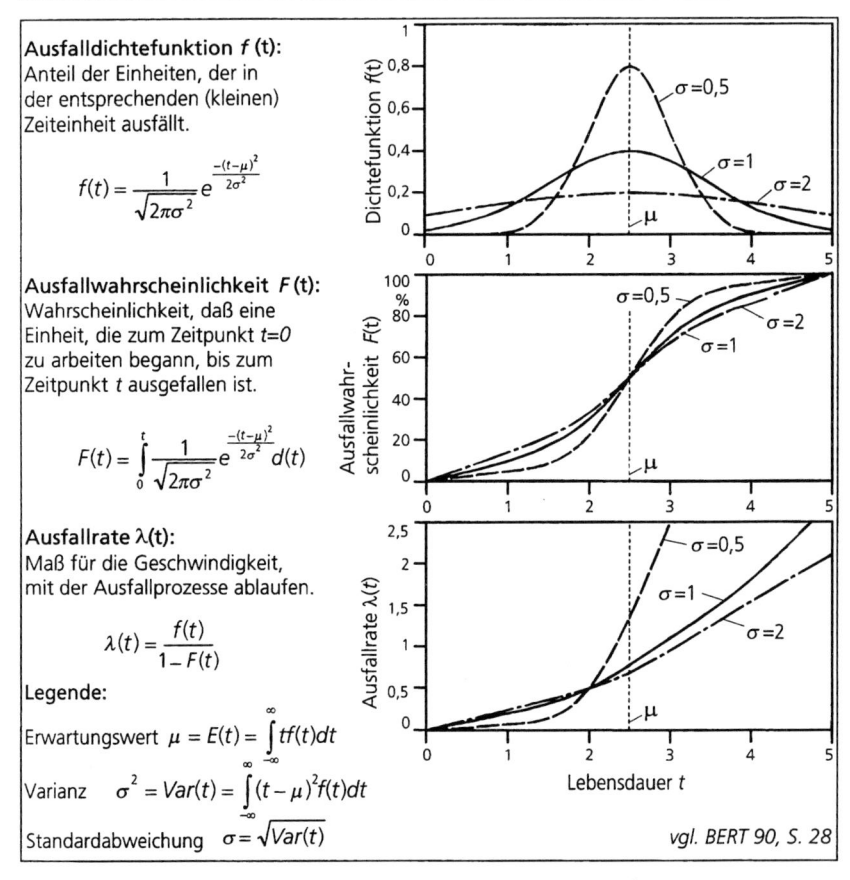

Bild 2.7: Beschreibung stetiger normalverteilter Zufallsvariablen[10]

Neben der in Bild 2.7 dargestellten Normalverteilung, die insbesondere aufgrund des zentralen Grenzwertsatzes der Statistik eine exponierte Stellung besitzt [SACH 92, S. 109], existieren eine Reihe weiterer Verteilungen wie bspw. Exponential-, Lognormal- und Gleichverteilung [BOSC 92, S. 252, 275, 248]. Bei Zuverlässigkeitsbetrachtungen im Maschinenbau und in der Elektrotechnik spielt jedoch insbesondere die WEIBULL-VERTEILUNG eine große Rolle [vgl. BERT 90, S. 31ff.]. Mit ihrer Hilfe ist es möglich, drei unterschiedliche Ausfallmuster zu beschreiben und sie in Form einer Mischverteilung zur

---

[10] Bei den in Bild 2.7 verwendeten statistischen Größen wie Erwartungswert und Standardabweichung handelt es sich um elementare Statistik zur Beschreibung probabilistischer Zuverlässigkeitskenngrößen, auf deren Erläuterung in dieser Arbeit nicht näher eingegangen werden kann [vgl. dazu SACH 92; BOSC 92].

Grundlagen und Potentialanalyse 21

klassischen „Badewannenkurve" zu kombinieren. Sie stellt das zeitliche Verhalten der Ausfallrate technischer Systeme $\lambda(t)$ dar (**Bild 2.8**).

[Diagramm: Badewannenkurve mit Ausfallrate $\lambda(t)$ über Lebensdauer t]

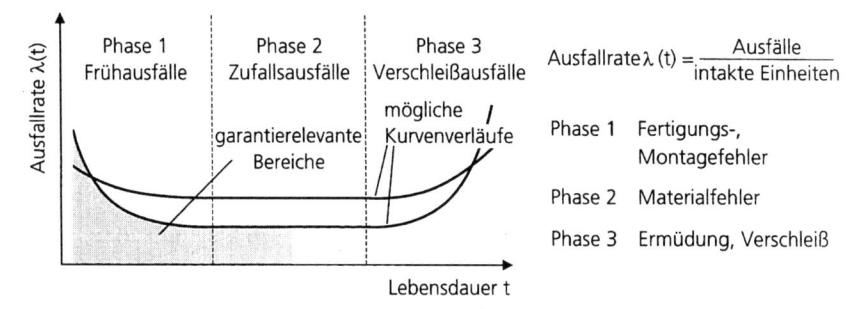

- Phase 1: Frühausfälle
- Phase 2: Zufallsausfälle (garantierelevante Bereiche)
- Phase 3: Verschleißausfälle (mögliche Kurvenverläufe)

$$\text{Ausfallrate } \lambda(t) = \frac{\text{Ausfälle}}{\text{intakte Einheiten}}$$

Phase 1 Fertigungs-, Montagefehler
Phase 2 Materialfehler
Phase 3 Ermüdung, Verschleiß

Bild 2.8: „Badewannenkurve" zur Beschreibung der Ausfallrate technischer Systeme

Bei der Badewannenkurve lassen sich drei Phasen deutlich unterscheiden: An die Phase der Frühausfälle schließt sich diejenige der Zufallsausfälle und schließlich diejenige der Abnutzungs- und Verschleißausfälle an [vgl. BERT 90, S. 16; VDI 86, S. 4f.]. In der Phase der Frühausfälle nimmt das Risiko eines Teiles, auszufallen, sprich $\lambda(t)$, mit der Zeit ab. Die Ausfälle sind in der Regel auf Fertigungs-, Montage- und Werkstofffehler zurückzuführen und werden üblicherweise als „Kinderkrankheiten" bezeichnet. In Phase zwei ist die Ausfallrate konstant und auf niedrigem Niveau. Verschleiß- und Ermüdungsausfälle treten in der letzten Phase auf. Die Ausfallrate $\lambda(t)$ steigt drastisch an, bis alle Einheiten ausgefallen sind [BERT 90, S. 17].

Da sich die in Bild 2.8 dargestellte „Badewannenkurve" nur mit Hilfe der Weibull-Verteilung (**Bild 2.9**) abbilden läßt, ist sie für die Beschreibung der Zuverlässigkeit realer, technischer Produkte und ihrer Komponenten am besten geeignet. Dies gilt insbesondere deshalb, weil mit ihrer Hilfe durch geeignete Parameterwahl sowohl die Normalverteilung als auch die Exponentialverteilung erzeugt werden können [BERT 90, S. 31]. Damit ist sie ebenfalls zur Beschreibung des Ausfallverhaltens elektronischer Komponenten sehr geeignet, die vielfach auch exponentiell-verteiltes Verhalten zeigen [OCON 90, S. 225ff.]. In Bild 2.9 sind die Weibull-Verteilung und ihre wesentlichen Parameter[11] dargestellt.

Aus dem $\lambda(t)$-Diagramm in Bild 2.9 kann man erkennen, daß durch geeignete Parameterwahl die „Badewannenkurve" eines technischen Systems konstruiert werden kann. Dazu sind beispielsweise für die drei verschiedenen Intervalle die Formparameter b

---

[11] Es kann zwischen 2- und 3-parametriger Weibull-Verteilung unterschieden werden [BERT 90, S. 31].

(Ausfallsteilheit) zu $b_1 = 0{,}5$, $b_2 = 1{,}0$ und $b_3 = 2{,}5$ zu setzen. Damit kann das Ausfallverhalten von Produkten qualitativ und quantitativ über bestimmte Parameterkombinationen (b, T, t_0) beschrieben werden. Auf diese Weise ist eine wesentliche Voraussetzung für die Quantifizierung der mit der Garantieleistung verbundenen Kosten gegeben.

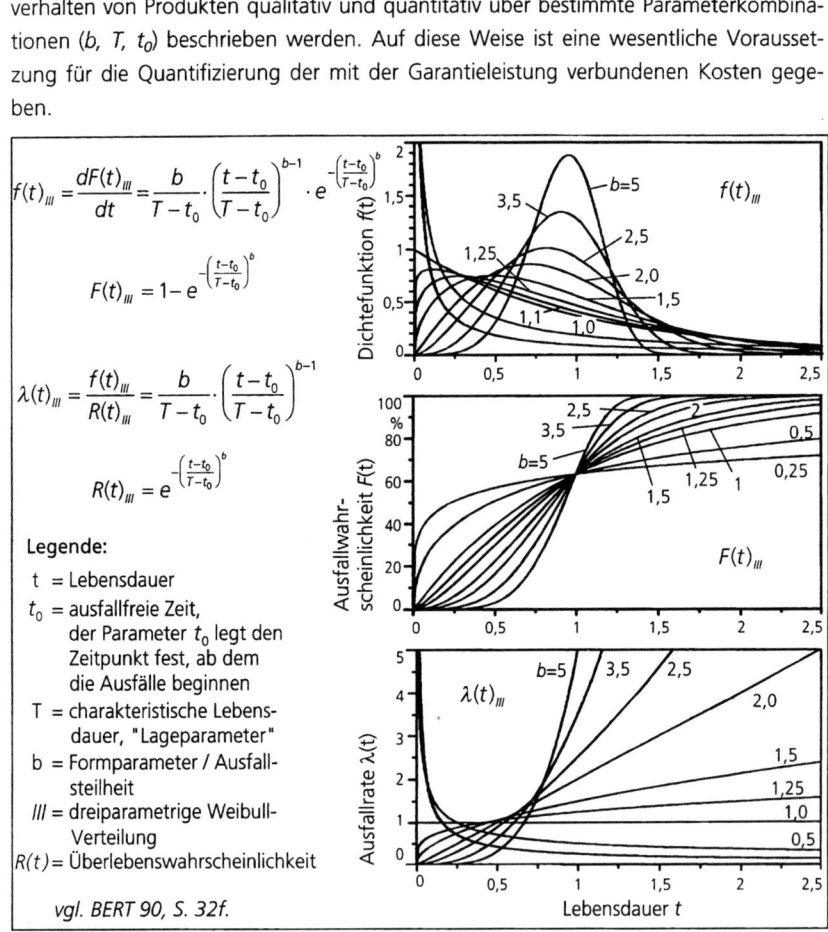

$$f(t)_{III} = \frac{dF(t)_{III}}{dt} = \frac{b}{T - t_0} \cdot \left(\frac{t - t_0}{T - t_0}\right)^{b-1} \cdot e^{-\left(\frac{t - t_0}{T - t_0}\right)^b}$$

$$F(t)_{III} = 1 - e^{-\left(\frac{t - t_0}{T - t_0}\right)^b}$$

$$\lambda(t)_{III} = \frac{f(t)_{III}}{R(t)_{III}} = \frac{b}{T - t_0} \cdot \left(\frac{t - t_0}{T - t_0}\right)^{b-1}$$

$$R(t)_{III} = e^{-\left(\frac{t - t_0}{T - t_0}\right)^b}$$

Legende:
t = Lebensdauer
t_0 = ausfallfreie Zeit, der Parameter t_0 legt den Zeitpunkt fest, ab dem die Ausfälle beginnen
T = charakteristische Lebensdauer, "Lageparameter"
b = Formparameter / Ausfallsteilheit
III = dreiparametrige Weibull-Verteilung
$R(t)$ = Überlebenswahrscheinlichkeit

vgl. BERT 90, S. 32f.

Bild 2.9: Drei-parametrige Weibull-Verteilung

In diesem Abschnitt ist die Garantieleistung aus juristischer Perspektive abgegrenzt und die Zuverlässigkeit als wesentliche produktimmanente Einflußgröße auf die Garantiekosten beschrieben worden. Nachfolgend wird aufgezeigt, welche Potentiale und Risiken sich aus der Garantievergabe für ein Unternehmen ergeben.

2.4 Bedeutung der Garantieleistung für die Ziele des Unternehmens

In den folgenden drei Abschnitten wird die betriebswirtschaftliche[12] Bedeutung von Garantie- und Gewährleistungen unter Berücksichtigung der DIMENSIONEN LEISTUNG, KOSTEN und INFORMATION näher erläutert.

2.4.1 Die Leistungsdimension

In den meisten Veröffentlichungen im Bereich des Qualitätsmanagement werden Garantie- und Gewährleistungen als reine Aufwandsgrößen interpretiert, von denen kein Gewinnbeitrag zu erwarten ist und die es deshalb im Sinne der unternehmerischen Ziele zu minimieren gilt [HARR 87, S. 27ff.; MASI 93, S. 151, vgl. auch REIN 83, S. 86]. Eine solche Betrachtung wird dem Wesen dieser Produktzusatzleistung nicht ausreichend gerecht. Deshalb wird im folgenden kurz die Leistungsdimension der Garantie beschrieben, auch wenn in dieser Arbeit die Kosten- und Aufwandsaspekte von Garantien im Vordergrund stehen.

In vielen Branchen ist die Garantie heute ein wesentliches Element des Marketing-Mix und damit Bestandteil der Wettbewerbsstrategie vieler Unternehmen [UDEL 68; PCWO 91, S. 25; PADM 96, S. 393ff.]. Sie gilt als wirksames Mittel zur Differenzierung gegenüber Wettbewerbern und als leistungsfähiges Instrument zur Absatzförderung [DEYS 90; NIES 94, S. 251]. Die Wirkungsweise der Garantie auf den Kunden ist in zahlreichen wissenschaftlichen Beiträgen sowohl theoretisch analysiert [RITC 86; EMON 89; KELL 96a; NORD 76] als auch durch empirische Untersuchungen untermauert worden [BEAR 82; SHIM 82; BOUL 93].

Aufschluß über die Wirkmechanismen der Garantieleistung auf das Kaufverhalten der Kunden kann von der modernen Verhaltenspsychologie gewonnen werden. Danach verhalten sich die meisten Kunden risikoavers, d. h. ihre Bereitschaft, ein neues Produkt zu kaufen, verhält sich gegenläufig zu der mit dem Kauf verbundenen subjektiven Risikoeinschätzung, welche aus der Unsicherheit über Qualität und Funktionalität des neuen Produktes hervorgeht [vgl. BAUER u. a. in: BEAR 82, S. 229]. Dieses wahrgenommene Risiko wirkt kaufhemmend, kann aber durch produktimmanente Zeichen (sog. intrinsic cues, z. B. Gestalt und Funktionalität) oder auch zusätzliche äußere Zeichen (sog. extrinsic cues) gemindert werden. Zu den äußeren Zeichen zählt neben dem Preis und

---

[12] Die aus volkswirtschaftlicher Perspektive wohlfahrtssteigernde Wirkung der Garantie- bzw. Gewährleistung erfolgt über deren Fähigkeit, eine asymmetrische Informationsverteilung zwischen Hersteller und Kunde teilweise zu beseitigen und damit die Basis für eine verbesserte gesamtwirtschaftliche Ressourcenallokation zu legen [GROS 81; EMON 89, S. 46ff.; WEHR 93].

der Reputation auch die Garantie (**Bild 2.10**) [BEAR 82, S. 229; EMON 89, S. 44; KELL 96a, S. 412].

Die Bedeutung der extrinsischen Zeichen - Preis, Reputation und Garantie - für das Kaufverhalten steigt mit zunehmender Komplexität und Unbekanntheit der Produkte, da diese eine objektive Beurteilung des Risikos durch den Kunden erschweren [BEAR 82, S.231]. Insbesondere hier kann die Vergabe von Garantien das finanzielle Risiko für den Kunden minimieren, wie empirische Untersuchungen z. B. von SHIMP und BEARDEN gezeigt haben [SHIM 82] (Bild 2.13).

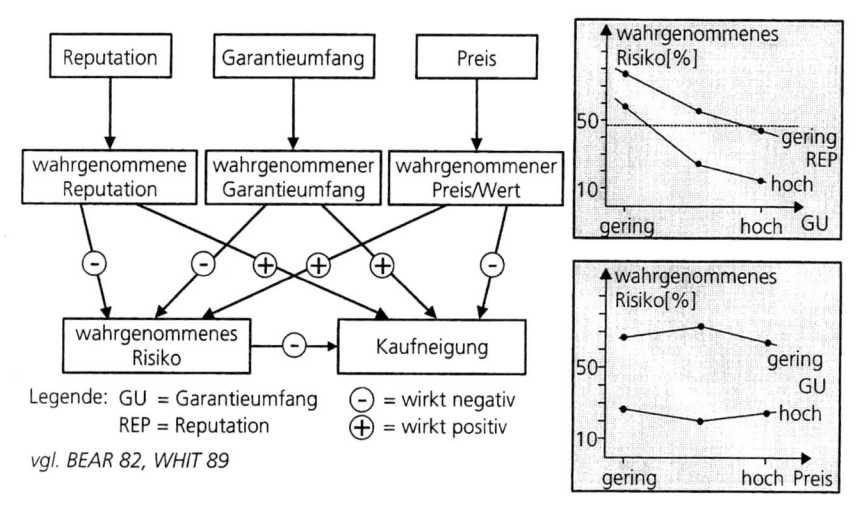

Bild 2.10: Garantie als extrinsisches Zeichen zur Risikominderung

Gelingt es, mit Hilfe einer geeigneten Garantiepolitik die Einstellung eines Kunden zu einem Produkt positiver zu gestalten, bewirkt dies eine Vergrößerung des akquisitorischen Potentials[13] und der Preisspielräume des Garantieträgers [vgl. GUTE 79, S. 243; REIN 83, S. 82]. Wie in **Bild 2.11** dargestellt, führt eine erfolgreiche Garantievergabe zu einer Rechtsverschiebung der Preis-Absatz-Funktion und einer Ausweitung des individualisierten Bereiches der Preis-Absatz-Funktion. Unter gewissen Bedingungen resultiert daraus eine Erlössteigerung, die sowohl eine Preis- als auch eine Mengenkomponente besitzt [REIN 83, S. 82].

---

[13] Nach GUTENBERG sind Betriebe bestrebt, ihren Absatzmarkt zu individualisieren, d. h. möglichst starke Präferenzen des Kunden hinsichtlich des eigenen Unternehmens aufzubauen. Dies geschieht über eine Reihe von Umständen (Qualität, Garantie, Zahlungsbedingungen etc.), die in ihrer Gesamtheit als das akquisitorische Potential des Unternehmens bezeichnet werden [GUTE 79, S. 243].

Grundlagen und Potentialanalyse 25

Neben der Fähigkeit, Kaufwiderstände zu überwinden, gibt die Garantie dem Hersteller die Möglichkeit, auch im Schadensfall die Zufriedenheit des Kunden wieder herzustellen [REIN 83, S. 43]. Zusätzlich zu der Unterstützung bei der Absatzanbahnung leistet sie deshalb auch einen Beitrag zur langfristigen Absatzvorbereitung, indem sie eine dauerhafte Beziehung zwischen dem Unternehmen und seinen Kunden schafft [SCHI 67, S. 48, 193]. Die ist insbesondere auf gesättigten Märkten von hoher Bedeutung.

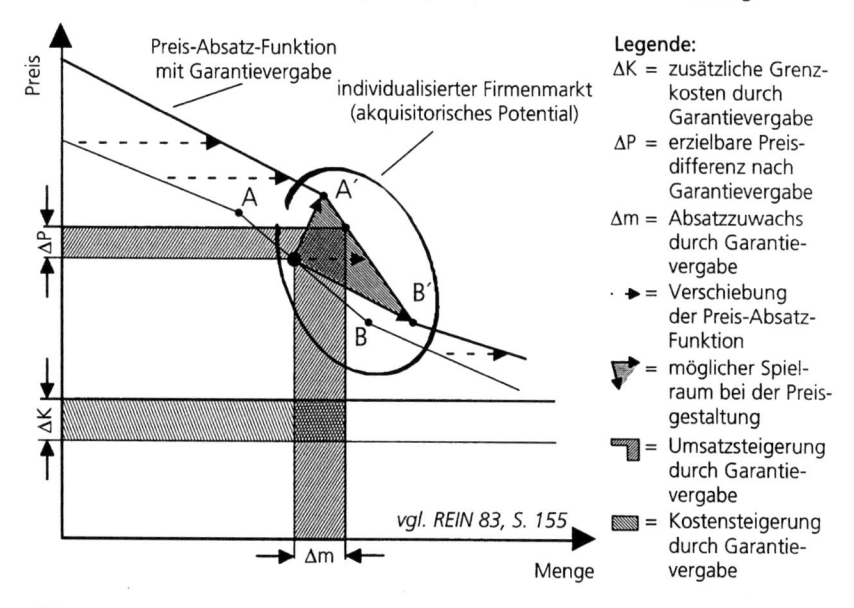

Bild 2.11: Erlössteigerung durch Garantievergabe im Preis-Absatz-Diagramm

Weitere wichtige Elemente der Leistungsdimension von Garantien sind:

- die Bindung bzw. Ausschaltung bestimmter Absatzmittler (Garantieanspruch nur, wenn Reparatur beim autorisierten Händler durchgeführt wird) [REIN 83, S. 83],
- die Fähigkeit, Konsumenten eine Möglichkeit zum Abbau kognitiver Dissonanzen[14] zu geben [REIN 83, S. 56, 57; KROE 80, S. 294ff., S. 350ff.] und
- die Gewinnung wichtiger Informationen über Kunde und Produkt (siehe Kap. 2.4.3).

---

[14] Der Begriff der kognitiven Dissonanz stammt aus der Verhaltenspsychologie. Als Abbau kognitiver Dissonanzen bezeichnet man den Versuch eines Käufers, gedankliche Konflikte ausschließlich im assoziativen Bereich zu lösen [vgl. KROE 80, S. 160ff. u. 223ff.].

2.4.2 Die Kostendimension

Sowohl aus der gesetzlich festgelegten Gewährleistung als auch der Vergabe von Garantien resultieren für den Produzenten Kosten und Aufwände, die im Sinne der angestrebten Unternehmensziele zu planen und zu überwachen sind [vgl. MASC 96, S. 775]. Während sich die Aufwände im wesentlichen aus nachträglichen Kaufpreisminderungen wegen Produktversagens zusammensetzen (Erlösschmälerungen), entsprechen die Garantie- und Gewährleistungskosten dem innerbetrieblichen Werteverzehr, der durch die Instandsetzung ausgefallener Produkte erforderlich wird (vgl. Bild 2.6).

Die Garantie- und Gewährleistungskosten lassen sich in fixe und variable Bestandteile gliedern. Anteile mit Fixkostencharakter ergeben sich beispielsweise aus Abschreibungsraten von Anlagen und Geräten, die für die Reparatur erforderlich sind, sowie Investitionen, die in Zusammenhang mit garantiepolitischen Entscheidungen stehen [vgl. REIN 83, S. 123,124]. Variable Kosten entstehen durch die Reparatur defekter Teile im Unternehmen selbst bzw. durch einen Subkontraktor.

Die durchschnittlichen Stückkosten und -aufwände für Garantie- und Gewährleistung werden im wesentlichen durch folgende Faktoren determiniert:

- Produkteigenschaften (Zuverlässigkeit, Systemzuverlässigkeit, Reparaturfreundlichkeit, etc.),
- Faktor-/Ressourceneinsatz bei der Reparatur/Instandsetzung,
- Garantieumfang (für welche Teile gilt die Garantie und welche Kosten werden erstattet) und
- Garantiedauer, d. h., Dauer der Kostenübernahmeverpflichtung.

Die hohe Bedeutung von Garantie- und Gewährleistungskosten für das Unternehmen ergibt sich aus der Tatsache, daß sie unmittelbar gewinnschmälernd wirken [vgl. LASC 94, S. 13]. Zusammen mit dem Preis, der abgesetzten Menge und den Selbstkosten determinieren sie den unternehmerischen Gewinn. Daraus folgt, daß sich eine Senkung der Garantiestückkosten bei gleichbleibender Garantiedauer und -umfang direkt positiv auf den Unternehmensgewinn auswirkt. Neben der Senkung dieser Kosten kann aber auch deren genaue Ermittlung und Prognose einen wesentlichen Beitrag zur Erreichung der Unternehmensziele leisten, wie **Bild 2.12** zeigt. So ist die Ermittlung realistischer Deckungsbeiträge Voraussetzung für eine erfolgreiche Produkt- und Sortimentspolitik [vgl. WÖHE 90, S. 714ff.,1276ff.]. Dies setzt eine genaue Kenntnis aller relevanten zu erwartenden Kosten und Erlösschmälerungen über den gesamten Produktlebenszyklus voraus [FRÖH 91, S. 174].

Grundlagen und Potentialanalyse 27

Eine zuverlässige Prognose der überperiodig anfallenden Garantie- und Gewährleistungskosten nach Höhe und zeitlicher Verteilung ist darüber hinaus Voraussetzung für die Qualität bestimmter Investitionsrechnungen sowie für eine fundierte Liquiditätsplanung (Bild 2.12). Nur durch die Passivierung angemessener Rückstellungen kann man der Gefahr begegnen, unzutreffende Periodenergebnisse auszuweisen und sich im erforderlichen Maße gegen das Liquiditätsrisiko abzusichern [vgl. WERN 60, S. 259f.; MERT 70, S. 1544ff.]. Die Kenntnis der zu erwartenden Kosten ist Voraussetzung für eine optimale Liquiditätsplanung [zur Ermittlung der Rückstellung vgl. TAPI 88, S. 473ff.; STEI 71, S. 158ff.]. Die genaue Ermittlung und Prognose der Garantiekostenverläufe für bestimmte Produkte und die daraus resultierenden durchschnittlichen Garantiestückkosten sind wesentlicher Bestandteil der Zielsetzung dieser Arbeit.

Sortimentspolitik

Ermittlung realistischer Deckungsbeiträge unter Berücksichtigung überperiodiger Kosten und Aufwendungen

$$m_{DG} = \frac{K_f}{p - k_G}$$

Investitionsrechnung

Berücksichtigung der Garantiekosten- und aufwendungen bei der Aufstellung von Zahlungsreihen und der Berechnung von Investitionskennzahlen

überperiodig anfallende Garantiekosten und -aufwendungen

Liquiditätsplanung

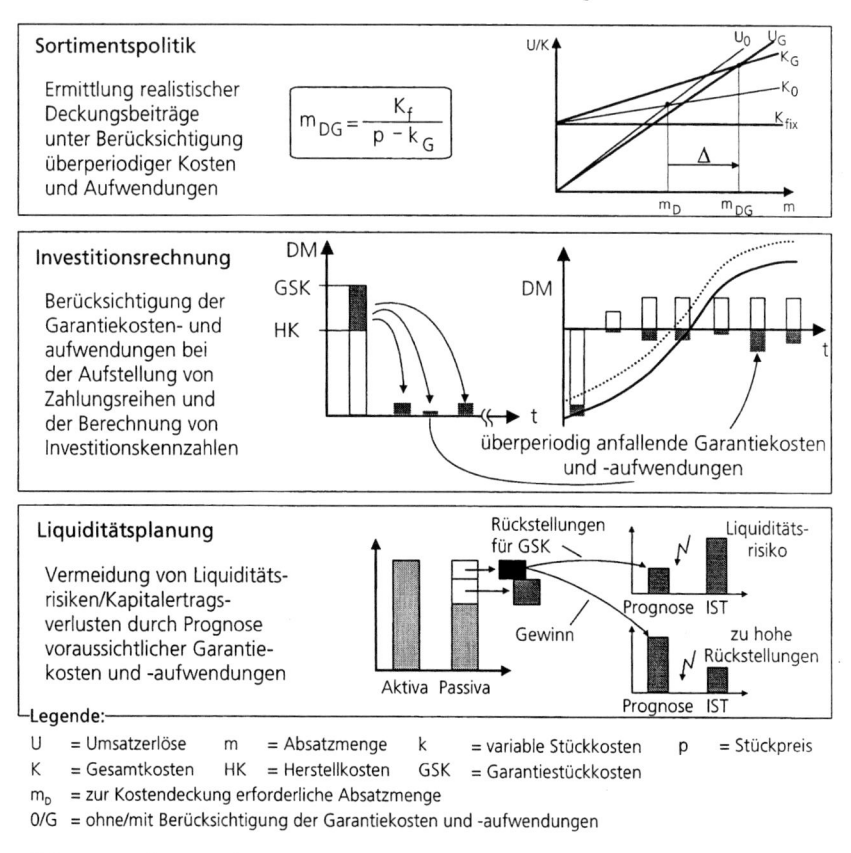

Vermeidung von Liquiditätsrisiken/Kapitalertragsverlusten durch Prognose voraussichtlicher Garantiekosten und -aufwendungen

Legende:
- U = Umsatzerlöse
- K = Gesamtkosten
- m_D = zur Kostendeckung erforderliche Absatzmenge
- m = Absatzmenge
- HK = Herstellkosten
- k = variable Stückkosten
- GSK = Garantiestückkosten
- p = Stückpreis
- 0/G = ohne/mit Berücksichtigung der Garantiekosten und -aufwendungen

Bild 2.12: Bedeutung der Garantiekostenprognose für das Unternehmen

2.4.3 Informatorische Dimension

Neben den in den vorherigen Abschnitten diskutierten monetären Auswirkungen der Garantievergabe existieren weitere nicht monetäre Vorteile, zu denen beispielsweise eine verbesserte Informationsgewinnung zählt. Durch einen Garantievertrag kann der Hersteller sicherstellen, daß sich die Kunden auch nach Ablauf der gesetzlichen Gewährleistungsfrist von 6 Monaten [vgl. § 477 BGB] mit auftretenden Qualitätsproblemen an den Hersteller wenden. Zum einen ergibt sich daraus für den Hersteller die Möglichkeit, Kundenunzufriedenheit durch eine effiziente und überzeugende Reklamationsbearbeitung zu minimieren [vgl. REIN 83, S. 43; FRIE 94a, S. 69]. Zum anderen kann mit Hilfe der Garantie der Rückfluß qualitäts- und entscheidungsrelevanter Daten aus dem Feld für einen längeren Zeitraum gewährleistet werden (**Bild 2.13**). Dies ist um so bedeutender, da der Markt als das härteste und realistischste Prüffeld mit 100%iger Prüfung bezeichnet wird [STOC 94, S. 681].

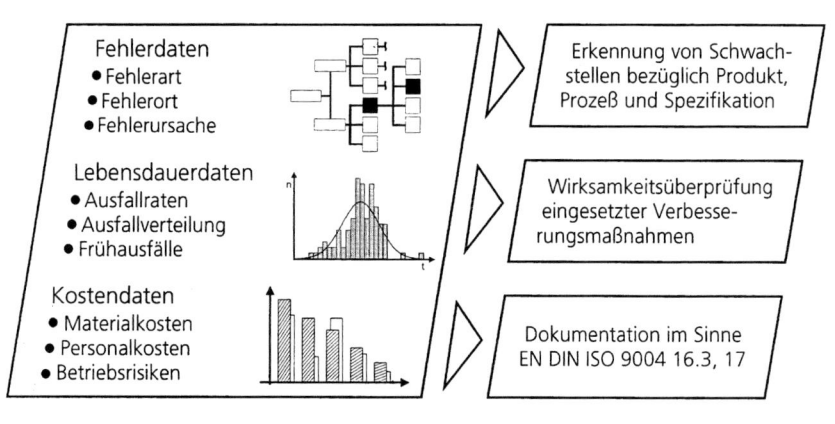

Fehlerdaten • Fehlerart • Fehlerort • Fehlerursache		Erkennung von Schwachstellen bezüglich Produkt, Prozeß und Spezifikation
Lebensdauerdaten • Ausfallraten • Ausfallverteilung • Frühausfälle		Wirksamkeitsüberprüfung eingesetzter Verbesserungsmaßnahmen
Kostendaten • Materialkosten • Personalkosten • Betriebsrisiken		Dokumentation im Sinne EN DIN ISO 9004 16.3, 17

Bild 2.13: Nutzung qualitätsrelevanter Felddaten

Eine effiziente Nutzung qualitätsrelevanter Felddaten setzt eine systematische Erfassung, Normierung und Katalogisierung voraus [vgl. OREN 93, S. 2ff.; LASC 94, S. 50ff.]. Die schnelle Rückführung dieser Daten in Form von Frühwarnsystemen [vgl. STOC 94, S. 681] hat insbesondere vor dem Hintergrund verkürzter Produktlebenszyklen an Bedeutung gewonnen, da die zur Produktverbesserung nutzbare Zeit drastisch gesunken ist.

Vor dem Hintergrund der in den vorangegangenen Abschnitten aufgezeigten Wirkung von Garantien gilt es für den Unternehmer, die bestehenden Gestaltungsspielräume so zu nutzen, daß unter Berücksichtigung der Kosten- und Erlöseffekte sowie der informatorischen Aspekte die direkten und indirekten Ertragswirkungen der Garantievergabe maximal sind.

2.5 Bestehende Ansätze zum Controlling von Garantieleistungen

Aus den vorangegangenen Abschnitten ist deutlich geworden, daß ein wirkungsvolles Controlling der Garantiekosten elementarer Bestandteil eines kunden- und kostenorientierten Qualitätsmanagement sein muß. Dies liegt insbesondere an der hohen Bedeutung der Garantie für die Kundenzufriedenheit [vgl. FRIE 94a, S. 69] sowie der im vorangegangen Abschnitt aufgezeigten Wirkung auf die Leistungs- und Kostenziele des Unternehmens [vgl. Kap. 2.4]. Voraussetzung für die zielkonforme Steuerung dieser Produktzusatzleistung ist eine differenzierte Erfassung, Überwachung und Bewertung der Garantiekosten bzw. entsprechender Maßnahmen zu deren Reduzierung. Im folgenden werden die wichtigsten bestehenden Ansätze vorgestellt.

Die Bedeutung der Garantieleistung für die Produktions- und Absatzwirtschaft wird von SCHIECKE umfassend aufgearbeitet [SCHI 67]. Neben einer topologischen Untersuchung der garantieleistenden Betriebe [SCHI 67, S. 54ff.] und der garantiebedürftigen Produkte [SCHI 67, S. 143ff.] betrachtet SCHIECKE Garantien kosten- und ertragsorientiert. Allerdings werden die Wirkungsbeziehungen nicht quantitativ, sondern ausschließlich qualitativ bewertet.

Eine umfangreiche theoretische Analyse der Bedeutung der Garantie für den wirtschaftlichen Erfolg des Unternehmens wird von REINHOLD vorgenommen [REIN 83]. Er erarbeitet die Einflußgrößen auf die Garantiepolitik des Herstellers und entwirft ein Modell zur Bestimmung der gewinnmaximalen Garantie unter Zugrundelegung verschiedener mikroökonomischer Marktmodelle [REIN 83, S. 117]. REINHOLD erkennt die Notwendigkeit, Maßnahmen zur Reduzierung von Garantie- und Gewährleistungskosten über einen Kosten-trade-off zwischen Herstellkosten und externen Fehlerkosten zu bewerten [REIN 83, S. 110]. Hilfsmittel zur Lösung dieser Problemstellung werden jedoch nicht gegeben.

In der von RAUBA entwickelten Planungsmethodik für ein Qualitätskostensystem [RAUB 89] sollen ähnlich wie in der QUALITÄTSKOSTENRECHNUNG nach HAHNER [HAHN 81] und dem Poor Quality Cost-System von HARRINGTON [HARR 87, S. 63] neben anderen Qualitätskostenarten auch externe Fehlerkosten detailliert erfaßt und ausgewiesen werden. Der Anspruch auf vollständige Erfassung und Auswertung qualitätsbezogener Kosten führt bei den vorgeschlagenen komplexen Verrechnungsverfahren allerdings zu einem sehr hohen Aufwand [vgl. LASC 94, S. 31], der die Einsatzmöglichkeiten der Methode in der Praxis stark einschränkt.

ORENDI entwickelte ein SYSTEMKONZEPT FÜR DIE PHASENNEUTRALE FEHLERBEHANDLUNG [OREN 93]. Über ein systematisches Fehlermanagement können mit dem Konzept phasenübergreifende Regelkreise insbesondere zu den präventiven Qualitätsmanagement-

Methoden geschlossen werden [vgl. OREN 93, S. 39]. Mit der strukturierten Erfassung und Auswertung auch extern entdeckter Fehler sowie der Bereitstellung der entsprechenden Fehlerinformation wird die Grundlage für die Ableitung und Umsetzung von Verbesserungsmaßnahmen gelegt. Eine Monetarisierung der mit den Fehlern verbundenen Aufwendungen wird allerdings nicht vorgenommen.

Ein Konzept zur verursachungsgerechten Bewertung von Fehlleistungen wird von LASCHET vorgeschlagen [LASC 94]. Auf der Basis bestehender Hilfsmittel und moderner Kostenbewertungsmethoden wird ein System zur differenzierten Erfassung und Ausweisung aufgetretener Fehlleistungen vorgestellt. Der Schwerpunkt der Betrachtungen liegt dabei auf einer transparenten Darstellung des Fehlleistungsaufwands und der Abbildung der Fehlerursachen in bezug auf die Unternehmensressourcen [LASC 94, S. 44]. Externe Fehlleistungen spielen in dem Konzept eine untergeordnete Rolle. Hilfsmittel zur Prognose dieser Leistungen und zur Bewertung von Handlungsalternativen zu deren Reduzierung werden nicht zur Verfügung gestellt.

Nach Überzeugung WILDEMANNs liegen große Potentiale im Bereich der Reklamationskosten, die derzeit i. d. R. nicht verursachungsgerecht erfaßt werden [WILD 92, S. 765]. Er betont in diesem Zusammenhang die Bedeutung einer Qualitätskostenerfassung über den gesamten Produktlebenszyklus. Nach seiner Ansicht ist sie Voraussetzung für ein zukunftsorientiertes Qualitätsmanagement, das der längerfristigen Reichweite präventiver Qualitätsmanagementaktivitäten als Investition Rechnung trägt [WILD 92, S. 761]. Zur Messung der Leistungsfähigkeit des Qualitätsmanagement und der Maßnahmenwirksamkeit schlägt WILDEMANN die Verwendung verschiedener monetärer und nichtmonetärer Kennzahlen vor. Hilfsmittel und Methoden zur systematischen, zielkonformen Steuerung der Garantiekosten werden jedoch nicht gegeben.

Nach Ansicht von FRÖHLING liegt die Herausforderung für ein dynamisches Kostenmanagement in der Umsetzung einer mehrperiodigen Lebenszykluskostenrechnung [vgl. FRÖH 92; FRÖH 93a]. In diesem Zusammenhang gewinnt seines Erachtens eine lebenszyklusorientierte Qualitätskostenrechnung als elementarer Baustein des Qualitätscontrolling immer stärker an Bedeutung. Neben die retrospektive Kontrollfunktion im Sinne einer nachträglichen Ermittlung von Lebenszykluskosten sollte insbesondere die Planungsfunktion in Form einer Prognose möglicher überperiodiger Kosten bzw. Kostenersparnisse treten [FRÖH 93a, S. 103]. FRÖHLING erarbeitet ein Modell zur Abschätzung entgehender Deckungsbeiträge aufgrund von Qualitätsmängeln [FRÖH 93a; FRÖH 93b, vgl. auch KÖHL 92, S. 539ff]. Eine solche Monetarisierung des akquisitorischen Potentials ist allerdings extrem schwer und mit erheblichen Unsicherheiten belastet [vgl. STEI 94, S. 68; FRIE 94a, S. 67; HORV 90, S. 144]. Dies gilt insbesondere vor dem Hintergrund, daß von FRÖHLING nur jene Qualitätsmängel berücksichtigt werden, die aufgrund von Durchschlupf das Unternehmen verlassen. Eine Ermittlung und Prognose der unmittelbar entstehenden Garantie- und Gewährleistungskosten kann mit dem Modell nach FRÖHLING nicht vorgenommen werden.

Eine umfangreiche Klassifizierung und Strukturierung der mit der Garantieleistung verbundenen Problemstellungen wurde von BLISCHKE und MURTHY entwickelt [BLIS 92; MURT 92b; BLIS 96]. In ihren Arbeiten betrachten sie das Problem der Garantieleistung vorwiegend aus theoretischer Perspektive und leiten unter anderem auf Basis der Erneuerungstheorie mathematisch-statistische Modelle zur Analyse der Auswirkung unterschiedlicher Garantiepolitiken auf das Garantieaufkommen ab [BLIS 96, S. 133 - 264; MURT 92a, vgl. auch NGUY 84; BOSC 85; BALC 86; HESC 71]. Die von BLISCHKE und MURTHY entwickelten Modelle dienen in erster Linie dem Erkenntnisgewinn über die theoretischen Zusammenhänge zwischen den relevanten Parametern [MURT 92a; vgl. auch FREE 88]. Die den Analysen zugrundeliegenden Vereinfachungen (bspw. Betrachtung eines Ein-Komponenten-Produktes) machen eine Übertragung auf praxisrelevante Problemstellungen nahezu unmöglich [vgl. auch MASC 96, S. 692]. Der Handlungsbedarf hinsichtlich einer rechnergestützten Garantiekostenmodellierung für komplexe Produkte, d. h. Mehrkomponenten-Produkte, wird explizit formuliert [CHUK 96, S. 582f.].

Mit seinem Konzept zum QUALITÄTSCONTROLLING trägt HORVÁTH der Tatsache Rechnung, daß Qualitätsmanagement die gesamte Bandbreite unternehmerischen Handelns erfordert und durch ein maßgeschneidertes, d. h. problemorientiertes Controlling unterstützt werden muß [HORV 90, S. 4]. Mit Hilfe des QUALITÄTSCONTROLLING sollen unternehmensweit qualitätsrelevante Vorgänge mit dem Ziel koordiniert werden, eine anforderungsgerechte Qualität wirtschaftlich sicherzustellen [HORV 90, S. 12]. Garantie- und Gewährleistungen kommen nach HORVÁTH hinsichtlich Kundenbindung, Absatzsicherung und Absatzsteigerung eine entscheidende Rolle zu. Seiner Auffassung nach muß deshalb ihre Erfassung und Auswertung elementarer Baustein eines wirkungsvollen Qualitätscontrolling sein [HORV 90, S. 117ff.]. Eine differenzierte Planung, Erfassung und Prognose dieser Leistungen kann mit der vorgeschlagenen Methode jedoch nicht durchgeführt werden.

Die vorgeschlagenen Ansätze leisten nur teilweise einen Beitrag zur Lösung der Problemstellung, die dieser Arbeit zugrunde liegt (**Bild 2.14**). Viele von ihnen betrachten externe Fehlerkosten lediglich als eine von zahlreichen anderen Qualitätskostenarten und werden damit deren herausragender Bedeutung für die Kundenzufriedenheit nicht gerecht [HARR 87; WILD 92; HORV 90; RAUB 89]. Die zur Verfügung gestellten Hilfsmittel sind dementsprechend bescheiden. Andere Betrachtungen orientieren sich zu wenig am betrieblichen Erfahrungsbereich und besitzen vornehmlich akademischen Wert [FRÖH 93a/b; REIN 83; BLIS 96]. Die Forderung nach einer praxisnahen, problemorientierten Vorgehensweise zur systematischen Reduzierung von Garantie- und Gewährleistungen kann von keinem der vorgeschlagenen Konzepte erfüllt werden.

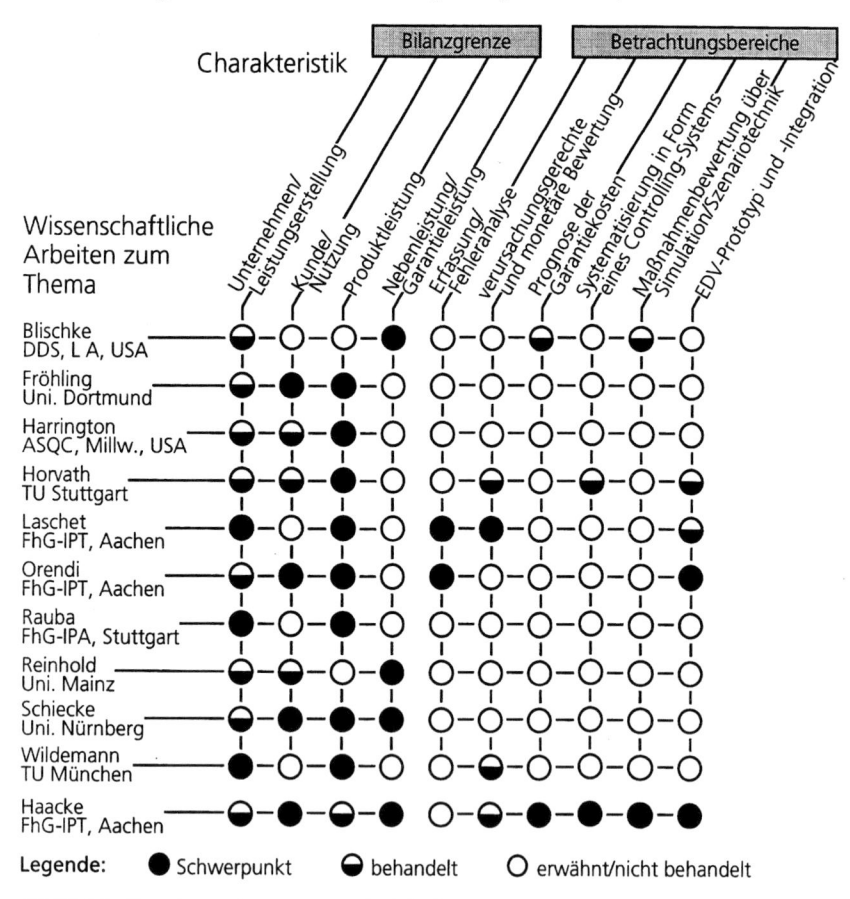

Wissenschaftliche Arbeiten zum Thema	Charakteristik				Bilanzgrenze				Betrachtungsbereiche				
	Unternehmen/ Leistungserstellung	Kunde/ Nutzung	Produktleistung	Nebenleistung/ Garantieleistung	Erfassung/ Fehleranalyse	verursachungsgerechte und monetäre Bewertung	Prognose der Garantiekosten	Systematisierung in Form eines Controlling-Systems	Maßnahmenbewertung über Simulation/Szenariotechnik	EDV-Prototyp und -Integration			
Blischke DDS, L A, USA	◐	○	○	●	○	○	○	○	○	○			
Fröhling Uni. Dortmund	◐	●	●	○	○	○	○	○	○	○			
Harrington ASQC, Millw., USA	◐	◐	●	○	○	○	○	○	○	○			
Horvath TU Stuttgart	◐	◐	●	○	○	○	○	○	○	○			
Laschet FhG-IPT, Aachen	●	○	●	○	●	●	○	○	○	○			
Orendi FhG-IPT, Aachen	◐	●	●	○	○	○	○	○	○	○			
Rauba FhG-IPA, Stuttgart	●	○	●	○	○	○	○	○	○	○			
Reinhold Uni. Mainz	◐	◐	◐	○	○	○	○	○	○	○			
Schiecke Uni. Nürnberg	◐	●	●	●	○	○	○	○	○	○			
Wildemann TU München	●	○	●	○	○	◐	○	○	○	○			
Haacke FhG-IPT, Aachen	◐	●	◐	●	○	◐	●	●	●	●			

Legende: ● Schwerpunkt ◐ behandelt ○ erwähnt/nicht behandelt

Bild 2.14: Einordnung in angrenzende Arbeiten

2.6 Zwischenfazit - Ausgangssituation

Zu Beginn dieses Kapitels sind die Entwicklung und die Grundlagen des modernen Qualitätsmanagement erläutert und die Bedeutung der Zuverlässigkeit als „Qualität auf Zeit" für die gesamte vom Kunden wahrgenommene Qualität aufgezeigt worden

Grundlagen und Potentialanalyse 33

(Kap. 2.1). Aufbauend darauf wurde die steigende Bedeutung einer wirtschaftlichen Bewertung von Qualitätsmanagement-Aktivitäten für ein effizientes Führen der Qualität im Unternehmen dargestellt (Kap. 2.2). In diesem Zusammenhang wurde die Erfassung, Auswertung und Prognose von Aufwendungen und Kosten für Garantie- und Gewährleistungen als wesentlicher Baustein eines problemorientierten Qualitätscontrolling herausgearbeitet. Eine Übersicht über die wesentlichen gesetzlichen Haftungsgrundlagen für externe Fehlleistungen sowie die relevanten zuverlässigkeitstechnischen Grundlagen wurde im Anschluß daran erarbeitet (Kap. 2.3). Die hohe Bedeutung einer Überwachung und zielkonformen Steuerung von Garantie- und Gewährleistungen wurde insbesondere vor dem Hintergrund von Leistungs-, Kosten- und Informationszielen des Unternehmens erläutert (Kap. 2.4).

In einem Überblick über die heute existenten Ansätze konnte aufgezeigt werden, daß derzeit eine Vorgehensweise sowie die Hilfsmittel für ein systematisches Controlling von Garantieleistungen fehlen (Kap. 2.5). Vor diesem Hintergrund läßt sich feststellen, daß ein Forschungsbedarf für die Entwicklung eines solchen durchgängigen Controllingsystems besteht.

Aus den in diesem Kapitel gewonnenen Erkenntnissen wird im nächsten Kapitel ein Grobkonzept für ein Controlling von Garantie- und Gewährleistungen entwickelt. Dazu werden zunächst die Grundlagen des betrieblichen Controlling erläutert (Kap. 3.1) und die Anforderungen an das zu entwickelnde System abgeleitet (Kap. 3.2). Darauf aufbauend werden das Grobkonzept erarbeitet und seine Teilelemente beschrieben (Kap. 3.3).

# 3

Grobkonzept eines Controlling von Garantieleistungen

Vor dem Hintergrund des aufgezeigten Forschungsbedarfes wird der Zielsetzung dieser Arbeit entsprechend im folgenden Kapitel ein Grobkonzept für das Controllingsystem erarbeitet. In einem vorbereitenden Schritt werden zunächst die Grundlagen des Controlling und seine wesentlichen Funktionen analysiert. Auf Basis dieser Erkenntnisse und der im Kapitel 2 beschriebenen Defizite der aktuellen Situation werden in einem empirisch-induktiven Schritt [vgl. ULRI 76b, S. 347] die Anforderungen an das Controlling von Garantieleistungen deduziert.

3.1 Grundlagen des betrieblichen Controlling

Controlling ist eine aus der Praxis entwickelte Disziplin der Betriebswirtschaftslehre und seine Funktionen werden in den letzten Jahren in vielen Unternehmen umfassend wahrgenommen [WEBE 95, S. 22f.; HORV 94, S. 54ff.]. In der Literatur findet man eine Vielfalt an Meinungen über die Definition des Controlling [HORV 94, S. 25; SCHI 95, S. 114; WEBE 95, S. 3]. „Jeder hat seine eigene Vorstellung darüber, was Controlling bedeutet oder bedeuten soll, nur jeder meint etwas anderes [PREI 95, S. 10]." Die breite Auslegung des Begriffes spiegelt sich auch in der Praxis wider, in der die Tätigkeiten des Controllers von der Buchhaltung bis zum Management reichen können [ESCH 94, S. 49].

Aufgrund der Verwandtschaft zum englischen Wortstamm "control" wurde unter Controlling im deutschsprachigen Raum zunächst nur eine Kontrolltätigkeit verstanden [SCHI 95, S. 114; REIC 95, S. 1]. Der Controllingbegriff ist dann im Laufe der Jahre schrittweise um den Entscheidungs- und Informationsbezug erweitert worden [HORV 94, S. 69; REIC 95, S. 1]. In Anlehnung an die in der Literatur beschriebenen Definitionen [PREI 95, S. 11f.; WEBE 95, S. 50; HORV 94, S. 108; HAHN 94, S. 167] soll der Controllingbegriff in dieser Arbeit wie folgt verstanden werden:

> Controlling steigert die Effizienz und Effektivität der Führung durch Unterstützung der Planung und Kontrolle mit Hilfe der problemorientierten Informationsversorgung und systembildenden sowie systemkoppelnden Koordination.

Grobkonzept 35

Um die oben genannten Ziele erreichen zu können, muß das Controllingsystem in das Führungssystem des Unternehmens eingeordnet werden [HORV 94, S. 108f.]. Das Unternehmen kann nach HORVÁTH in zwei Subsysteme untergliedert werden (**Bild 3.1**): Das Führungssystem bildet zusammen mit dem Ausführungssystem das Gesamtsystem des Unternehmens [KÜPP 95, S. 13ff.; TÖPF 76, S. 87; BLEI 76, S. 53; WEBE 95, S. 30ff.]. Das Ausführungssystem umfaßt die Leistungserstellung unter Einsatz von Personen und Gütern auf der Objektebene [TÖPF 76, S. 87]. Die Prozesse dieses Systems werden vom Führungssystem gesteuert [BLEI 76, S. 53]. Diese Steuerung erfolgt zum einen über Planungsvorgaben und zum anderen über die Erfassung und Verarbeitung von Informationen [ULRI 70, S. 120ff.,257ff.].

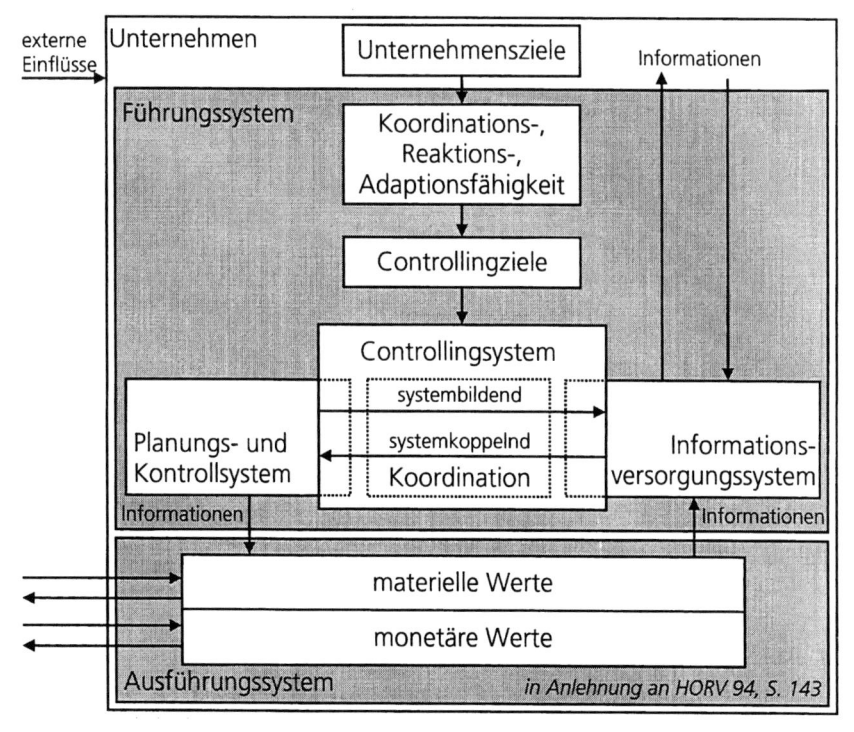

Bild 3.1: Konzeptioneller Bezugsrahmen für das Controlling

Die Vorgaben für das Führungssystem werden aus den Unternehmenszielen abgeleitet, um die Konsistenz betrieblicher Entscheidungen zu gewährleisten [EISE 94, S. 19ff.]. Um trotz der steigenden Komplexität betrieblicher Entscheidungen in einem immer dynamischeren Umfeld die Reaktions- und Adaptionsfähigkeit der Führung sicherzustellen, bedarf es eines Controlling. Dieses Controlling unterstützt die Unternehmensführung bei der Planung und Kontrolle sowie durch die problemorientierte Verarbeitung von Informationen (vgl. Bild 3.2) [WÖHE 90, S. 198]. Weiteres wesentliches Element des Controllingsystems ist die systembildende und systemkoppelnde Koordination [HORV 94, S. 143]. Systembildend wirkt das Controlling bei der Konzeption und Umsetzung aufeinander abgestimmter formaler Systeme [HORV 94, S. 122]. Unter systemkoppelnder Koordination werden Abstimmungsprozesse in einem gegebenen Systemgefüge verstanden [HORV 94, S. 122].

Zur Steigerung der Effizienz und Effektivität des Führungssystems muß das Controlling den Führungsprozeß während der Planung und Kontrolle durch seine Informations-, Integrations- und Koordinationsfunktion unterstützen [NIED 94, S. 59]. Mit der Informationsfunktion unterstützt das Controlling die einzelnen Phasen des Führungsprozesses durch eine problembezogene Informationsverarbeitung [TÖPF 76, S. 82]. Die Informationsversorgung kann sowohl auf Anfrage als auch initiativ erfolgen [ESCH 94, S. 87f.].

Ergebnisse einzelner Führungsphasen müssen problemorientiert aufgearbeitet für die nachfolgenden Arbeitsschritte des Führungsprozesses bereitgestellt werden [NIED 94, S. 64]. Mit der Integrationsfunktion werden Planung und Kontrolle durch den ziel- und problemorientierten Informationsfluß im Sinne eines Regelkreises verbunden [HAHN 94, S. 46; ESCH 94, S. 83].

In jedem Unternehmen werden mehrere Entscheidungsprozesse mit verschiedenen Zielsetzungen gleichzeitig durchlaufen, sodaß sich Pläne der verschiedenen Bereiche gegenseitig beeinflussen [KIRS 77, S. 75]. Aus diesem Grunde ist die Abstimmung dieser Pläne schon zu einem frühen Zeitpunkt der Planungsphase durch die Koordinationsfunktion des Controlling notwendig [HORV 94, S. 108].

3.2 Anforderungen an das Garantiecontrolling

Voraussetzung für die zielorientierte Konzeption eines Controllingsystems für Garantiekosten ist die Ableitung eines forschungsleitenden Anforderungsprofils. Dieses Soll-Profil setzt sich zum einen aus den Anforderungen zusammen, die empirisch-induktiv aus den Defiziten in der betrieblichen Praxis gewonnen werden können [vgl. REIC 95, S. 4] (**Bild 3.2**). Zum anderen lassen sich weitere Anforderungen aus den allgemeinen Zielen und Funktionen des Controlling ableiten. Deduktionsbasis sind dabei direkt oder indirekt die Unternehmensziele.

Um einen hohen Nutzen des Controllingsystems zu gewährleisten, muß bei der Konzeption neben controllingtheoretischen Ansprüchen insbesondere der praktischen Anwendbarkeit und Wirksamkeit Rechnung getragen werden. Ziel ist es, ein Instrumentarium zum Controlling der Garantieleistungen zu schaffen, das der in der betrieblichen Praxis anzutreffenden Problemorientierung gerecht wird.

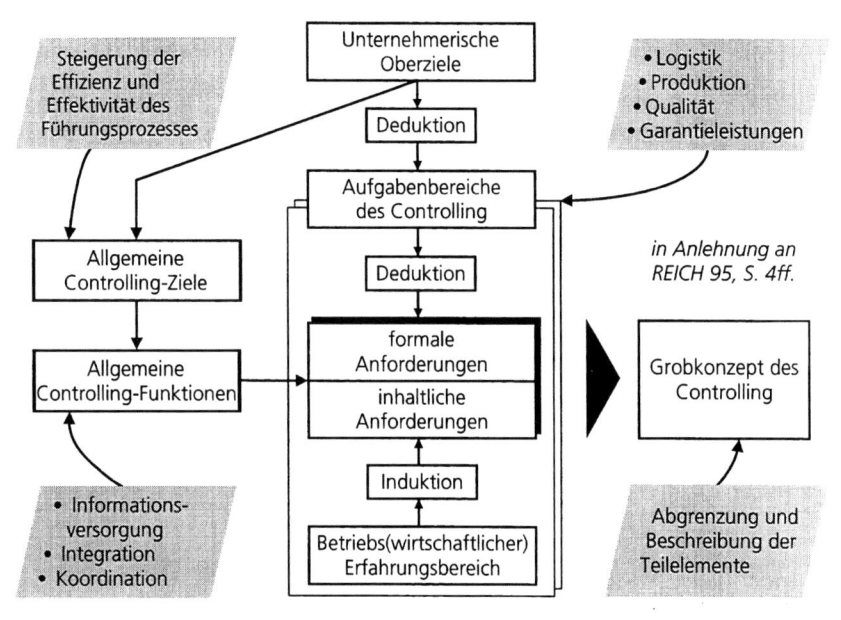

Bild 3.2: Ableitung der Anforderungen an das Controllingsystem

3.2.1 Inhaltliche Anforderungen

Vor der Ableitung der inhaltlichen Anforderungen an ein System zum Controlling von Garantie- und Gewährleistungen muß das entsprechende spezifische Controllingziel zunächst klar formuliert werden. Die Definition des Ziels erfolgt dabei in Anlehnung an die drei Hauptfunktionen des Controlling [vgl. HORV 94, S. 90; WEBE 95, S. 24ff.] und unter Berücksichtigung der Betrachtungsschwerpunkte dieser Arbeit:

> Ziel des Systems zum Controlling von Garantieleistungen ist die problemorientierte Unterstützung der relevanten betrieblichen Entscheidungsbereiche (Produktentwicklung, Qualitätsmanagement, etc.) bei der ertragsorientierten Planung, Gestaltung und Kontrolle ihrer Aktivitäten hinsichtlich der mit der Garantie verbundenen Kosten und Leistungen. Dies geschieht durch Informationsversorgung, Koordination und Integration.

Im Sinne der von HORVÁTH definierten systembildenden und systemkoppelnden Aufgaben eines Controllingsystems sollen in dieser Arbeit eindeutig die systemkoppelnden Aktivitäten im Vordergrund stehen. D. h., daß die Tätigkeiten zum Aufbau des Controllingsystems bzw. dessen Überarbeitung und Verbesserung nicht gesondert beschrieben werden.

Zur systematischen, problemorientierten Ermittlung des inhaltlichen Soll-Profils des Controllingsystems werden zunächst vor dem Hintergrund des Aufgabenbereiches (vgl. Bild 3.2) die potentiellen Anwender des Systems identifiziert. Darauf aufbauend können die Anforderungen dieser Bereiche an das Controllingsystem in Form einer Soll-Leistung abgeleitet werden. Diese Soll-Leistung beschränkt sich unter Berücksichtigung der allgemeinen Controllingfunktionen im wesentlichen auf Aktivitäten, die den Kommunikations- und Informationsprozeß betreffen [vgl. REIC 95, S. 3f.].

Aus der Frage, welche Entscheidungsbereiche im Unternehmen die Garantieleistung gestalten bzw. deren Kosten determinieren, können die für das Controlling von Garantiekosten relevanten ermittelt werden (**Bild 3.3**). Eine besondere Bedeutung besitzt danach fraglos der Bereich der Produktentwicklung/Konstruktion. Hier werden die wesentlichen Produkteigenschaften wie Zuverlässigkeit und Reparaturfreundlichkeit festgelegt. Unter Berücksichtigung einer langfristigen Gewinnmaximierung muß bereits in der Entwicklungsphase der Trade-off zwischen Herstellkosten und erwarteten Garantiekosten sorgfältig abgewogen werden. Konstruktionsalternativen sind nicht nur hinsichtlich ihrer Herstellkosten, sondern der insgesamt für den Produzenten über den Produktlebenszyklus anfallenden Kosten zu bewerten. Ähnliches gilt für die Prozeß- und Technologieplanung. Mit der Entscheidung für oder wider eine bestimmte Fertigungstechnologie wird u. a. auch die Erreichung definierter Qualitätsniveaus, d. h. spezifizierter Produkteigenschaften, determiniert.

Das Qualitätsmanagement nimmt in Abstimmung mit der Fertigungsplanung direkt über die gewählte Prüfstrategie (Bsp. Burn-in-Test) maßgeblichen Einfluß auf die Qualität der Produkte, die zum Kunden gelangen [vgl. NGUY 82; LEEM 90]. Eine indirekte Einflußnahme auf die anfallenden Garantiekosten ergibt sich über die Bereitstellung spezifischer zuverlässigkeitssteigernder Methoden wie FMEA, FTA [PFEI 93, S. 59ff.; BIRO 91, S. 70ff.]. Neben einer Bewertung des Nutzens spezifischer Methoden hinsichtlich einer Senkung externer Fehlleistungen spielt hier insbesondere auch das schnelle Erkennen sich abzeichnender Qualitätsprobleme im Feld eine große Rolle. Nur so können kurzfristig effektive Korrektur- und Verbesserungsmaßnahmen eingeleitet und in ihrer Wirksamkeit bewerten werden [STOC 94, S. 691].

Grobkonzept

Ähnliches gilt für den Entscheidungsbereich Service/Kundendienst, der über die Reparaturstrategie, die Erfolgsquote-Reparatur und die Organisation des Ressourceneinsatzes bei der Bearbeitung von Reklamationen maßgeblichen Einfluß auf die entstehenden Kosten besitzt. Weiterhin benötigt dieser Bereich zur kostenminimalen Ersatzteildisposition Prognosen über erwartete Produktausfälle [MASC 96, S. 785].

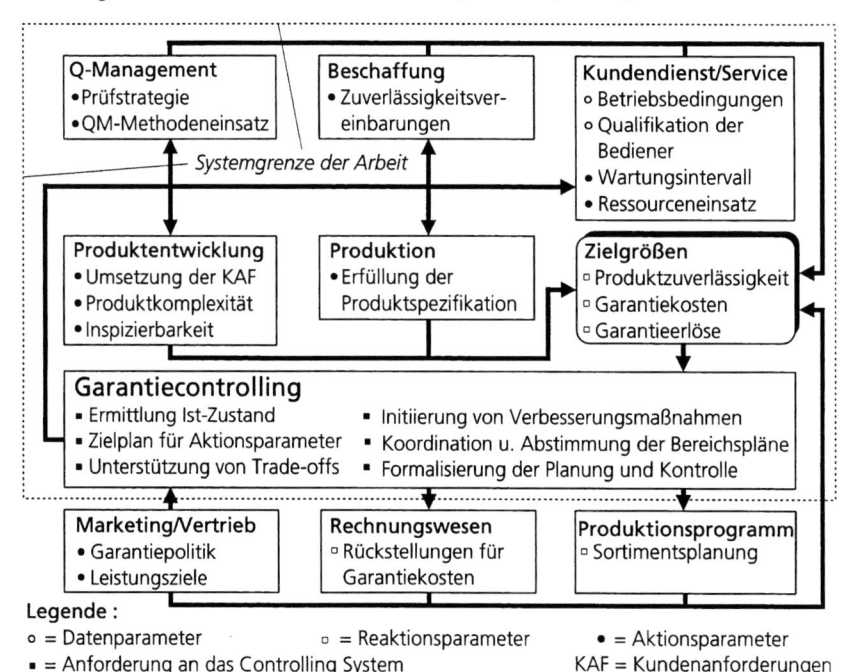

```
Q-Management              Beschaffung                  Kundendienst/Service
• Prüfstrategie           • Zuverlässigkeitsver-       o Betriebsbedingungen
• QM-Methodeneinsatz        einbarungen                o Qualifikation der
                     Systemgrenze der Arbeit             Bediener
                                                       • Wartungsintervall
                                                       • Ressourceneinsatz

Produktentwicklung        Produktion                   Zielgrößen
• Umsetzung der KAF       • Erfüllung der              ▫ Produktzuverlässigkeit
• Produktkomplexität        Produktspezifikation       ▫ Garantiekosten
• Inspizierbarkeit                                     ▫ Garantieerlöse

Garantiecontrolling
▪ Ermittlung Ist-Zustand          ▪ Initiierung von Verbesserungsmaßnahmen
▪ Zielplan für Aktionsparameter   ▪ Koordination u. Abstimmung der Bereichspläne
▪ Unterstützung von Trade-offs    ▪ Formalisierung der Planung und Kontrolle

Marketing/Vertrieb        Rechnungswesen               Produktionsprogramm
• Garantiepolitik         ▫ Rückstellungen für         ▫ Sortimentsplanung
• Leistungsziele            Garantiekosten
```

Legende :
o = Datenparameter   ▫ = Reaktionsparameter   • = Aktionsparameter
▪ = Anforderung an das Controlling System   KAF = Kundenanforderungen

Bild 3.3: Vom Garantiecontrolling betroffene Entscheidungsbereiche

Bei einer stetigen Abnahme der Wertschöpfungsquote, die bei vielen Unternehmen bereits weniger als 50% beträgt [SEGH 96, S. 103], gewinnt auch der Beschaffungsbereich durch den steigenden Anteil fremdgefertigter Produkte für anfallende Garantiekosten an Bedeutung. Auch hier steht als Entscheidungsunterstützung eine permanente Informationsversorgung über die Qualität der Fremdteile im Vordergrund. Auf dieser Grundlage müssen Beschaffungsalternativen hinsichtlich der in späteren Perioden anfallenden Kosten bewertet werden. Auf dieser Grundlage kann entweder der Versuch unternommen werden, den Lieferanten durch gezielte Programme zu qualifizieren, oder die Kosten nach Möglichkeit durch Garantieverträge auch auf den Lieferanten überzuwälzen.

Vor dem Hintergrund, daß für Käufer technisch komplexer Produkte zunehmend auch Lebenszykluskostenaspekte zu bestimmenden Angebotsparametern werden [BIRO 91, S. 2; WILD 92, S. 764; REIN 83, S. 38] (vgl. auch Kap. 2.4.1), ist auch im Marketing/Vertrieb eine Versorgung mit entscheidungsrelevanten Informationen über derzeitige bzw. erwartete Zuverlässigkeitskenngrößen sowie die damit verbundenen Kosten erforderlich. Darüber hinaus müssen Forderungen der Kunden nach längeren Garantiezeiten hinsichtlich ihrer finanziellen Folgen bewertet werden können.

Ein ähnlich großer Unterstützungsbedarf ergibt sich in der Produkt- und Produktionsprogrammplanung, in der auf Basis der Kosten- und Planungsrechnungen Sortimentsentscheidungen unter wirtschaftlichen Gesichtspunkten getroffen werden müssen. Ob bestimmte Produktgruppen, Produkte oder Varianten erfolgreich sind, läßt sich aber häufig nur in einer lebenszyklusorientierten Betrachtung feststellen [FRÖH 93a, S. 138].

Die aus den o. g. Entscheidungsbereichen resultierenden Anforderungen an das Controllingsystem von Garantiekosten sind in **Bild 3.4** als Soll-Leistung beschrieben. Aus den umfangreichen informationsverarbeitenden und informationsbereitstellenden Funktionen wird deutlich, daß es zu deren Realisierung einer DV-Unterstützung bedarf. Dies gilt insbesondere hinsichtlich der Bereitstellung prognostischer Daten und der Bewertung von Handlungsalternativen, die eine logische Abbildung der komplexen Wirkungszusammenhänge zwischen den garantierelevanten Parametern erfordern. Aus den inhaltlichen Anforderungen kann dementsprechend der Handlungsbedarf nach deren DV-technischer Unterstützung unmittelbar abgeleitet werden.

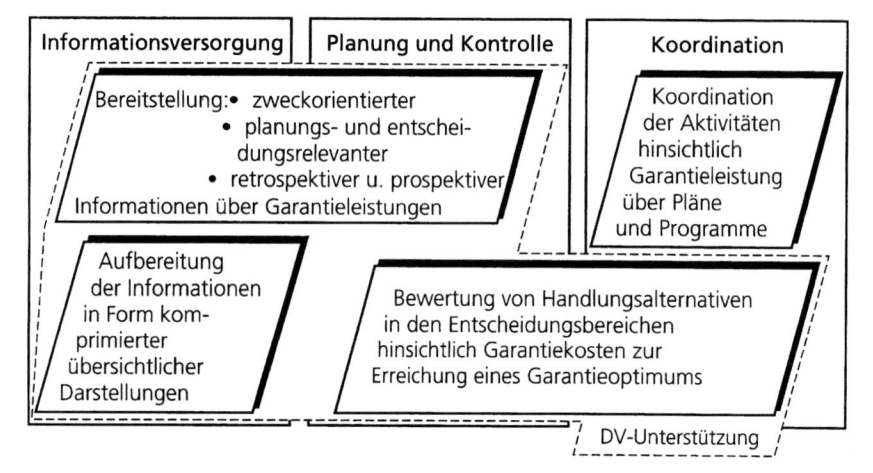

Informationsversorgung	Planung und Kontrolle	Koordination
Bereitstellung: • zweckorientierter • planungs- und entscheidungsrelevanter • retrospektiver u. prospektiver Informationen über Garantieleistungen		Koordination der Aktivitäten hinsichtlich Garantieleistung über Pläne und Programme
Aufbereitung der Informationen in Form komprimierter übersichtlicher Darstellungen	Bewertung von Handlungsalternativen in den Entscheidungsbereichen hinsichtlich Garantiekosten zur Erreichung eines Garantieoptimums	
	DV-Unterstützung	

Bild 3.4: Anforderungen an das System zum Controlling von Garantieleistungen

Die Erfüllung der in Bild 3.4 aufgeführten Anforderungen soll eine mit den wesentlichen Unternehmenszielen konforme Planung, Gestaltung und Kontrolle der Aktivitäten in allen garantierelevanten Entscheidungsbereichen bezüglich der Garantieleistung ermöglichen. Neben diesen inhaltlichen gibt es auch formale Anforderungen an das Controllingsystem, die im folgenden Abschnitt erläutert werden.

3.2.2 Formale Anforderungen

Während die inhaltlichen Anforderungen diejenigen Leistungen beschreiben, die das System erbringen soll, beziehen sich die formalen Anforderungen auf die systematischen und strukturellen Eigenschaften des Systems. Aus der Aufgabenstellung können folgende formale Eigenschaften abgeleitet werden, die von einem System zum Garantiecontrolling zu erfüllen sind:

- Operationalität, Umsetzbarkeit,
- Ordnung,
- Konsistenz, Reproduzierbarkeit und
- Vollständigkeit.

Unter der Forderung nach Operationalität und Umsetzbarkeit wird in diesem Zusammenhang verstanden, daß die durch das System beschriebenen Aufgaben und Hilfsmittel unter den betrieblichen Randbedingungen eine Umsetzung und damit das Erreichen der verfolgten Ziele ermöglichen. Ordnung und Konsistenz sind wesentliche Anforderungen an das System, um sicherzustellen, daß die Beziehungen zwischen den einzelnen Systemelementen klar geregelt sind und das Gesamtsystem in sich widerspruchsfrei ist. Der Anspruch auf Vollständigkeit soll sicherstellen, daß keine Lücken vorliegen, die zu falschen Schlüssen bzw. verdeckten Konflikten führen können.

3.3 Strukturierung eines Grobkonzepts zum Controlling von Garantieleistungen

Die Mehrdimensionalität und Komplexität der Problemstellung erfordert den Einsatz geeigneter Hilfsmittel zur Entwicklung und Beschreibung des Controllingsystems. Dadurch soll insbesondere die Erfüllung der formalen Anforderungen an das System nach Konsistenz und Vollständigkeit sichergestellt werden. Aus diesem Grund wird zur Konzeption und Detaillierung des Garantiecontrolling ein systemtechnischer Ansatz gewählt und geeignete Modellierungswerkzeuge genutzt.

Da entsprechend der oben abgeleiteten Anforderungen ein DV-System zur Unterstützung der wesentlichen Funktionen des Garantiecontrolling entwickelt werden muß, ist zu dessen Konzeption ohnehin eine Modellierung der relevanten Funktionen und Datenstrukturen sowie deren Verknüpfung erforderlich. Die für die DV-Konzeption und -Implementierung erforderliche Strukturierung von Funktionen und Daten geht weit über das zur Systembeschreibung notwendige Detaillierungsniveau hinaus[15]. Deshalb werden in diesem Abschnitt zur Auswahl eines Modellierungswerkzeugs die strengeren Anforderungen zur Konzeption von DV-Systemen als Maßstab verwendet. Im nächsten Abschnitt werden zunächst die Grundlagen der Systemtechnik vorgestellt und eine geeignete Modellierungmethode bestimmt.

3.3.1 Grundlagen der gewählten Modellierungsmethodik

Die SYSTEMTECHNIK (engl. SYSTEMS ENGINEERING) stellt eine gemeinsame formale Sprache bereit, die es gestattet, ingenieurmäßige Methoden auf Nachbargebiete und umgekehrt zu übertragen und damit tragfähige Grundlagen für interdisziplinäre Problemlösungen zu legen [ROPO 79, S. 100f.; BRUN 91, S. 1]. Das Systemdenken ist dabei Hilfsmittel, um Situationen und Sachverhalte strukturieren, in ihren Zusammenhängen darstellen und damit besser verstehen und gestalten zu können [HABE 94, S. XIV]. Nach BRUNS eignete sich die Systemtechnik besonders zur Entwicklung von Systemen als Gebilde realer Organisationsformen, die von technisch-wirtschaftlichen Komponenten determiniert werden [BRUN 91, S. 2][16]. Vor diesem Hintergrund kann ihre Anwendung im Rahmen dieser Ausarbeitung als sinnvoll bezeichnet werden.

Nach BRUNS kann der Systembegriff folgendermaßen charakterisiert werden [DIN 68, BRUN 91, S. 31ff., vgl. auch HABE 94, S. 4ff.]:

- Ein System besteht aus verschiedenen ELEMENTEN, die selbst wieder als SUBSYSTEME betrachtet werden können.
- Diese Elemente weisen EIGENSCHAFTEN auf, die als diskrete Attribute, Funktionen oder Merkmale angegeben werden können.
- Zwischen den Elementen bestehen BEZIEHUNGEN, die die funktionellen Verknüpfungen der Elemente wiedergeben.
- Die Elemente mit ihren Eigenschaften und Beziehungen bilden eine von der Umwelt ABGEGRENZTE ANORDUNG.

---

[15] Beispielsweise ist für die Implementierung des DV-Prototypen eine Ableitung der Datenrelationen und der Tabellenstruktur erforderlich.

[16] Eine ausführliche, sowohl wissenschaftstheoretische als auch inhaltliche Beschreibung der Systemtheorie liefert ROPOHL [ROPO 79]. Praxisnahe Grundlagen der Systemtechnik sowie eine Klassifizierung unterschiedlicher Systeme finden sich bei PATZAK und HABERFELLNER et al. [PATZ 82; HABE 94].

Grobkonzept

Nach PATZAK kann das System zusammenfassend als eine Menge von Elementen bezeichnet werden, welche Eigenschaften (z. B. Funktionen) besitzen und welche durch Relationen miteinander verknüpft sind [PATZ 82, S. 19] (siehe **Bild 3.5**).

In Anlehnung an den systemtechnischen Gedanken existiert eine Vielzahl unterschiedlicher Modellierungsmethoden[17], mit deren Hilfe systemtechnische Elemente graphisch dargestellt werden können. Eine übliche Zuordnung besteht darin, Elemente als Knoten und Elementbeziehungen als Kanten/Pfeile abzubilden [BRUN 91, S. 37]. Dies ist beispielsweise in klassischen Organigrammen zur Abbildung von Aufbauorganisationen[18] der Fall. Zur Abbildung insbesondere von Ablaufsystemen können Methoden wie SA (STRUCTURED ANALYSIS) [ROSS 77], SADT (STRUCTURED ANALYSIS AND DESIGN TECHNIQUE) [ROSS 77a], IDEF0, IDEF1 [IDEF 93], PETRI-Netze [PETR 76; PETE 81] und ARIS (ARCHITEKTUR INTEGRIERTER INFORMATIONSSYSTEME) [SCHE 94] genutzt werden[19]. Sie unterstützen den Anwender bei der strukturierten Darstellung von Funktionsfolgen und Informationen; viele von Ihnen haben ihren Ursprung in der Software-Entwicklung.

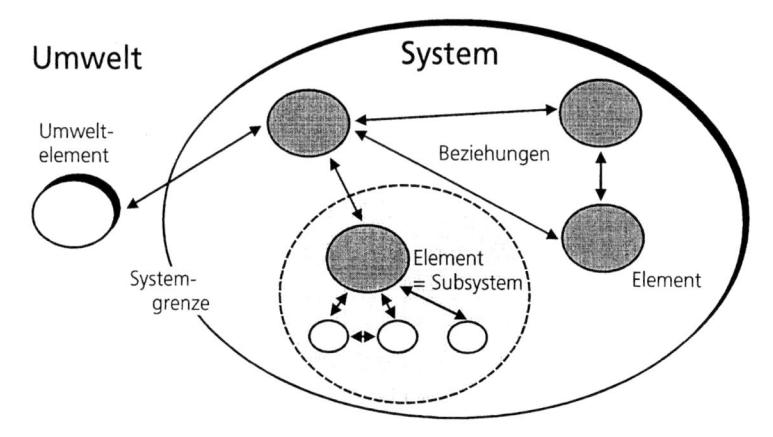

Bild 3.5: Grundbegriffe der Systemtechnik [vgl. HABE 94, S. 5]

Bei der von SCHEER entwickelten ARCHITEKTUR INTEGRIERTER INFORMATIONSSYSTEME (ARIS) handelt es sich um ein Modellierungswerkzeug, mit dem komplexe Aufbau- und Ablaufsysteme wie ein Unternehmen und seine Teilsysteme abgebildet werden können

---

[17] Modelle sind dabei als Systeme zu verstehen, die andere, in bezug auf das Modell reale Systeme abbilden [BAET 74, S. 47]. Bei jedem Versuch, einen Ausschnitt aus der Realität zu beschreiben, liegt nach MERTINS eine Modellbildung vor [MERT 94, S. 7f.].

[18] Zur Differenzierung zwischen Aufbau- und Ablaufsystemen siehe BRUNS [BRUN 91, S. 42].

[19] Eine umfangreiche Darstellung häufig verwendeter Modellierungsmethoden gibt MERTINS u. a. [MERT 94, S. 104].

[vgl. SCHE 93, S. 87]. Die Vorteile von ARIS liegen einerseits in der Möglichkeit, konsistente Funktions-, Daten- und Organisationsmodelle zu entwickeln und diese über Ereignisse in einer einzigen Darstellung miteinander zu verbinden. Systemfunktionen lassen sich so als Folgeverknüpfungen der in den Teilsystemen enthaltenen Elemente realisieren. Daraus ergibt sich die Möglichkeit, Systemelemente und deren Beziehungen übersichtlich zu beschreiben und gegeneinander abzugrenzen. Andererseits kann man mit der Methode durch eine hierarchische Dekomposition den Detaillierungsgrad der Systembeschreibung systematisch variieren und die Komplexität auf den einzelnen Betrachtungsebenen begrenzen. Darüber hinaus wird die Entwicklung von anwendungsorientierten DV-Programmen bis zur Implementierung durch das Life-Cycle-Konzept von ARIS aktiv unterstützt [SCHE 94, S. 14ff.].

Mit der von ARIS bereitgestellten Modellierungsphilosophie lassen sich Aufbausysteme [BRUN 91, S. 42] beschreiben, wie sie traditionellerweise zur Darstellung statischer Controlling-Konzepte genutzt werden [vgl. SCHE 94, S. 20, 24, 31ff.]. Darüber hinaus können diese Aufbausysteme unter Nutzung definierter Ereignisse zur Erstellung dynamischer Anordnungsbeziehungen systematisch in stärker ablauforientierte Systeme überführt werden [SCHE 93, S. 102]. Dies wird bei der Entwicklung des Systems zum Controlling von Garantieleistungen im Sinne einer starken, praxisnahen Problemorientierung angestrebt. Die Nutzung der ARIS-Methode zur Modellierung des Systems ist deshalb zweckmäßig. Dies gilt insbesondere vor dem Hintergrund, daß die Entwicklung eines Software-Prototypen zur Unterstützung des Controlling integraler Bestandteil dieser Arbeit ist, und dem Systementwickler mit ARIS besonders wertvolle Unterstützung angeboten wird.

Zur Komplexitätsreduktion bietet ARIS die Möglichkeit, Modelle in Anlehnung an die CIMOSA-Bausteine [CIMO 93; KOSA 93] in die Sichten FUNKTIONEN, DATEN und ORGANISATION [SCHE 90, S. 3] zu zerlegen, wie **Bild 3.6** zeigt. In den einzelnen Sichten kann das Modell mit besonderen Methoden wie Entity-Relationship-Diagrammen [CHEN 76] für die Datensicht und Funktionsbäumen für die Funktionsicht dargestellt werden. Darüber hinaus unterscheidet das ARIS-Konzept zwischen 3 verschiedenen Beschreibungsebenen: FACHKONZEPT, DV-KONZEPT und IMPLEMENTIERUNG, die sich am Life-Cycle-Konzept der Entwicklung eines Informationssystems orientieren und sich nach ihrer Nähe zur Informationstechnik unterscheiden [SCHE 93, S. 90] (Bild 3.6).

Auf der Fachkonzeptebene wird das Systemkonzept in enger Anlehnung an die technisch-organisatorische Problemstellung abgebildet. Dieses wird im DV-Konzept und der Implementierung in konkrete hardware- und softwaretechnische Komponenten umgesetzt [SCHE 90, S. 4ff.].

Grobkonzept

Eine Zerlegung von Systemen analog der ARIS-Methode setzt voraus, daß die Beziehungen innerhalb der Sichten sehr hoch sind und die Beziehungen zwischen den Sichten relativ einfach und lose gekoppelt sind [SCHE 94, S. 12]. Nach SCHEER lassen sich die einzelnen Sichten Funktionen, Daten und Organisation in der Steuerungssicht zu einem konsistenten Modell zusammenführen und verknüpfen [SCHE 93, S. 102ff.].

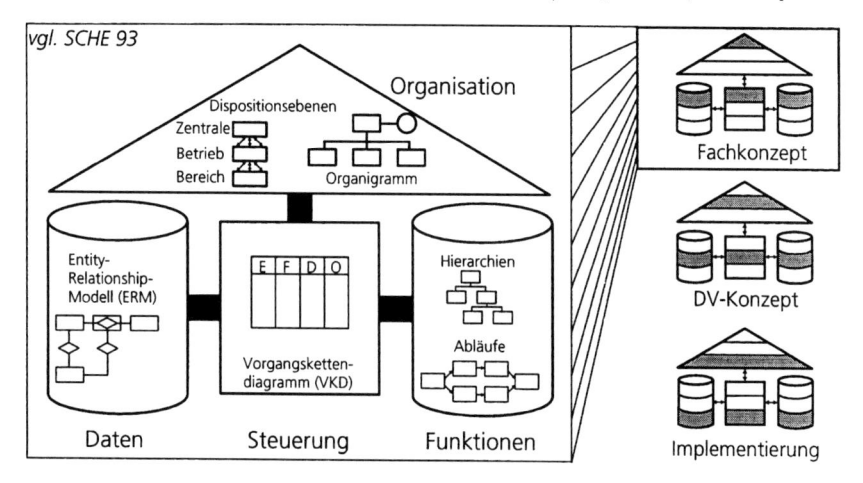

Bild 3.6: Verschiedene Beschreibungssichten und -ebenen der ARIS-Methode

In der Funktionssicht werden die Funktionen beschrieben, gegeneinander abgegrenzt, strukturiert und hierarchisiert. Darüber hinaus können sie in Form von Ablaufdiagrammen zu zeitverbrauchenden Vorgängen mit Verzweigungen und Rücksprüngen verbunden werden. Beschreibungsmethoden sind dementsprechend Funktionsbäume, Struktogramme und Ablauffolgen [SCHE 94, S. 19ff]. Die Organisationssicht ermöglicht eine detaillierte Abbildung der relevanten Organisationsstrukturen im Unternehmen. Mit Hilfe von Organigrammen können Organisationseinheiten von der übergeordneten Koordinationsebene bis auf einzelne Stellen heruntergebrochen werden [SCHE 94, S. 27ff.].

Eine Beschreibung der relevanten Daten kann in der Datensicht von ARIS unter Verwendung des erweiterten Entity-Relationship-Modells [vgl. CHEN 76 und HOHE 93] erfolgen. Die sorgfältige Modellierung der logischen Datenstruktur ist besonders wichtig, da Datenstrukturen im Gegensatz zu Organisations- und Funktionsstrukturen wesentlich seltener Veränderungsprozessen unterworfen sind[20] [BÖHM 93, S. 46]. Vor allem

---

[20] So beträgt die „Lebensdauer" von Datenstrukturen nach BÖHM ca. 20 Jahre, während sie für Funktionen bei ungefähr der Hälfte liegt [BÖHM 93, S. 46].

bei der Entwicklung von Informationssystemen ist das logische Datenmodell zum wichtigsten Entwurfsfaktor geworden, da es nachträglich nur unter erheblichem Aufwand geändert werden kann [SCHE 93, S. 100]. Hingegen lassen sich Funktionen von Anwendungsprogrammen relativ einfach auf der Basis einer stimmigen Datenstruktur ändern und ergänzen [FISC 92, S. 3ff.].

In der Steuerungssicht erfolgt schließlich eine Verknüpfung der anderen Sichten. Zu diesem Zweck werden von ARIS verschiedene Methoden vorgestellt, von denen die ERWEITERTE EREIGNISORIENTIERTE PROZEßKETTE in **Bild 3.7** dargestellt ist.

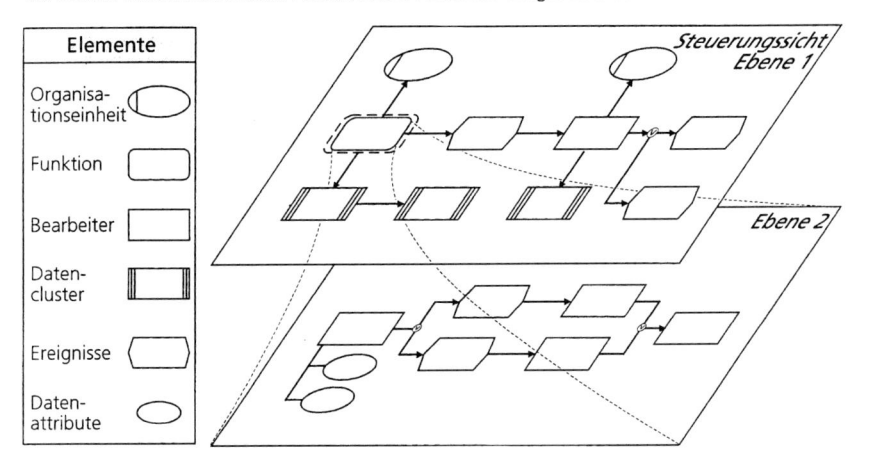

Bild 3.7: Die EREIGNISORIENTIERTE PROZEßKETTE von ARIS im hierarchischen Aufbau

Mit der Modellierung des Controllingsystems von Garantieleistungen in ARIS soll einerseits eine anschauliche, problemadequate Darstellung erreicht werden. Zusätzlich kann auf diese Weise die Erfüllung der formalen Anforderungen an das Controlling-System (siehe Kap. 3.2.2) hinsichtlich Konsistenz, Ordnung und Vollständigkeit gewährleistet werden. Neben ARIS werden für spezielle Anwendungsfälle jedoch weitere, geeignete Modellierungswerkzeuge wie PROPLAN genutzt [EVER 94c, S. 21].

3.3.2 Ableitung des Grobkonzepts

Ziel des Controlling von Garantieleistungen ist es, die Führungsprozesse in den relevanten Entscheidungsbereichen bei einer ertragsorientierten Planung, Gestaltung und Kontrolle der Garantieleistung zu unterstützen. In Anlehnung an das allgemeine Controllingkonzept [HORV 94; WEBE 95] soll dies durch Unterstützung der Planung und Kontrolle, Informationsversorgung und Koordination erfolgen. Um einen hohen Entscheidungsbezug zu erreichen, ist eine starke Orientierung am Führungsprozeß [vgl.

HAHN 94, S. 35] sinnvoll. Dies entspricht einer klaren Ausrichtung auf den Planungs- und Kontrollprozeß [REIC 95, S. 7].

Um die Lösungsfindung zu erleichtern, sollten bei dem Entwurf des Grobkonzepts zunächst die Funktionen des Controllingsystems in Form einer Black-box-Betrachtung definiert und abgegrenzt werden [vgl. HABE 94, S. 22]. Daraus folgt, daß analog zu der Funktionssicht nach SCHEER Funktionen als Hauptgliederungskriterien für die Systembeschreibung herangezogen werden. Eine Detaillierung dieser Funktionen sowie eine Ausarbeitung benötigter Instrumente erfolgt im Feinkonzept (Kap. 4).

Für den Entwurf des Controllingsystems ist es darüber hinaus zweckmäßig, zunächst von wohlstrukturierten Problemstellungen auszugehen. Sie ermöglichen im Sinne des IDEALS-KONZEPTS [vgl. NADL 69, S. 22ff.], zunächst eine prinzipielle Lösung auf der Grundlage idealisierter Randbedingungen zu erarbeiten und diese anschließend hinsichtlich ihrer Anwendbarkeit auf die in der Praxis ebenso häufig anzutreffenden, schlechtstrukturierten Problemstellungen zu überprüfen. Nach HEINEN [HEIN 85, S. 44] zeichnen sich wohlstrukturierte Problemstellungen durch folgende Merkmale aus:

- eine bestimmte Anzahl von Handlungsalternativen,
- Informationen über Folgewirkungen und
- klar formulierte Ziele und Lösungsalgorithmen zur Priorisierung von Alternativen.

Aus diesen Randbedingungen lassen sich folgende Strukturierungsgrundsätze für die Ableitung des Grobkonzeptes zum Controlling von Garantieleistungen definieren:

- Hauptgliederungskriterium für das Systemkonzept sind die wesentlichen Systemfunktionen.
- Die wesentlichen Systemfunktionen orientieren sich am Planungs- und Kontrollprozeß, um einen hohen Entscheidungsbezug zu gewährleisten.
- Dem Grobkonzept liegt ein idealisierter Ablauf zugrunde, der von wohlstrukturierten Problemstellungen ausgeht.

Auf der Basis dieser Strukturierungsgrundsätze und vor dem Hintergrund der in Kap. 3.2 definierten inhaltlichen und formalen Anforderungen kann das Grobkonzept für ein System zum Controlling von Garantieleistungen abgeleitet werden. Wie **Bild 3.8** darstellt, können in Anlehnung an den Führungsprozeß nach HAHN [HAHN 94, S. 35] die Systemelemente LAGEANALYSE, ZIELPLANUNG, MAßNAHMENABLEITUNG, MAßNAHMENBEWERTUNG sowie REALISIERUNG als Controlling-relevant herausgearbeitet werden.

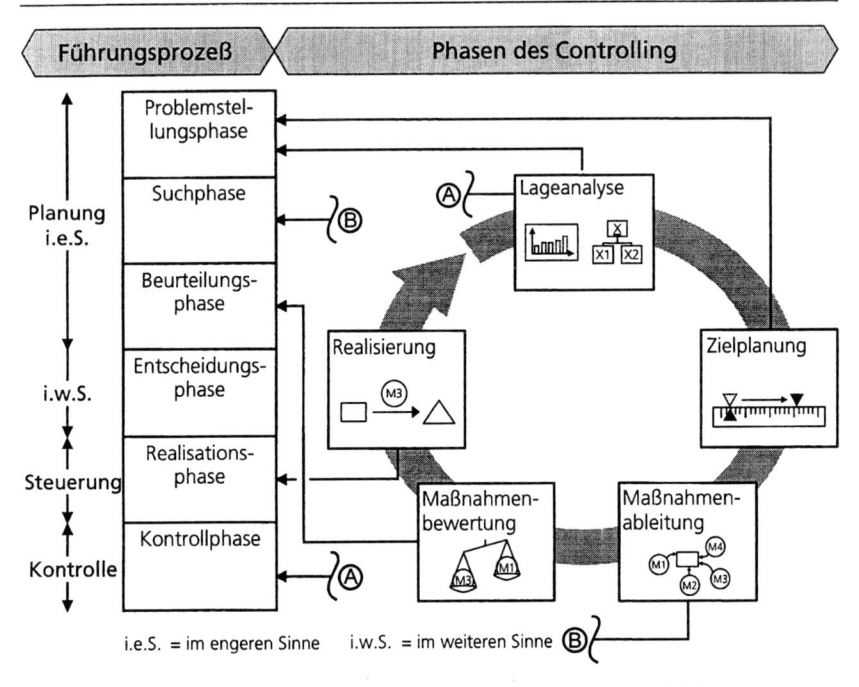

Bild 3.8: Ableitung der Systemelemente des Controlling von Garantieleistungen

Aus Bild 3.8 wird deutlich, inwieweit die Elemente des Controllingsystems einzelne Phasen des Führungsprozesses unterstützen. Man kann erkennen, daß durch die LAGE-ANALYSE sowohl die Problemstellungs- als auch die Kontrollphase des Führungsprozesses unterstützt werden. Dazu bereitet das Controlling die garantierelevanten Daten anwender- und zweckorientiert auf und stellt sie den Mitarbeitern in den Entscheidungsbereichen zur Verfügung. Dabei kann sowohl eine Ermittlung sich abzeichnender Schwachstellen als auch eine Überprüfung eingeleiteter Maßnahmen das Ziel der betroffenen Abteilung sein. Deshalb müssen vom Garantiecontrolling neben prognostischen Informationen auch detailliertere Analysen über mögliche Problemschwerpunkte erarbeitet werden. Über diese Informationen kann eine Koordination betroffener betrieblicher Entscheidungsbereiche bei der Problemlösung erreicht werden. Dies kann bspw. dadurch erreicht werden, daß in bestimmten Entscheidungsbereichen ein Prozeß zur Ableitung von Verbesserungsmaßnahmen gezielt initiiert wird. In **Bild 3.9** sind die Aktivitäten erläutert, die in den identifizierten Elementen des Garantiecontrolling durchzuführen sind. Dabei werden die Elemente hinsichtlich ihres Beitrags zur Erfüllung der allgemeinen Controlling-Hauptfunktionen INTEGRATION (der Planung und Kontrolle), KOORDINATION und INFORMATIONSVERSORGUNG bewertet.

Grobkonzept 49

Hauptfunktionen des Garantiecontrolling

1 Lageanalyse
- Strukturierung, Aufbereitung und Bereitstellung garantierelevanter Informationen (Häufigkeiten, Kosten, Zeiten)
- kurzfristige Prognose

2 Zielplanung
- Ableitung von komponentenbezogenen Zuverlässigkeits- und Kostenzielen
- Definition von Garantiekostenzielen, Zeitzielen und Budgets

3 Maßnahmenableitung
- Ableitung von Maßnahmen zur Schaffung und Optimierung einer Gebilde- und Prozeßstruktur zum Garantiecontrolling
- AUSSCHLIEßLICH SYSTEMBILDUNG

4 Maßnahmenbewertung
- Bewertung von Maßnahmen zur Reduzierung von Garantiekosten über Simulation
- Unterstützung von Trade-off-Entscheidungen
- langfristige Prognose

5 Realisierung
- Entscheidung über und Umsetzung von Maßnahmen zur Schaffung und Optimierung der Gebilde und Prozeßstruktur zum Garantiecontrolling
- AUSSCHLIEßLICH SYSTEMBILDUNG

Garantiecontrolling: Lageanalyse → Zielplanung → Maßnahmenbewertung

Systemkopplung

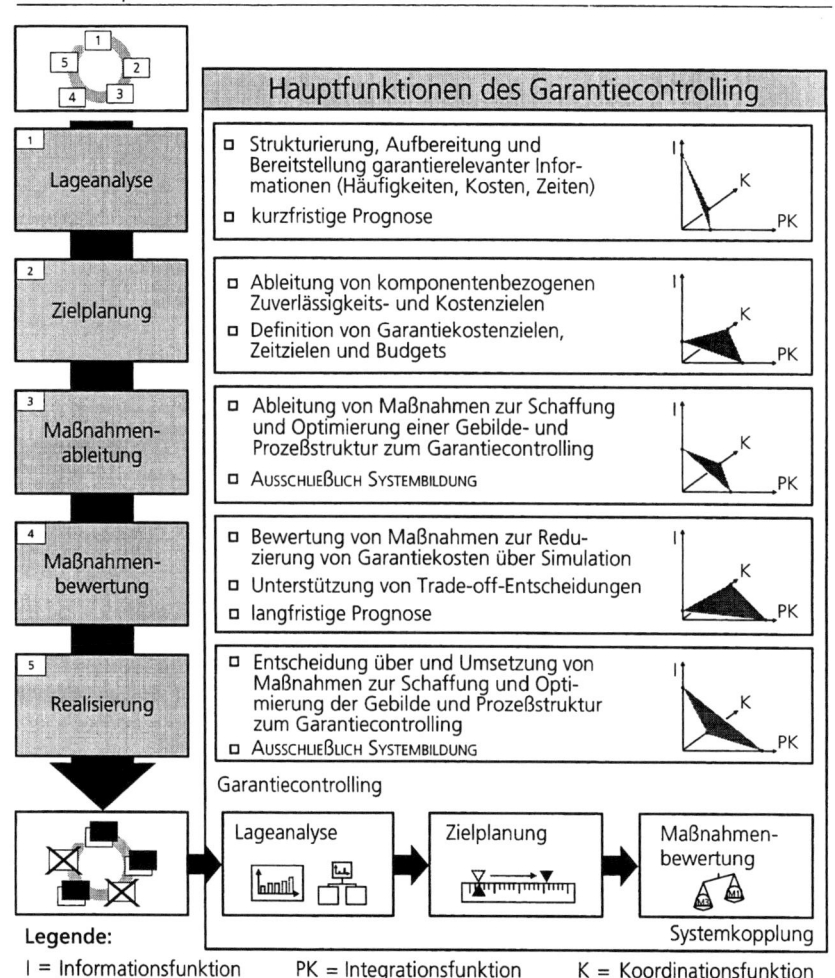

Legende:
I = Informationsfunktion   PK = Integrationsfunktion   K = Koordinationsfunktion

Bild 3.9: Systemkoppelnde und -bildende Elemente des Garantiecontrolling

Durch die Funktion ZIELPLANUNG kann der Prozeß der operativen Zielfindung und Sollwertfestlegung fachbereichsübergreifend unterstützt und abgestimmt werden. Dies gilt sowohl für die Ableitung von Zuverlässigkeitszielen in der Produktentwicklung/Konstruktion, von Ausschuß/Nacharbeitszielen in der Fertigung und Montage als auch von Kostenzielen für Service, Reparatur und Ersatzteilversorgung. Die Vorgaben- oder Zielplanung läßt sich nur schwer einem der Elemente des Führungsprozesses zuordnen. Vielmehr sind der Führungsprozeß und der Zielbildungsprozeß interdependente Aktivitäten [vgl. HAHN 94, S. 36]. Allerdings kann durchaus zwischen dem Zielbildungsprozeß vor und nach dem Entscheidungsprozeß differenziert werden, wobei ersterer durch die ZIELPLANUNG im Sinne dieses Konzeptes unterstützt werden soll. Eine Konkretisierung bzw. Veränderung des Zielbündels ist dementsprechend in der Funktion MAßNAHMENBEWERTUNG vorgesehen.

Die Systemelemente MAßNAHMENABLEITUNG und REALISIERUNG (siehe Bild 3.9) nehmen im Rahmen eines Controllingsystems eine besondere Stellung ein, da sie ausschließlich SYSTEMBILDENDEN CHARAKTER besitzen. Das liegt daran, daß im Sinne der Systemkopplung eine Maßnahmenableitung in Form einer Alternativensuche sowie deren Umsetzung ausschließlich in den betroffenen Entscheidungsbereichen erfolgen kann. Man denke beispielsweise an die Ermittlung verschiedener konstruktiver Verbesserungen zur Lebensdauerverlängerung sowie deren Umsetzung, die nur von dem dafür qualifizierten Personal in der Produktentwicklung durchgeführt werden können. Ähnliches gilt für die Ableitung und Umsetzung verbesserter Prüfstrategien zur rechtzeitigen Aussonderung von Frühausfällen. Die Aktivitäten des Garantiecontrolling zur direkten Maßnahmenableitung und -realisierung beschränken sich demnach auf systembildende Vorgänge, dienen der Überarbeitung und Verbesserung des Systems zum Controlling von Garantieleistungen selbst und sollen entsprechend der Fokussierung dieser Arbeit nicht weiter berücksichtigt werden.

Ein Schwerpunkt des Garantiecontrolling liegt in der BEWERTUNG VON HANDLUNGSALTERNATIVEN zur Optimierung der Ertragskraft der Garantieleistung. Zu diesem Zweck müssen die aus den verschiedenen Entscheidungsbereichen vorgeschlagenen Maßnahmen hinsichtlich der übergeordneten Ziele miteinander verglichen werden. Entsprechend dem Fokus dieser Ausarbeitung wird versucht, durch eine möglichst weitgehende Monetarisierung der Maßnahmenaufwände und ihrer Auswirkungen eine reproduzierbare Bewertung zu ermöglichen.

Zu beachten ist, daß nach diesem Konzept das Controlling keinen direkten Einfluß auf die Entscheidungsphase selbst nimmt, sondern sich im wesentlichen auf die vor- und nachbereitenden Phasen konzentriert[21]. In Bild 3.9 ist zudem dargestellt, wie entsprechend der Fokussierung auf systemkoppelnde Aktivitäten die relevanten Systemelemente des Garantiecontrolling auf der oberen Strukturebene auf die LAGEANALYSE, ZIELPLANUNG und MAßNAHMENBEWERTUNG reduziert werden können.

---

[21] Hinsichtlich der Entscheidungsbefugnis des Controllers und seiner Stellung zum Linienmanager gibt es unterschiedliche Auffassungen, von denen hier aber jene Anwendung finden, die von einer strikten Trennung zwischen Entscheidungsvorbereitung und Entscheidung ausgehen [HORV 94, S. 145].

Grobkonzept

Die Systemelemente Lageanalyse, Zielplanung und Maßnahmenbewertung sollen darüber hinaus durch ein geeignetes DV-System unterstützt werden. Dies ist erforderlich, um die komplexen informationsversorgenden und informationsverarbeitenden Funktionen effizient erfüllen zu können, die durch das Garantiecontrolling zu erbringen sind. In **Bild 3.10** sind die Elemente des Garantiecontrolling dargestellt. Die Kapitelangaben verweisen auf die Abschnitte dieser Arbeit, in denen die einzelnen Elemente detailliert werden.

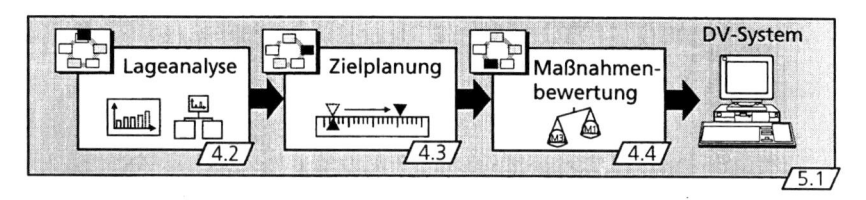

Bild 3.10: Systemelemente des Garantiecontrolling

Das aus diesen Elementen bestehende Controllingsystem ist ein zusätzliches, den einzelnen Planungs-, Kontroll- und Informationssystemen der verschiedenen Entscheidungsbereiche überlagertes System, das über Information und Koordination die Aktivitäten in den Entscheidungsbereichen verknüpft und aufeinander abstimmt. Primär wird dabei eine ertragsorientierte, d. h. bei gleichbleibender Leistung kostenminimale Gestaltung der Garantieleistung angestrebt. Vergegenwärtigt man sich die vielfältigen Interdependenzen zwischen den relevanten Einflußparametern auf die mit der Erbringung der Garantieleistung verbundenen Aufwände in den betroffenen Entscheidungsbereichen, wird deutlich, daß es zu einer zielkonformen Planung und Realisierung der Garantieleistung eines Abstimmungs- und Überwachungssystems mit Querschnittscharakter, also eines Controllingsystems, bedarf.

3.4 Fazit: Grobkonzept

Aufbauend auf den in Kapitel 2 aufgezeigten Defiziten bestehender Ansätze zur systematischen, ertragsorientierten Planung, Gestaltung und Überwachung von Garantieleistungen (Kap. 2) sowie den Grundlagen allgemeiner Controllingkonzepte (Kap. 3.1) konnten die Anforderungen an das Garantiecontrolling abgeleitet werden. Dabei wurde zwischen inhaltlichen und formalen Anforderungen an das Controllingsystem differenziert (Kap. 3.2). Da entsprechend der Aufgabenstellung für die Beschreibung des Controlling ein systemtechnischer Ansatz gewählt werden soll, wurden die Grundlagen der Systemtechnik sowie das ausgewählte Modellierungswerkzeug ARIS (Architektur Integrierter Informationssysteme) erläutert. Das entwickelte Grobkonzept gliedert sich in drei Systemelemente und beinhaltet die LAGEANALYSE, ZIELPLANUNG und MAßNAHMEN-

BEWERTUNG. Dem Grobkonzept liegt ein idealisierter Ablauf zugrunde, der sich stark am Führungs- bzw. Planungs- und Kontrollprozeß orientiert.

Inhalt des nächsten Kapitels ist die Detaillierung des konzipierten Controllingsystems durch Dekomposition der Hauptfunktionen und Integration geeigneter Instrumente. Wegen der allgemein anerkannten hohen Bedeutung von Informationssystemen für das Controlling [HORV 94, S. 679; REIC 95, S. 10, 493ff.] erfolgt die Entwicklung eines integrierten DV-Systems zur Unterstützung des Garantiecontrolling in einem separaten Kapitel (Kap. 5.1).

/ # 4
Detaillierung des Konzepts

Auf Basis des im 3. Kapitel erarbeiteten Grobkonzeptes zum Garantiecontrolling werden in diesem Kapitel die Elemente LAGEANALYSE, ZIELPLANUNG und MAßNAHMENBEWERTUNG des Controllingsystems weiter detailliert. Dazu werden zunächst die wesentlichen Einflüsse auf die Garantiekosten und -erlöse erarbeitet und modellhaft abgebildet.

4.1 Modellierung des Problembereiches

Um das System zum Controlling von Garantieleistungen zielorientiert zu entwickeln, ist eine detaillierte Untersuchung und Abbildung der Ursache-Wirkungsbeziehungen des Problembereiches erforderlich. Unter Problembereich wird dabei jenes System verstanden, in dem Problemzusammenhänge untersucht werden [HABE 94, S. 19].

In **Bild 4.1** werden Produktzuverlässigkeit, Garantiebedingungen und Prozeßkosten zur Wiederherstellung der Kundenzufriedenheit[22] als die wesentlichen Einflußparameter auf Garantiekosten und -erlöse identifiziert[23]. Die Produktzuverlässigkeit ist dabei als empirisch definierte Größe zu verstehen, die von der Produktspezifikation, deren Realisierung durch Beschaffung, Fertigung und Montage sowie während der Nutzung wirksamen Umwelteinflüsse determiniert wird. Über sie ist die Wahrscheinlichkeit eines Produktausfalls im Feld definiert. Sie soll im PRODUKTSTRUKTURMODELL abgebildet werden (Kap. 4.1.1). Über die Garantiebedingungen werden die Modalitäten einer finanziellen oder andersgearteten Ersatzleistung im Schadensfall festgelegt, d. h. ob, bis wann und in welcher Höhe eine Ersatzleistung erfolgt. Sie werden im GARANTIEMODELL beschrieben (Kap. 4.1.2). Als dritter wesentlicher Parameter für die Garantiekosten sind die Prozeßkosten zur Wiederherstellung der Kundenzufriedenheit zu nennen. Dazu sind all jene Kosten zu rechnen, die bei der Abwicklung, Reparatur und eventuellen Ersatzbereitstellung entstehen. Diese Kosten werden durch die Art des Defektes, die Allokation der Ressourcen und die Kosten für die eingesetzten Ressourcen bestimmt. Diese Größen werden im PROZEßKOSTENMODELL abgebildet (Kap. 4.1.3).

---

bezeichnet.

[23] Die Prozeßdarstellung in Bild 4.1 entspricht der von TRÄNKNER und MÜLLER entwickelten Methodik zur Darstellung und Analyse technisch-organisatorischer Prozesse [vgl. TRÄN 90; MÜLL 93; Kap. 4.1.3].

Trotz der starken Verbreitung dieser Gliederung wird sie heute sowohl von der Praxis als auch von der Wissenschaft als unzweckmäßig [MASI 88, S. 11; SEGH 96, S. 172] oder sogar sinnlos bezeichnet [KAMI 92, S. 122; TOMY 94, S. 39ff.]. Da die Probleme dieser Gliederung in der Literatur hinreichend diskutiert und dokumentiert sind [WILD 92; KAND 94], sollen an dieser Stelle nur die wesentlichen drei Kritikpunkte aufgeführt werden:

- Qualitätskosten enthalten Aufwendungen, die mit dem Ziel anfallen, die Fähigkeit zur Erzeugung fehlerfreier Erzeugnisse zu schaffen und zu erhalten. Damit stellen diese "Kosten" eine positive Investition dar und dürfen nicht begrifflich mit den Kosten verknüpft werden, die zur Beseitigung bereits realisierter Abweichungen, wie bspw. Nacharbeit, anfallen [WILD 92, S. 762].
- Die Kategorie Prüfkosten subsumiert willkürlich einzelne Kostenarten, die zum Teil eine Folge von Fehlern sind (Sortierprüfung) und zum Teil fehlerverhütenden Charakter besitzen [KAND 94, S. 769].
- Die nach der klassischen Gliederung optimale Qualitätskostenlage bietet keine Grundlage für unternehmerische Entscheidungen [KAMI 92, S. 122].

völlig ausreichen [vgl. SCHN 92, S. 94] und der Aufwand zu dessen Realisierung deutlich geringer ist, wird er als der eindeutig geeignetere Ansatz identifiziert (Bild 4.2).

Analog zur Black-box-Modellierung ist das Gesamtprodukt (System) in seine Komponenten und Baugruppen (Subsysteme) zu untergliedern. Die Zergliederung hat nach folgenden drei Kriterien zu erfolgen:

- Die Subsysteme sind aus zuverlässigkeitstechnischer Perspektive unabhängig und bilden eine in sich abgeschlossene Einheit. D. h., die Grenzen der Subsysteme sind so zu wählen, daß Interdependenzen minimiert werden.
- Die Subsysteme sind nach funktionalen Kriterien zu gliedern, da die geforderte Funktion die Aufgabe des betrachteten Systems spezifiziert. Ihre Festlegung bildet den Ausgangspunkt der Analyse, weil damit der Ausfall definiert wird [BIRO 91, S. 3].
- Die Abgrenzung der Subsysteme hat nach garantiepolitischen Erwägungen zu erfolgen, damit eine Garantiebedingung pro Subsystem definiert werden kann (Verschleißteile lassen sich nicht mit langlebigen Funktionsteilen zusammenfassen).

Unter Berücksichtigung dieser Gliederungskriterien kann ein zuverlässigkeitsorientiertes PRODUKTSTRUKTURMODELL aufgebaut werden, das in **Bild 4.3** dargestellt ist. Das Produkt wird in seine komplementären Komponenten zerlegt und deren Ausfallverhalten über einen Black-box-Ansatz beschrieben.

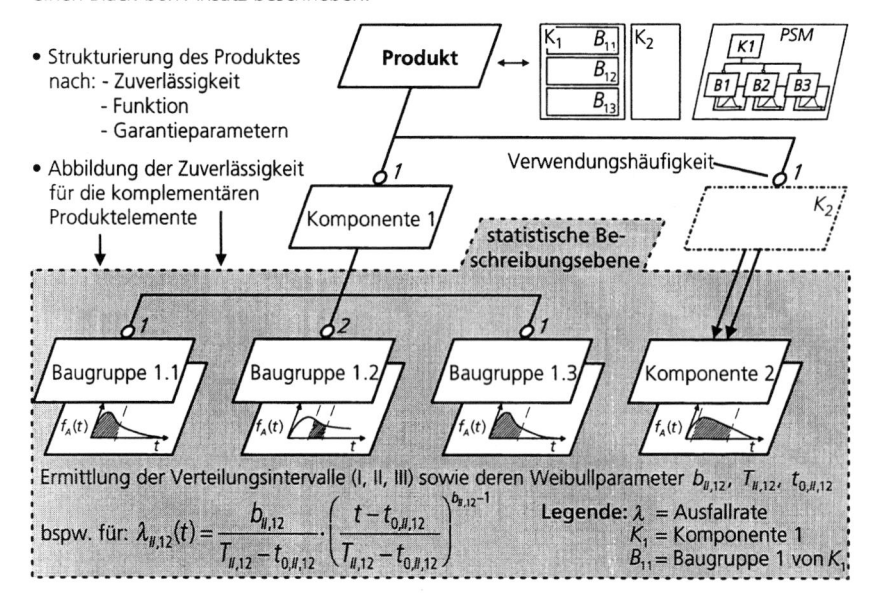

- Strukturierung des Produktes nach: - Zuverlässigkeit
  - Funktion
  - Garantieparametern
- Abbildung der Zuverlässigkeit für die komplementären Produktelemente

Ermittlung der Verteilungsintervalle (I, II, III) sowie deren Weibullparameter $b_{II,12}$, $T_{II,12}$, $t_{0,II,12}$

bspw. für: $\lambda_{II,12}(t) = \dfrac{b_{II,12}}{T_{II,12} - t_{0,II,12}} \cdot \left(\dfrac{t - t_{0,II,12}}{T_{II,12} - t_{0,II,12}} \right)^{b_{II,12}-1}$

Legende: λ = Ausfallrate
K_1 = Komponente 1
B_{11} = Baugruppe 1 von K_1

Bild 4.3: Zuverlässigkeitsorientiertes PRODUKTSTRUKTURMODELL

verhältnismäßig leicht erfaßbar sind, eignen sie sich besonders zur wirtschaftlichen Steuerung qualitätsfördernder Aktivitäten. Dies gilt vor allem für Garantie- und Gewährleistungskosten, die zwar meist undifferenziert, aber dennoch automatisch über die Finanzbuchhaltung erfaßt und ausgewiesen werden [LASC 94, S. 34; WILD 92, S. 766].

Neben der Kostendimension qualitätssichernder Maßnahmen ist ebenso deren Leistungsdimension in den vergangenen Jahren immer stärker in den Vordergrund der Betrachtung gerückt [vgl. WILD 92, S. 761]. Eine Quantifizierung des Nutzens von Qualität bzw. von einzelnen qualitätsfördernden Maßnahmen ist für eine strategiekonforme Gestaltung des Qualitätsmanagement von größter Bedeutung. Mit dieser Kosten- wie auch leistungsseitigen hohen Erfolgsrelevanz fordert das Qualitätsmanagement die gesamte Bandbreite unternehmerischen Handelns. Aus diesem Grund schlägt HORVÁTH vor, das Qualitätsmanagement durch ein maßgeschneidertes, d. h. problemorientiertes Controlling zu unterstützen [HORV 90, S. 4ff.]. HORVÁTH definiert Qualitätscontrolling als „ein Teilsystem des Controlling, welches unternehmensweite Vorgänge mit dem Ziel koordiniert, eine anforderungsgerechte Qualität wirtschaftlich sicherzustellen" [HORV 90, S. 12].

Dabei ist es das Ziel, durch Koordination, Integration und Informationsversorgung[5] die Effizienz und Effektivität des Qualitätsmanagement zu verbessern [HORV 90, S. 15; KAMI 93, S. 41ff.]. Neben der Definition qualitätsrelevanter Ziele und deren kontinuierlicher Kontrolle soll mit Hilfe des Qualitätscontrolling eine Überprüfung verschiedener Qualitätsmanagementmaßnahmen hinsichtlich ihrer Erfolgswirksamkeit möglich sein [TOMY 94, S. 80]. Damit werden durch das Qualitätscontrolling unter anderem Aufgaben erfüllt, die ursprünglich mit Hilfe der Qualitätskostenrechnung [vgl. HAHN 81, S. 144; RAUB 89, S. 477f.] erbracht werden sollten. Neben monetären werden allerdings auch nicht monetäre Meßgrößen wie bspw. die Kundenzufriedenheit verwendet [vgl. FRIE 94a, S. 108].

Unter den im Rahmen des Qualitätscontrolling verwendeten monetären Größen nehmen entsprechend den Vorschlägen MASINGs Fehlerkosten eine wichtige Stellung ein [vgl. TOMY 94, S. 82]. Dies gilt in besonderem Maße für die externen Fehlerkosten [BRUN 92a, S. 312], die bei realistischer Bewertung deutlich höher angesetzt werden müssen als die Kosten für Reparatur und Material. Um zu einer verursachungsgerechten Bewertung zu kommen, wird in dieser Arbeit der Ansatz der, für Reklamationen im

---

[5] Die Hauptfunktionen Integration, Informationsversorgung und Koordination sind in der Controlling-relevanten Literatur ausreichend detailliert definiert [siehe auch Kapitel 3.1; HORV 94; REIC 95; NIED 94].

UMFANG und DIMENSIONALITÄT DER GARANTIE. Sie besitzen hohe praktische Relevanz und einen erheblichen Einfluß auf die anfallenden Garantiekosten.

Regeneration
Ein sehr wichtiges Unterscheidungskriterium von Garantien ergibt sich aus der Frage, ob nach einem Garantiefall die Garantiefrist der Restgarantiedauer oder aber der ursprünglichen Garantiedauer entspricht (z. B. Ersatzteilgarantie). In letzterem Fall spricht man von Regeneration der Garantie. Hieraus ergeben sich weitreichende Konsequenzen und deutlich schwieriger zu kalkulierende, finanzielle Verpflichtungen [vgl. BOSC 85]. Fallen nämlich vermehrt Produkte in der Garantiezeit aus, so führt Regeneration zu einer verlängerten Garantiedauer; die finanziellen Risiken lassen sich ohne fundierte Analysen nur schwer abschätzen.

Garantieumfang
Beim Garantieumfang kann generell zwischen der VOLLERSTATTUNG - auch genannt FREE REPLACEMENT WARRANTY (FRW) - und der PRO-RATA-ERSTATTUNG bzw. PRO RATA WARRANTY (PRW) unterschieden werden[25]. Darüber hinaus sind verschiedene Kombinationen der beiden Erstattungsvarianten möglich (**Bild 4.4**).

Legende:
$W(t)$ = Erstattungsfunktion
K = Kaufpreis
t/t_G = Garantiedauer/-ende
$c_{1,2}$ = Formparameter

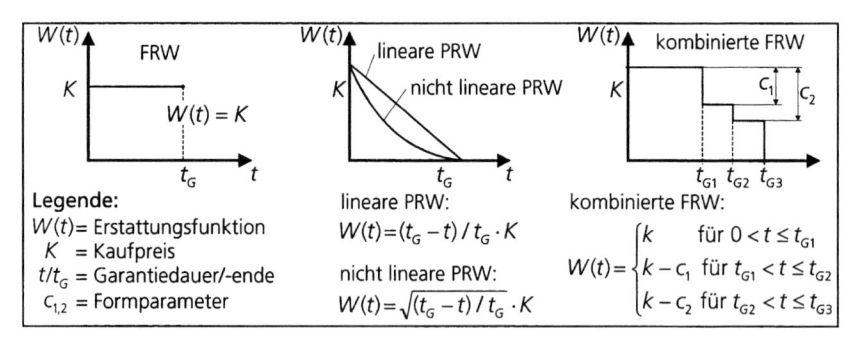

lineare PRW:
$W(t) = (t_G - t)/t_G \cdot K$
nicht lineare PRW:
$W(t) = \sqrt{(t_G - t)/t_G} \cdot K$

kombinierte FRW:
$$W(t) = \begin{cases} k & \text{für } 0 < t \leq t_{G1} \\ k - c_1 & \text{für } t_{G1} < t \leq t_{G2} \\ k - c_2 & \text{für } t_{G2} < t \leq t_{G3} \end{cases}$$

Bild 4.4: FRW- und PRW-Modelle bzw. deren Kombination

Bei der Vollerstattung (FRW) wird die Garantieleistung dem Kunden über die gesamte Garantiedauer gratis erbracht. Im Extremfall erhält der Käufer demnach zum Ende der Garantiezeit für sein defektes ein neues Produkt und damit einen deutlichen Mehrwert bezogen auf den Zeitwert des Produktes. Im Gegensatz dazu kann über die Gewährung eine Pro-Rata-Erstattung (PRW) die Erstattung eines zu hohen Betrages im Schadensfall

---

[25] Um die Begriffsvielfalt möglichst klein zu halten, seien die im englischsprachigen Raum weit verbreiteten Begriffe FREE REPLACEMENT bzw. PRO RATA WARRANTY und ihre Abkürzungen (FRW, PRW) hier übernommen [vgl. BALC 86; FREE 88; BLIS 96].

Detailkonzept

verhindert bzw. systematisch begrenzt werden. Bei einer PRW erhält der Käufer entweder eine monetäre Entschädigung oder die Möglichkeit, ein neues Produkt zu entsprechend verringertem Kaufpreis zu erwerben [BLIS 92, S. 131, 139]. Die Höhe der Kaufpreisrückerstattung bzw. Kaufpreisminderung ist abhängig von der Abnutzung des Produktes und kann mit dieser in einem linearen oder auch nichtlinearen funktionalen Zusammenhang stehen. Als Argumente der Erstattungsfunktion sind die verstrichene Zeit seit Inbetriebnahme oder auch die abgelaufenen Betriebsstunden bzw. die Kilometerleistung denkbar. Neben der in Bild 4.4 gezeigten Kombination verschiedener FRWs sind ebenfalls Verknüpfungen von FRW und PRW möglich.

Dimensionalität

Nahezu alle zuvor beschriebenen Garantien können von einer oder zwei Dimensionen in ihrer Gültigkeit limitiert sein (Bild 4.5). Bei der eindimensionalen Garantie ist die Gültigkeit und damit die Erstattungsfunktion $W(t)$ lediglich von einer Variablen abhängig. Bei mehrdimensionalen Garantien ist $W(t_1, t_2)$ von zwei Variablen abhängig (**Bild 4.5**).

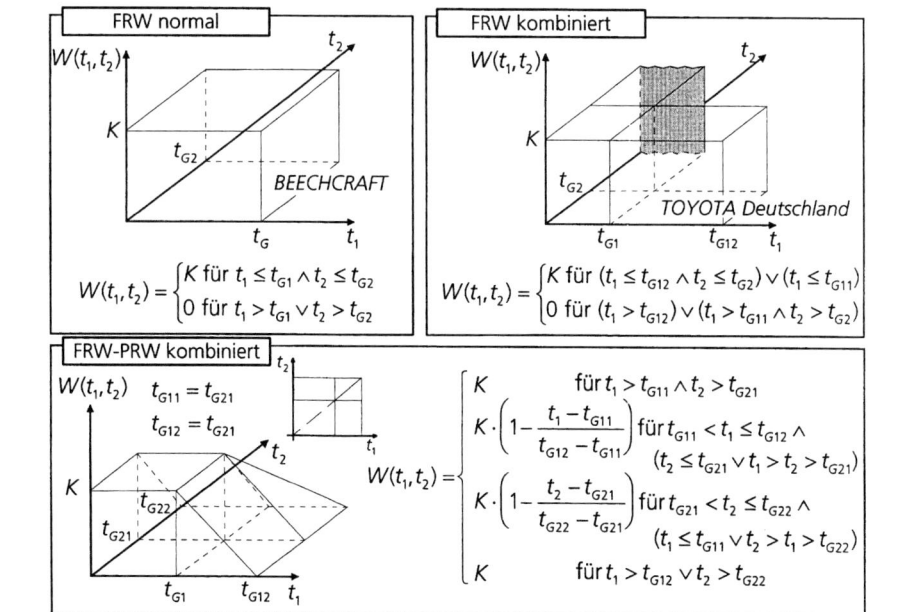

FRW normal (BEECHCRAFT)

$$W(t_1, t_2) = \begin{cases} K & \text{für } t_1 \leq t_{G1} \wedge t_2 \leq t_{G2} \\ 0 & \text{für } t_1 > t_{G1} \vee t_2 > t_{G2} \end{cases}$$

FRW kombiniert (TOYOTA Deutschland)

$$W(t_1, t_2) = \begin{cases} K & \text{für } (t_1 \leq t_{G12} \wedge t_2 \leq t_{G2}) \vee (t_1 \leq t_{G11}) \\ 0 & \text{für } (t_1 > t_{G12}) \vee (t_1 > t_{G11} \wedge t_2 > t_{G2}) \end{cases}$$

FRW-PRW kombiniert

$t_{G11} = t_{G21}$
$t_{G12} = t_{G21}$

$$W(t_1, t_2) = \begin{cases} K & \text{für } t_1 > t_{G11} \wedge t_2 > t_{G21} \\ K \cdot \left(1 - \dfrac{t_1 - t_{G11}}{t_{G12} - t_{G11}}\right) & \text{für } t_{G11} < t_1 \leq t_{G12} \wedge \\ & (t_2 \leq t_{G21} \vee t_1 > t_2 > t_{G21}) \\ K \cdot \left(1 - \dfrac{t_2 - t_{G21}}{t_{G22} - t_{G21}}\right) & \text{für } t_{G21} < t_2 \leq t_{G22} \wedge \\ & (t_1 \leq t_{G11} \vee t_2 > t_1 > t_{G22}) \\ K & \text{für } t_1 > t_{G12} \vee t_2 > t_{G22} \end{cases}$$

Legende:
FRW Free Replacement Warranty
PRW Pro Rata Warranty
K   Gesamtpreis Produkt/Komponente
$t_{1,2}$ Garantiedauer, Kilometerleistung
t_{G11}, t_{G2} erste Garantiebedingung für $t_{1,2}$
t_{G12}, t_{G22} zweite Garantiebedingung für $t_{1,2}$
$W(t_1, t_2)$ Erstattungsfunktion

Bild 4.5: Mehrdimensionale Garantiebedingungen

Mehrdimensionale Garantien finden insbesondere bei der Gestaltung der Garantieleistung von Kraftfahrzeugen und Investitionsgütern Anwendung [vgl. **Anhang A1**]. Zur Verdeutlichung der garantiepolitischen Gestaltungsspielräume sei hier auf die in Bild 4.5 dargestellte zweidimensionale Garantie (Zeit + Kilometerleistung) der Toyota Deutschland GmbH hingewiesen, bei der 12 Monate lang bei unbegrenzter Kilometerleistung voll erstattet wird [siehe Anhang A1].

Aufbauend auf dieser Klassifizierung kann das Garantiemodell zur Spezifikation der Garantiebedingungen abgeleitet werden. Es ist in **Bild 4.6** dargestellt und ermöglicht eine differenzierte Charakterisierung der Garantieleistung anhand der oben beschriebenen Kriterien. Neben den grundsätzlichen Ausprägungen der Klassifizierungsmerkmale müssen auch die entsprechenden Garantieparameter wie Garantiedauer etc. (t_{G1}, t_{G2}, $W(t_1, t_2)$) spezifiziert werden.

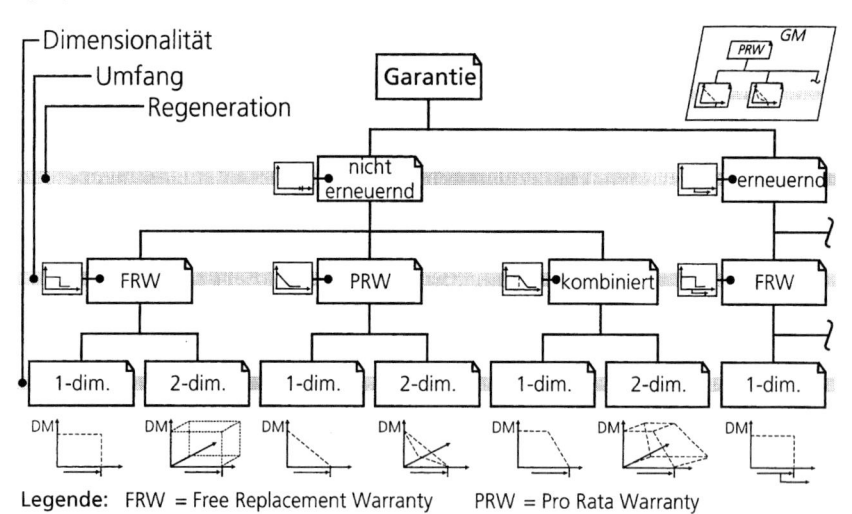

Bild 4.6: Garantiemodell

Das zuverlässigkeitsorientierte PRODUKTSTRUKTURMODELL und das GARANTIEMODELL sind eng miteinander verknüpft, da sich Garantiebedingungen nur auf funktional abgegrenzte Produktkomponenten beziehen können und diese deshalb zuvor im entsprechenden Modell abgebildet sein müssen. In Kombination mit dem Produktstrukturmodell ergibt sich die Möglichkeit, verschiedenen Komponenten eines Produktes unterschiedliche Garantiebedingungen zuzuordnen, wie es beispielsweise für Verschleißteile erforderlich ist.

4.1.3 Prozeßkostenmodell

Dritter wesentlicher Einflußparameter auf die Garantiekosten sind nach Bild 4.1 die Kosten für die Bearbeitung der Garantieforderung[26]. Sie setzen sich aus den Kosten für die Abwicklung berechtigter und nicht berechtigter Forderungen, den Reparaturkosten und den Kosten für eventuell zusätzlich erbrachte Leistungen zusammen. Sie beziehen sich sowohl auf direkt als auch indirekt bzw. nicht wertschöpfende Tätigkeiten. In vielen Unternehmen werden diese Kosten nicht verursachungsgerecht zugeordnet [vgl. HORV 90, S. 143], was eine eindeutige Fehlbewertung der im Falle eines Produktversagens anfallenden Kosten zur Folge hat.

Die Ursachen für diese Defizite bei der Kostenerfassung liegen vielfach in der mangelnden Aussagefähigkeit traditioneller Kostenrechnungssysteme [vgl. WEBE 90, S. 121f.; EVER 94a, S. 40f.]. Vor diesem Hintergrund wurde in den Vereinigten Staaten das ACTIVITY BASED COSTING (ABC) [COOP 90] und darauf aufbauend in Deutschland die PROZEßKOSTENRECHNUNG [HORV 89] entwickelt. Beide Ansätze wurden von EVERSHEIM in Kombination mit der PROZEßELEMENT-METHODE (PEM) [EVER 93a] zur RESSOURCENORIENTIERTEN PROZEßKOSTENRECHNUNG (RPK) zusammengefaßt und weiterentwickelt [EVER 94a, S. 42; ERB 96, S. 98]. Basis für dieses Kostenrechnungsverfahren ist die Abbildung einzelner Aktivitäten eines Prozesses (hier des Reklamationsprozesses) in einem Prozeßplan mit Hilfe der PROZEßELEMENTMETHODE (**Bild 4.7**) [zur PEM vgl. TRÄN 90; MÜLL 93; EVER 93a]. In dem Prozeßplan können ebenfalls die Übergangswahrscheinlichkeiten an Verzweigungen bzw. Rückführungen quantifiziert werden [MÜLL 93 S. 74ff.; EVER 93a, S. 120].

Aufbauend auf dem Prozeßplan kann der Ressourcenverzehr je Prozeßelement unter Nutzung verschiedener Bezugsgrößen über das TECHNISCH-ORGANISATORISCHE MODELL ermittelt und mit Hilfe des BETRIEBSWIRTSCHAFTLICHEN MODELLS monetär bewertet werden (Bild 4.7) [vgl. dazu SCHU 88, S. 102ff.; KÜMP 96, S. 41f.]. Mit der ressourcenorientierten Prozeßkostenrechnung ist auf Basis quantifizierter Prozeßmodelle eine flexible, verursachungsgerechte Kostenzuordnung möglich [SCHU 92, S. 47ff.]. Sie ist deshalb auch für die Quantifizierung der mit der Erbringung der Garantieleistung verbundenen Kosten sehr geeignet und kann zum Aufbau eines entsprechenden Prozeßkostenmodells genutzt werden.

Der Aufbau des Modells erfolgt über die Verknüpfung zweier Matrizen, die in **Bild 4.8** dargestellt sind. Nach der Analyse und Dokumentation der relevanten Prozesse zur Ga-

---

[26] Diese Kosten werden im folgenden auch als Reklamationsbearbeitungskosten bezeichnet.

rantieabwicklung in einem Prozeßplan werden den einzelnen Basis-Elementen[27] des Produktstrukturmodells die von ihnen im Reklamationsfall durchlaufenen Prozesse über eine Produkt-Prozeß-Matrix zugeordnet. In einer weiteren Matrix, der Prozeß-Ressourcen-Matrix, werden jedem Prozeßschritt in Analogie zur RESSOURCENORIENTIERTEN PROZEBKOSTENRECHNUNG spezifische Verbrauchs- und Kostenfunktionen zugeordnet. Diese werden für die jeweils relevanten Ressourcen in Abhängigkeit von der jeweiligen Bezugsgröße abgeleitet. Eine logische Verbindung beider Matrizen ermöglicht es, für eine Produktkomponente unter Angabe eines Wertes für die Bezugsgröße[28] die Prozeßkosten für den gesamten Reklamationsprozeß zu ermitteln. Dies geschieht über Summenbildung hinsichtlich der von einem Produkt in Anspruch genommenen Prozeßschritte und dem spezifischen Ressourcenverzehr je Prozeßschritt.

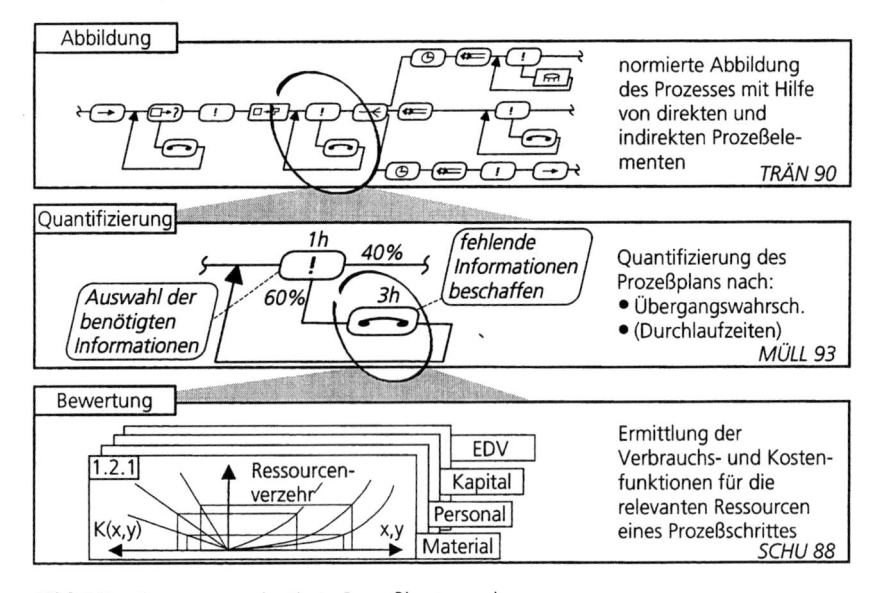

Bild 4.7: Ressourcenorientierte Prozeßkostenrechnung

Mit dem entwickelten PROZEBKOSTENMODELL gelingt es, die Kosten je Reklamation verursachungsgerecht abzubilden. Zwischen PROZEBKOSTENMODELL und PRODUKTSTRUKTURMODELL besteht eine enge Verbindung, wie aus der Produkt-Prozeßmatrix erkennbar ist (Bild 4.8). Deshalb kann das zuverlässigkeitsorientierte PRODUKTSTRUKTURMODELL als

---

[27] Als Basiselemente des Produktstrukturmodells werden die Elemente bezeichnet, die sich auf der untersten Ebene befinden.

[28] Als Bezugsgröße ist beispielsweise die Losgröße für die Reparatur, d. h. die innerhalb eines bestimmten Zeitintervalls eintreffenden Garantiefälle, denkbar.

Detailkonzept 63

Kernmodell bezeichnet werden, dessen weitere Eigenschaften über das GARANTIE- bzw. PROZEBKOSTENMODELL determiniert werden.

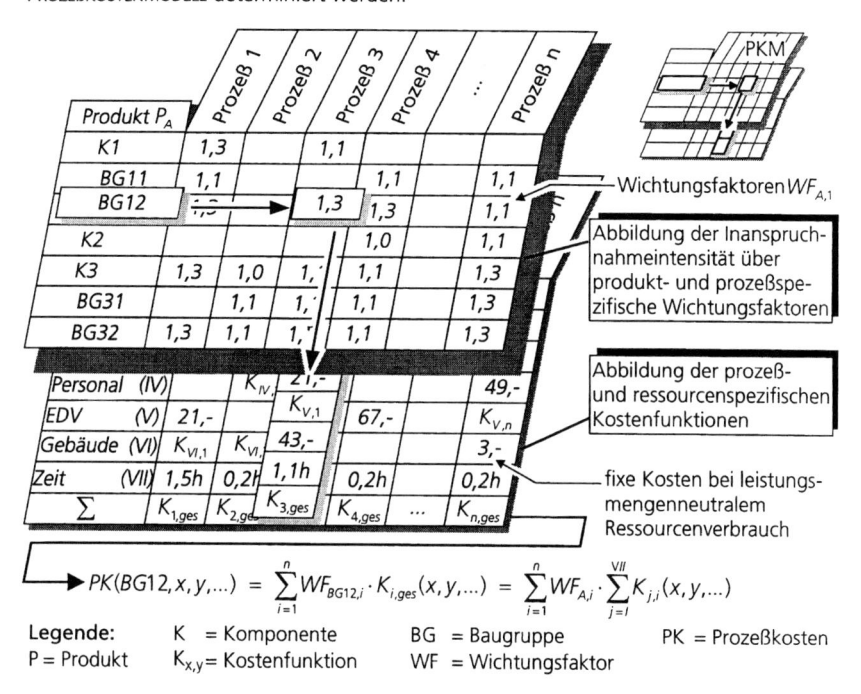

Produkt P_A	Prozeß 1	Prozeß 2	Prozeß 3	Prozeß 4	...	Prozeß n	
K1	1,3		1,1				
BG11	1,1			1,1		1,1	Wichtungsfaktoren $WF_{A,1}$
BG12	1,5	→	1,3	1,3		1,1	
K2				1,0		1,1	Abbildung der Inanspruch-
K3	1,3	1,0	1,1	1,1		1,3	nahmeintensität über produkt- und prozeßspe-
BG31		1,1	1,1	1,1		1,3	zifische Wichtungsfaktoren
BG32	1,3	1,1	1,1	1,1		1,3	

		$K_{IV,I}$	21,-			49,-	Abbildung der prozeß- und ressourcenspezifischen
Personal (IV)			$K_{V,1}$	67,-		$K_{V,n}$	Kostenfunktionen
EDV (V)	21,-		43,-			3,-	
Gebäude (VI)	$K_{VI,1}$	K_{VI}	1,1h				
Zeit (VII)	1,5h	0,2h	$K_{3,ges}$	0,2h		0,2h	fixe Kosten bei leistungs- mengenneutralem
$\sum$	$K_{1,ges}$	$K_{2,ges}$		$K_{4,ges}$	...	$K_{n,ges}$	Ressourcenverbrauch

$$PK(BG12, x, y, ...) = \sum_{i=1}^{n} WF_{BG12,i} \cdot K_{i,ges}(x, y, ...) = \sum_{i=1}^{n} WF_{A,i} \cdot \sum_{j=I}^{VII} K_{j,i}(x, y, ...)$$

Legende: K = Komponente   BG = Baugruppe   PK = Prozeßkosten
P = Produkt $K_{x,y}$ = Kostenfunktion   WF = Wichtungsfaktor

Bild 4.8: Prozeßkostenmodell der Fehlerbeseitigung

Die drei entwickelten Modelle erlauben eine an Ursache-Wirkungsbeziehungen orientierte Differenzierung und Ordnung von Informationen. Durch ihre Verknüpfung ist die Modellierung entscheidungsrelevanter Sachverhalte möglich. Sie bilden deshalb die Grundlage für ein proaktives Controlling der Garantieleistungen. Aufbauend auf diesen Modellen werden im folgenden entsprechend der Grobstruktur aus Kapitel 3 die funktional gegliederten Elemente des Controllingsystems - LAGEANALYSE, ZIELPLANUNG und MAßNAHMENBEWERTUNG - nach den wesentlichen Aktivitäten und Instrumenten detailliert.

4.2 Systemelement Lageanalyse

Es ist bereits aufgezeigt worden, daß die LAGEANALYSE eine zentrale Bedeutung für den gesamten Führungsprozeß besitzt und deshalb ein wichtiges Element des Garantiecontrolling darstellt [vgl. Kap. 3.3.2]. Sie steht bei wohlstrukturierten Problemstellungen am

Anfang und am Ende eines vollständigen Führungszyklusses (vgl. auch Bild 3.8). Die Aufbereitung und Bereitstellung[29] abgestimmter, zweckorientierter Informationen ist Voraussetzung für die mit dem Controlling angestrebte Koordination der garantierelevanten Planungsvorgänge in den verschiedenen Entscheidungsbereichen (**Bild 4.9**). Dazu müssen die erforderlichen Daten wie Häufigkeiten, Kosten und Zeiten aufbereitet und verdichtet werden, bevor sie den Anwendern in Form von Diagrammen und Kennzahlen zur Verfügung gestellt werden.

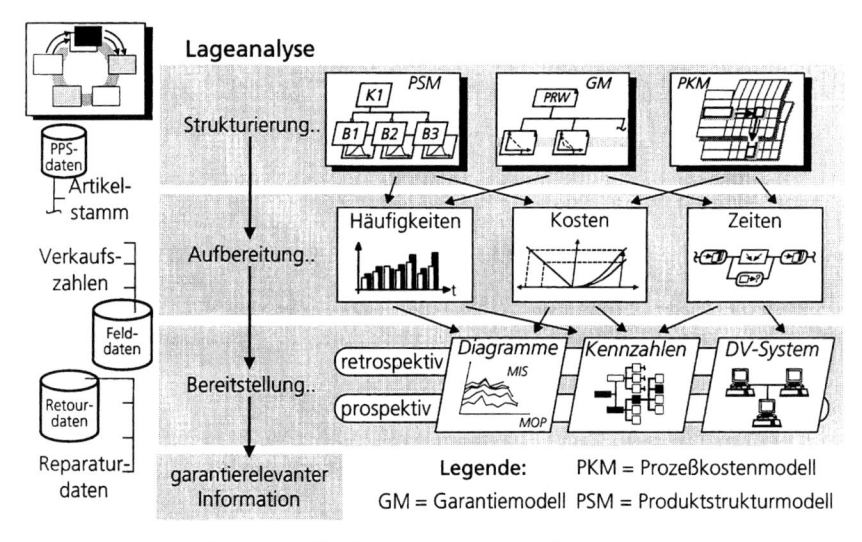

Bild 4.9: Lageanalyse/-kontrolle als Element des Controllingsystems

In diesem Abschnitt stehen zunächst die Auswertungsdimensionen und damit die Frage „Wo steht das Unternehmen hinsichtlich der Garantieleistung?" im Vordergrund. Die dazu erforderlichen grundlegenden Hilfsmittel werden vorgestellt oder entwickelt. Die zuvor beschriebenen Modelle - PRODUKTSTRUKTURMODELL, GARANTIEMODELL und PROZEßKOSTENMODELL - sind dabei die Basis für eine flexible, problemorientierte Aufbereitung der relevanten Daten. Der triviale Soll-Ist- bzw. Soll-Wird-Vergleich wird zu diesem Zeitpunkt nicht beschrieben, da er die Planung konkreter Häufigkeits-, Kosten- und Zeitzie-

---

[29] Die Erfassung der relevanten Informationen ist nicht Aufgabe eines Controllingsystems und kann deshalb in dieser Arbeit nicht Gegenstand der Betrachtung sein. Allerdings sind die für die vorgestellten Analysen erforderlichen Daten in den meisten Unternehmen bereits vorhanden. Dem Hauptproblem - einer mangelnden Zusammenführung und Aufbereitung dieser Daten - wird über die Entwicklung eines DV-Prototypen (Kap. 5.1) als integriertes Modul einer gängigen CAx-Technologie begegnet. Dadurch ist ein aufwandsminimaler, durchgängiger Informationsfluß von der Erfassung bis zur Auswertung als Basis der im folgenden vorgestellten Instrumente implizit gewährleistet.

le voraussetzt und die gemäß der in Kapitel 3.3 abgeleiteten logischen Reihenfolge erst im nachfolgenden Kapitel 4.3 erläutert wird.

Eine wissenschaftlich fundierte Analyse der Häufigkeiten, Kosten und Zeiten hat den Unsicherheitscharakter der einzelnen Elemente sowie die Nichtlinearität der daraus resultierenden Verläufe zu berücksichtigen. Deshalb müssen die entsprechenden Auswertungsalgorithmen auf der Basis der zugrundeliegenden mathematisch-stochastischen Zusammenhänge entwickelt werden. In diesem Zusammenhang sind insbesondere die ERNEUERUNGPROZESSE[30] von fundamentaler Bedeutung für die Analyse und Bewertung von Garantiekosten. Im folgenden wird deshalb zunächst die ERNEUERUNGSTHEORIE erläutert, soweit sie für die oben beschriebene Analyse erforderlich ist.

4.2.1 Erneuerungsprozesse

Erneuerungsprozesse sind einfache stochastische Punktprozesse, die das Auftreten zufälliger Ereignisse (hier Produktausfälle) im meist eindimensionalen Raum behandeln [VDI 84, S. 2]. Erneuerungsprozessen liegt die Annahme zugrunde, daß der Abstand zwischen Nachbarpunkten eine gleichartig verteilte, stochastisch unabhängige Zufallsgröße (hier Lebensdauer) ist [SCHN 92, S. 87]. Die auf Basis dieser Verteilung anfallenden Erneuerungen im Zeitintervall $[0, t]$ können über die ERNEUERUNGSFUNKTION $H(t)$ angegeben werden.

Zwischen der Erneuerungsfunktion $H(t)$ und der Ausfalldichtefunktion $f(t)$ besteht im Garantieintervall $[0, t_{G}]$ der in **Bild 4.10** aufgezeigte Zusammenhang. Der $H(t)$ zugrundeliegende Erneuerungsprozeß ist dadurch gekennzeichnet, daß die Abstände T_i zwischen den Erneuerungspunkten alle nicht negative, unabhängige Zufallsgrößen sind, die derselben Verteilungsfunktion $F(t)$ gehorchen.

Der Zusammenhang zwischen $f(t)$ und $H(t)$ läßt sich für die in dieser Arbeit betrachtete Garantiekostenproblematik wie folgt veranschaulichen: Mit $F(t)$ ist definiert, wieviel Prozent der in Betrieb genommenen Einheiten bis zum Zeitpunkt t voraussichtlich ausgefallen sind. Da die instandgesetzten Einheiten jedoch nach der Reparatur in dem bis zum Garantieende verbleibenden Zeitraum wieder ausfallen können (siehe Verschiebung von $f(t)$ in Bild 4.10), ist die Anzahl voraussichtlicher Erneuerungen $H(t)$ größer als $F(t)$. Für sehr kleine $F(t_G)$ kann $H(t)$ durch $F(t)$ angenähert werden. Der Fehler steigt mit zunehmendem $F(t_G)$ allerdings stark an.

---

[30] Unter Erneuerungsprozeß wird hier nicht der technische Vorgang des Erneuerns defekter Komponenten verstanden, sondern stets der im folgenden eingeführte mathematische Erneuerungsprozeß [VDI 84, S. 2].

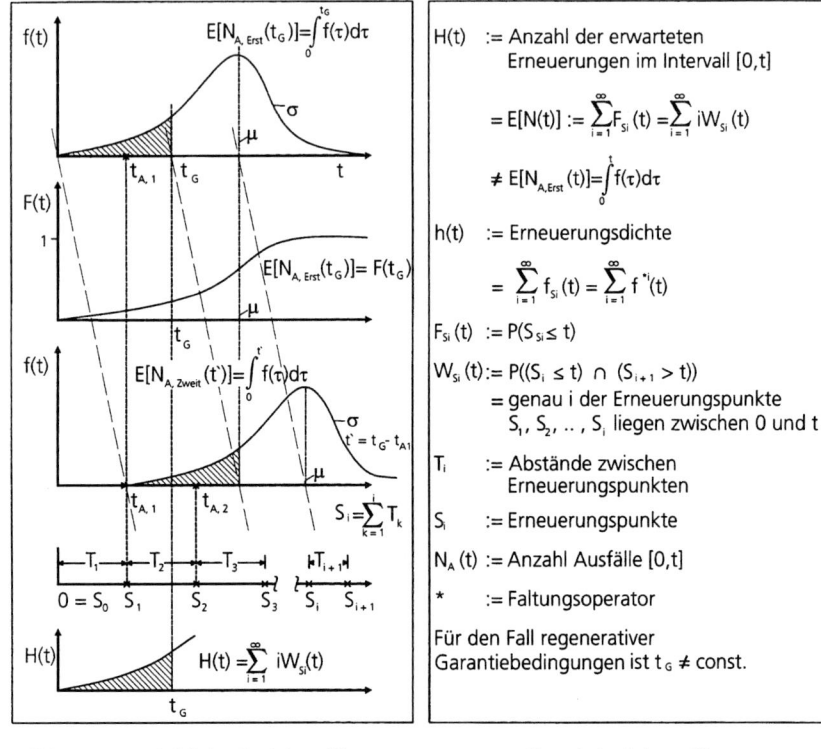

Bild 4.10: Ausfalldichtefunktion f(t), Erneuerungsprozeß und -funktion H(t)

In the figure:

$$E[N_{A,Erst}(t_G)] = \int_0^{t_G} f(\tau)d\tau$$

$$E[N_{A,Zweit}(t')] = \int_0^{t'} f(\tau)d\tau \qquad t' = t_G - t_{A1}$$

$$S_i = \sum_{k=1}^{i} T_k$$

$$H(t) = \sum_{i=1}^{\infty} iW_{Si}(t)$$

H(t) := Anzahl der erwarteten Erneuerungen im Intervall [0,t]

$$= E[N(t)] := \sum_{i=1}^{\infty} F_{Si}(t) = \sum_{i=1}^{\infty} iW_{Si}(t)$$

$$\neq E[N_{A,Erst}(t)] = \int_0^t f(\tau)d\tau$$

h(t) := Erneuerungsdichte

$$= \sum_{i=1}^{\infty} f_{Si}(t) = \sum_{i=1}^{\infty} f^{*i}(t)$$

$F_{Si}(t) := P(S_{Si} \leq t)$

$W_{Si}(t) := P((S_i \leq t) \cap (S_{i+1} > t))$
= genau i der Erneuerungspunkte $S_1, S_2, \ldots, S_i$ liegen zwischen 0 und t

T_i := Abstände zwischen Erneuerungspunkten

S_i := Erneuerungspunkte

$N_A(t)$:= Anzahl Ausfälle [0,t]

* := Faltungsoperator

Für den Fall regenerativer Garantiebedingungen ist $t_G \neq$ const.

Bezeichnet man $F_{S_i}(t) := P\{S_i \leq t\}$ als die Wahrscheinlichkeit, daß mindestens i Erneuerungspunkte S_i zwischen 0 und t liegen, bzw. $f_{S_i}(t)$ als deren Dichte, so gilt zwischen $F_{S_i}(t)$ bzw. $f_{S_i}(t)$ einerseits und f(t) andererseits der folgende Zusammenhang:[31]

$$f_{S_i}(t) = f^{*i}(t) \qquad \text{und} \qquad F_{S_i}(t) = \int_0^t f_{S_i}(\tau)d\tau$$

Dabei ist $f^{*i}(t) = f_{Z_1+Z_2+\ldots+Z_i}(t)$ die Dichtefunktion von n unabhängigen, gleichverteilten, nicht negativen Zufallsvariablen $Z_1, Z_2, \ldots Z_n$. Die Faltungsoperation wird dabei durch * symbolisiert. Unter Nutzung dieser Beziehung kann die Erneuerungsfunktion H(t) und deren Dichte h(t) bestimmt werden:

---

[31] Vergleiche VDI-Richtlinie 4008 Blatt 8 [VDI 84].

Detailkonzept

$$H(t) := E[N(t)] := \sum_{i=1}^{\infty} F_{S_i}(t) = \sum_{i=1}^{\infty} \int_0^t f_{S_i}(\tau) d\tau = \sum_{i=1}^{\infty} \int_0^t L^{-1}\left[[L[f(\tau)]]^i\right] d\tau \quad \text{bzw.}$$

$$h(t) = \frac{dH(t)}{dt} := \sum_{i=1}^{\infty} f_{S_i}(t) = \sum_{i=1}^{\infty} f^{*i}(t) = \sum_{i=1}^{\infty} L^{-1}\left[[L[f(t)]]^i\right].$$

$h(t)$ ist dabei als Hilfsgröße anzusehen, die sich der Anschauung entzieht. L bzw. L^{-1} bezeichnet die Laplace-Transformation bzw. deren Rücktransformation. Sie ermöglicht, die Faltung $f_{n-1}(t) * f_n(t)$ im Laplace-Raum in eine Multiplikation zu überführen und für alle $i \to \infty$ überhaupt einer Lösung zuzuführen. Bei einfachen Ursprungsverteilungen $F(t)$ können $h(t)$ und $H(t)$ analytisch ermittelt werden [vgl. VDI 84, S. 4; SCHN 92, S. 87ff.]:

$$L[h(s)] = \sum_{i=1}^{\infty} [L[f(s)]]^i = \frac{1}{1-L[f(s)]} - 1 = \frac{L[f(s)]}{[1-L[f(s)]]} \quad \text{(für } |\alpha| < 1| \text{ gilt } 1 + \sum_{i=1}^{\infty} \alpha^i = \frac{1}{1-\alpha})^{32}$$

Durch Rücktransformation L^{-1} kann $h(t)$ und durch Integration $H(t)$ bestimmt werden. Bei vielen Verteilungen $F(t)$ wird allerdings die Rücktransformation und insbesondere die anschließende Integration zum Problem. Für zusammengesetzte Weibull-Verteilungen, wie sie zur Beschreibung realer technischer Systeme notwendig sind, ist eine analytische Bestimmung von $h(t)$ und $H(t)$ i. d. R. unmöglich [BLIS 94, S. 473f.].

Für die retrospektive Analyse der Garantiekosten bzw. der Ausfallhäufigkeiten ist allerdings weniger die analytische Bestimmung der Erneuerungsfunktion auf Basis einer Verteilungsdichte erforderlich[33] als vielmehr die Bestimmung spezifischer Erneuerungs- und Ausfalldichtefunktionen auf der Grundlage empirischer Erneuerungspunkte (**Bild 4.11**). Die komponenten- und bauteilspezifischen Ausfalldichtefunktionen werden im PRODUKTSTRUKTURMODELL geordnet und abgebildet. In dieser Form können die zuverlässigkeitsrelevanten Daten durch Verknüpfung mit dem GARANTIE- und PROZEßKOSTEN-MODELL zu planungsrelevanten Informationen aufbereitet werden.

Die Durchführung solcher Auswertungen erfordert eine entsprechend detaillierte Datenbasis bezüglich der Retouren- und PPS-Daten. Wesentliche Randbedingungen sind eine Teilekennzeichnung, eine eindeutige Zuordnung von Identnummer und Artikelstamm, der Aufbau und die Pflege der Identnummernstruktur der ausgelieferten Produkte sowie eine vollständige Erfassung der Retourendaten. Die Erfüllung dieser Anforderungen wird durch das entwickelte DV-System mit Hilfe eines integrationsfähigen Datenmodells unterstützt (siehe Kap. 5.1).

---

[32] Siehe geometrische Reihe [BRON 87, S. 523].
[33] Dies wird insbesondere im Kapitel 4.4 zur Bewertung von Maßnahmen zur Senkung von Garantiekosten erforderlich sein.

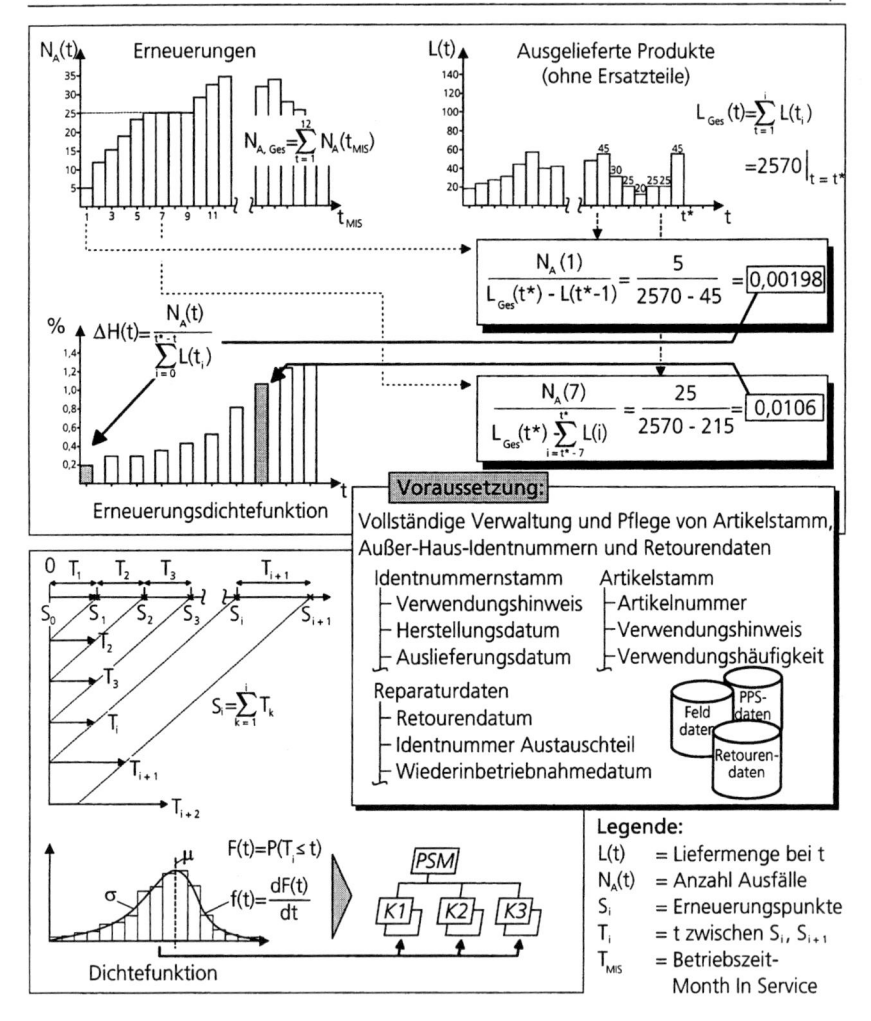

Bild 4.11: Ermittlung der spezifischen Erneuerungs- und Ausfalldichtefunktion

4.2.2 Retrospektive Garantiekostenanalyse

Ausgangspunkt jeder Garantiekostenanalyse[34] sollten monetär bewertete Häufigkeiten auf möglichst hoher Aggregationsebene sein. Zur kontinuierlichen Überwachung der

---

[34] Es sei hier noch einmal daran erinnert, daß vor dem ingenieurwissenschaftlichen Hintergrund dieser Arbeit die spezifischen Garantieerlöse als vom Marketing vorgegebene Datenparameter betrachtet werden und nicht Gegenstand der Lageanalyse sind [vgl. Kap. 1].

Ausfallhäufigkeiten eignet sich besonders das Isochronendiagramm[35]. Es liefert durch eine zeitbezogene Darstellung des Ausfallverhaltens von Kollektiven eine Aussage über die Qualitätsfähigkeit zum Zeitpunkt der Produktentstehung [PFEI 93, S. 295]. Die Kollektive bestehen dabei aus den in einem spezifischen Monat produzierten bzw. ausgelieferten Einheiten. Wie **Bild 4.12** zeigt, werden mit den Isochronen als Kurven gleichen Alters die kumulierten Ausfälle auf die ausgelieferte Stückzahl bezogen und für definierte Zeitbereiche prozentual angegeben [PFEI 93, S. 294ff.; STOC 94, S. 690].

Aus Bild 4.12 ist erkennbar, in welch engem Zusammenhang das Isochronendiagramm zu der diskreten Erneuerungsdichtefunktion $\Delta H(t^*)$ bzw. empirischen Ausfalldichtefunktion $f(t^*)$ und damit dem PRODUKTSTRUKTURMODELL steht[36]. Während im Isochronendiagramm i. d. R. eine auf Produktebene aggregierte, zeitbezogene Darstellung der Auswirkungen erfolgt, wird im PSM die komponentenspezifische, über Zeiträume aggregierte Abbildung der Ursachen (im Sinne der empirischen $f(t^*)$, $F(t^*)$) vorgenommen.

Die Isochronendarstellung stellt hohe Anforderungen an die Vollständigkeit der Datenerfassung, die in der Praxis häufig noch nicht erfüllt werden können. Große Bedeutung besitzt in diesem Zusammenhang die Berechnung der realen Ausfälle auf der Basis realistischer Rücklaufquoten, die sinnvollerweise als nicht konstant angenommen werden können[37]. In diesem Zusammenhang ist mit Rücksicht auf den für eine detaillierte Erfassung erforderlichen Aufwand vom Hersteller zu prüfen, inwieweit eine 100%ige Erfassung zum Beispiel durch ein Teilmarktverfahren[38] ersetzt werden kann. Hier sind die Qualität der Ergebnisse und der damit verbundene Aufwand sorgfältig gegeneinander abzuwägen.

Eine Realisierung isochroner oder weiterer differenzierter Darstellungen scheint ohne datentechnische Integration wenig sinnvoll. In der Praxis müssen dazu i. d. R. die historisch gewachsenen Datenstrukturen systematisch verknüpft werden. Die Berechnung des Isochronendiagramms stellt wegen der hohen Informationsdichte sowie den damit verbundenen zahlreichen Datenbankzugriffen einen sehr rechenintensiven Vorgang dar.

---

[35] Das Isochronendiagramm wird im engl. sprachigen Raum auch MOP-MIS-Diagramm genannt (MOP = Month Of Production, MIS = Month In Service).

[36] Isochronendiagramme lassen sich sowohl auf der Basis einer Erstausfallbetrachtung als auch auf der Grundlage des zugrundeliegenden Erneuerungsprozesses erstellen. Im folgenden wird das erneuerungsorientierte Isochronendiagramm betrachtet, da es das aus wirtschaftlicher Perspektive relevantere ist.

[37] Eine Rücklaufquote für defekte Einheiten von 100% wird insbesondere nach Garantieende der Ausnahmefall sein.

[38] Mit dem Teilmarktverfahren beschränkt man die Felddatenerfassung auf einen repräsentativen Markt und rechnet die gewonnenen Ergebnisse hoch. Neben dem Nachteil der offensichtlichen Stichprobenunsicherheit birgt dieses Verfahren auch den Vorteil eines geringeren Aufwandes, der ggf. eine detailliertere Erfassung der Felddaten und deren möglicher Ursachen erlaubt.

Detailkonzept

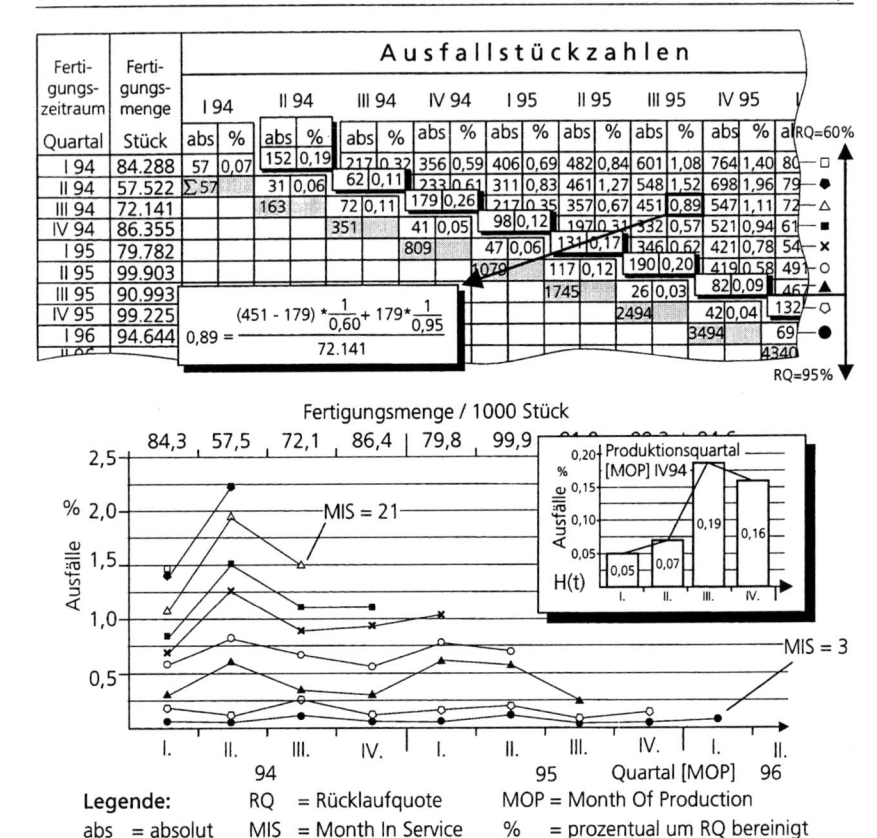

Fertigungs-zeitraum	Fertigungs-menge	I 94		II 94		III 94		IV 94		I 95		II 95		III 95		IV 95		
Quartal	Stück	abs	%	abs	%	abs	%	abs	%	abs	%	abs	%	abs	%	abs	%	a	RQ=60%
I 94	84.288	57	0,07	152	0,19	217	0,32	356	0,59	406	0,69	482	0,84	601	1,08	764	1,40	80	□
II 94	57.522	Σ57		31	0,06	62	0,11	233	0,61	311	0,83	461	1,27	548	1,52	698	1,96	79	●
III 94	72.141					163		72	0,11	179	0,26	217	0,35	357	0,67	451	0,89	547	1,11	72	△
IV 94	86.355							351		41	0,05	98	0,12	197	0,31	332	0,57	521	0,94	61	■
I 95	79.782									809		47	0,06	131	0,17	346	0,62	421	0,78	54	×
II 95	99.903											1079		117	0,12	190	0,20	419	0,58	46	○
III 95	90.993													1745		26	0,03	82	0,09	46	▲
IV 95	99.225															2494		42	0,04	132	◇
I 96	94.644	0,89 =		$(451 - 179) * \frac{1}{0,60} + 179 * \frac{1}{0,95}$														3494		69	●
				$\frac{}{72.141}$																4340	

RQ=95%

Bild 4.12: Isochronendiagramm

Legende: RQ = Rücklaufquote MOP = Month Of Production
abs = absolut MIS = Month In Service % = prozentual um RQ bereinigt

Aus der zuverlässigkeitsorientierten Isochronendarstellung ist für das Garantiecontrolling mit Hilfe des PROZEßKOSTENMODELLS und des GARANTIEMODELLS (Kap. 4.1.3) eine kostenorientierte Variante zu entwickeln (**Bild 4.13**). Dazu sind die relativen Häufigkeiten in den Isochronenintervallen einerseits multiplikativ mit dem über Ressourcentreiber determinierten Ressourcenverzehr und den daraus resultierenden Kosten zu verknüpfen. Dies kann auf der Basis des im PROZEßKOSTENMODELL abgebildeten technisch-organisatorischen Modells und des betriebswirtschaftlichen Modells erfolgen. Andererseits kann über das Garantiemodell geprüft werden, ob und in welcher Höhe die entsprechenden Kosten durch den Hersteller zu tragen sind. In Abhängigkeit von den spezifischen Verbrauchs- und Kostenfunktionen je Prozeßschritt, den relevanten Ressourcentreibern sowie den ausschlaggebenden Garantiebedingungen können sich stark nichtlineare Kostenverläufe ergeben, die zu einer deutlichen Veränderung der im

Detailkonzept

Isochronendiagramm dargestellten Relationen führen. Beispielsweise können veränderte Häufigkeitsdichten im Isochronendiagramm zu unterschiedlichen Reklamationsraten führen, die eine veränderte Losgrößenbildung für die Reparatur ermöglichen und damit zu anderen Werten der Ressourcentreiber führen (Annahme: Einsatz von Kreislaufmaterial).

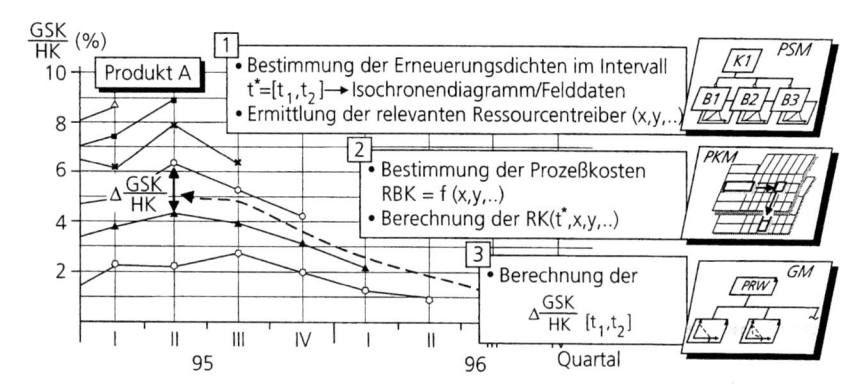

Bild 4.13: BEWERTETES ISOCHRONENDIAGRAMM nach dem Ressourcenverfahren

Das bewertete Isochronendiagramm besitzt einen hohen Aussagewert, da es Häufigkeiten, Zeiten (i. S. von Häufigkeitsdichten) und Kosten miteinander verknüpft und in einer entscheidungsorientierten Darstellung zusammenfaßt. Es ist sowohl eine absolute Darstellung von Garantiestückkosten als auch eine relative möglich (Garantiestückkosten/ Herstellkosten). Durch die Verknüpfung des mengenorientierten Isochronendiagramms mit der Ressourcenorientierten Prozeßkostenrechnung können unter Verwendung geeigneter Ressourcentreiber sowie Verbrauchs- und Kostenfunktionen alle direkten und indirekten Aufwendungen für Garantie- und Gewährleistungen verursachungsgerecht bewertet werden. Die übersichtliche Darstellung und die Möglichkeit, im BEWERTETEN ISOCHRONENDIAGRAMM unmittelbar Garantiekostenentwicklungen nachvollziehen zu können, unterstützt die intuitive Problemanalyse und -findung. Das BEWERTETE ISOCHRONENDIAGRAMM setzt eine DV-technische Umsetzung des PROZEßKOSTENMODELLS in Form geeigneter Selektions- und Berechnungsalgorithmen sowie tabellierter Ressourcentreiber voraus.

Aufbauend auf den Erkenntnissen aus dem BEWERTETEN ISOCHRONENDIAGRAMM können mit Hilfe der Pareto-Analyse produktgruppenspezifische Kennzahlen berechnet, auffällige Abweichungen auf hoher Aggregationsebene erkannt und die Stoßrichtung detaillierterer Untersuchungen abgeleitet werden. Aus den vorliegenden Felddaten sind dazu über Ordnungs-, Selektions- und und Rechenroutinen normierte, auswertungsspezifische

Vergleichs- und Bezugszahlen zu ermitteln [vgl. Kap. 4.4]. Aus einer komparativen Darstellung über Filterbedingungen selektierter Kennzahlen (bspw. Anzahl Erneuerungen im Intervall [t_1, t_2]/Erstauslieferungen od./gewichteten Restgarantiedauern) lassen sich Häufigkeits- und Kostenschwerpunkte ermitteln, die weiter analysiert und differenziert werden können. Einige Ansätze zu einer praxisnahen, fehlerursachen-/fehlerkostenorientierten Untersuchung sind in **Bild 4.14** angegeben.

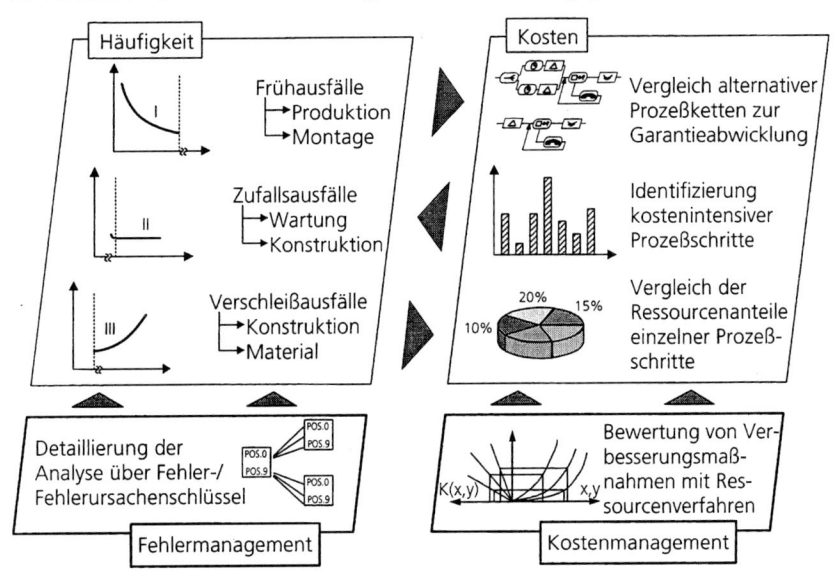

Bild 4.14: Detaillierung der Fehlerhäufigkeits- und Kostenanalysen

Anhand der produktlebenslaufbezogenen Häufung von Ausfällen lassen sich die Fehlerursachenschwerpunkte grob einzelnen Phasen des Wertschöpfungsprozesses zuordnen. So deuten Verschleißausfälle und Zufallsausfälle (Bereiche III + II) auf Konstruktionsmängel bzw. Wartungs- und Bedienungsfehler hin [WU 92, S. 62; FREY 94, S. 411]. Frühausfälle können im Gegensatz dazu in den meisten Fällen auf Fehler im Bereich der Produktion/Montage bzw. die End- und Funktionsprüfungen zurückgeführt werden [BRUN 92, S. 115; PFEI 93, S. 293].

Zur detaillierteren Analyse können darüber hinaus unternehmensspezifische Fehlerursachenschlüssel herangezogen werden, wie sie von ORENDI und LASCHET entwickelt wurden [OREN 93; LASC 94]. Unter Nutzung geeigneter Hilfsmittel zur Fehlererfassung, Bewertung und Auswertung [LASC 94, S. 80ff.] unterstützen sie ein phasenübergreifendes Fehlermanagement [OREN 93, S. 56ff.]. Im Sinne einer optimalen Aufwand-Nutzen-Relation ist allerdings im Einzelfall zu prüfen, bis zu welchem Detaillierungsgrad solche Fehlerursachenschlüssel vor dem Hintergrund der anzustrebenden geringen Fehlerquoten gerechtfertigt werden können.

Eine detailliertere Analyse der Kostenkomponente kann sich bspw. auf die in Bild 4.14 aufgeführten Aspekte konzentrieren. Dazu können zum einen für verschiedene Prozesse und Prozeßschritte die Inanspruchnahmen bestimmter Ressourcen miteinander verglichen werden. Zum anderen können vor dem Hintergrund des Mengen- und Ressourcentreiberprofils die Kosten für definierte Prozeßketten errechnet und einander gegenübergestellt werden, um kritische, d. h. kostenintensive, Prozeßketten zu identifizieren [zur Prozeßmodellreduktion vgl. HEUS 95, S. 76]. Starke Abweichungen zwischen den ermittelten Werten lassen sich entweder über produktspezifische Eigenschaften (z. B. Komplexität) rechtfertigen oder weisen entsprechende Verbesserungspotentiale aus. Aufgrund der Nichtlinearität vieler Verbrauchsfunktionen ist eine Kostenanalyse i. d. R. nur unter Berücksichtigung der entsprechenden Häufigkeiten sinnvoll. Durch den Aufbau eines ZUVERLÄSSIGKEITSORIENTIERTEN PRODUKTSTRUKTURMODELLS und eines entsprechenden PROZEßKOSTENMODELLS können solche Untersuchungen damit effektiv unterstützt werden.

4.2.3 Prospektive Garantiekostenbetrachtungen

Neben den vergangenheitsorientierten Untersuchungen des vorangegangenen Abschnitts besitzen insbesondere auch prospektive Betrachtungen in Form eines Forecasting zu erwartender Garantiekosten für das Garantiecontrolling große Bedeutung [MASC 96, S. 781ff.]. Prognoseinformationen unterstützen gezielt die Planungsfunktion in den einzelnen Entscheidungsbereichen und damit das - in dieser Arbeit angestrebte - proaktive Garantiecontrolling.

Auch für die Ableitung prognostischer Daten über zu erwartende Garantiekosten stellt das BEWERTETE ISOCHRONENDIAGRAMM eine geeignete Grundlage dar. Wie aus Bild 4.13 erkennbar ist, kann man auf der Basis von Vergangenheitsdaten durch visuelle Analogiebetrachtungen auf die zu erwartenden Gesamtkosten im Garantiezeitraum schließen. Die ersten Isochronen (2- bzw. 4-Monats-Isochrone) erfüllen dabei eine Frühwarnfunktion, die bei drastischer Veränderung der Qualitätslage ein kurzfristiges Einleiten von Korrektur- und Verbesserungsmaßnahmen erlaubt. Aus dem Isochronendiagramm sind demnach Entwicklungen wesentlich früher erkennbar, als bei den in der Praxis häufig verwendeten Reklamations-/Reklamationskostenquoten [vgl. TOMY 94, S. 171f.], die sich wegen ihrer unglücklichen Summenbildung lediglich zu einer rückwirkenden Bewertung externer Fehlleistungen und damit nur zur mittel- bis langfristigen Steuerung der Produktqualität eignen [vgl. STEI 94, S. 87].

Neben den Möglichkeiten, über das BEWERTETE ISOCHRONENDIAGRAMM Frühwarninformationen zu gewinnen, wurde in dieser Arbeit ein Verfahren zur kurzfristigen Prognose entwickelt, das eine genauere Vorhersage zukünftiger Entwicklungen auf Basis einer zweidimensionalen Schätzung ermöglicht. Das Verfahren ist in **Bild 4.15** dargestellt und basiert auf der exponentiellen Glättung [BAMB 91, S. 217].

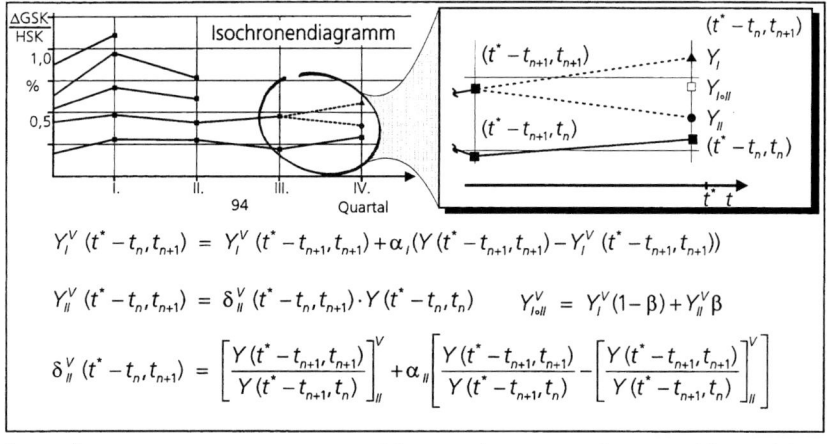

$$Y_I^V(t^* - t_n, t_{n+1}) = Y_I^V(t^* - t_{n+1}, t_{n+1}) + \alpha_I(Y(t^* - t_{n+1}, t_{n+1}) - Y_I^V(t^* - t_{n+1}, t_{n+1}))$$

$$Y_{II}^V(t^* - t_n, t_{n+1}) = \delta_{II}^V(t^* - t_n, t_{n+1}) \cdot Y(t^* - t_n, t_n) \qquad Y_{I\circ II}^V = Y_I^V(1-\beta) + Y_{II}^V \beta$$

$$\delta_{II}^V(t^* - t_n, t_{n+1}) = \left[\frac{Y(t^* - t_{n+1}, t_{n+1})}{Y(t^* - t_{n+1}, t_n)}\right]_{II}^V + \alpha_{II}\left[\frac{Y(t^* - t_{n+1}, t_{n+1})}{Y(t^* - t_{n+1}, t_n)} - \left[\frac{Y(t^* - t_{n+1}, t_{n+1})}{Y(t^* - t_{n+1}, t_n)}\right]_{II}^V\right]$$

Legende:
(t_{MOP}, t_{MIS}) = Punkt der Isochronen
t^* = heute
Y_I = exponentielle Glättung 1. Ordnung über Isochronenverlauf
Y_{II} = exponentielle Glättung 1. Ordnung über Verlauf

▲ = Schätzung I
● = Schätzung II
□ = Schätzung $I \circ II$

β = Gewichtungsfaktor
$\alpha_{I,II}$ = Glättungsfaktor
V = Vorhersagewert

$$\delta_{t_{MOP}, t_{MIS}} = \frac{F(t_{MOP}, t_{MIS+1})}{F(t_{MOP}, t_{MIS})}$$

Bild 4.15: Prognose auf der Basis einer zweidimensionalen Schätzung

Zur Prognose werden über eine Zeitreihenanalyse für einen Punkt ($t_{MOP,m}$, $t_{MIS,n}$) einer beliebigen Isochrone I_n zwei Schätzwerte Y_I, Y_{II} für ein Zeitintervall Δt mit den Glättungsfaktoren α_I, α_{II} fortgeschrieben. Sie fließen mit Hilfe des Gewichtungsfaktors β in den endgültigen Schätzwert $Y_{I\circ II}$ ein. Dieser zweidimensionalen Schätzung liegt die Zeitreihenuntersuchung des Isochronenverlaufs und des Ausfallverteilungsverhältnisses $\delta = F(t_{1,MIS})/F(t_{2,MIS})$ eines bestimmten Kollektivs t_{MOP} zugrunde. Die Schätzung der Werte erfolgt mit Hilfe der exponentiellen Glättung 1. Ordnung [vgl. auch SCHR 78, S. 35ff.; BURD 75, S. 12ff.].

Mit Hilfe der rückblickenden und vorausschauenden Garantiekostenanalyse kann eine Vielfalt an Informationen erzeugt werden, die gemäß der spezifischen Informationsbedürfnisse der einzelnen Entscheidungsbereiche strukturiert werden muß. So sind bspw. die oben aufgezeigten Darstellungen für den Vertrieb und die Beschaffung um den

Kunden- bzw. Lieferantenaspekt zu erweitern. Um Prioritäten für mögliche Korrekturmaßnahmen setzen zu können, ist es sinnvoll, verschiedene Kennzahlen zu erarbeiten, die klare Aussagen über die mit der Garantievergabe verbundenen wirtschaftlichen Folgen ermöglichen [vgl. STOC 94, S. 684f.]. Die Kennzahlen sollten idealerweise in einem strukturierten Kennzahlensystem zusammengefaßt werden.

Kennzahlensysteme erlauben Sachverhalte übersichtlich darzustellen und die Informationsgewinnung und -verarbeitung effektiver und damit wirtschaftlicher zu gestalten [HEIN 70, S. 227ff.]. Deshalb sind sie ein bedeutendes Controllinginstrument [HORV 94, S. 554f.]. Da Kennzahlensysteme sowohl eine retrospektive als auch eine prospektive Anwendung erlauben [REIC 95, S. 24] und darüber hinaus die Festlegung und Überprüfung meßbarer Ziele ermöglichen [HORV 94, S. 559ff.], sind sie für die Unterstützung der LAGEANALYSE und der ZIELPLANUNG besonders geeignet.

Da sich effektive Kennzahlensysteme stark an unternehmensspezifischen Anforderungen orientieren müssen, ist der Entwurf eines allgemeinen Kennzahlensystems für das Garantiecontrolling in dieser Arbeit nicht sinnvoll. Vielmehr sollten die zuvor diskutierten Sachverhalte im konkreten Anwendungsfall zu einer Kennzahlenbildung herangezogen werden. Im **Anhang A2** ist beispielhaft ein Ausschnitt aus einem Kennzahlensystem für das Garantiecontrolling dargestellt. Im Sinne eines ertragsorientierten Garantiecontrolling sollte ein solches Kennzahlensystem sowohl eine kosten- als auch leistungsorientierte Komponente besitzen. Hilfestellungen für den zielorientierten Aufbau von Kennzahlensystemen liefern bspw. MEYER, GEIß und REICHMANN [MEYE 76; GEIß 86; REICH 95]. Ein fehler- und fehlerursachenorientiertes dynamisches Kennzahlensystem wird von LASCHET vorgeschlagen [vgl. LASC 94, S. 93ff.].

In den vorangegangenen Abschnitten wurde aufgezeigt, wie und mit welchen Hilfsmitteln die LAGEANALYSE von Garantiekosten durchgeführt werden kann. Die Strukturierung garantierelevanter Informationen gemäß ihrer Ursache-Wirkungsbeziehungen konnte durch den kombinierten Einsatz des PRODUKTSTRUKTURMODELLS sowie des GARANTIE- und PROZEßKOSTENMODELLS erzielt werden. Die in diesen Modellen geordneten und aggregierten Informationen gestatten sehr flexible Auswertungen, eine hohe Entscheidungsorientierung und bilden damit die Grundlage für die ZIELPLANUNG (Kap. 4.3) sowie die Bewertung von Maßnahmen zur Zielerreichung (Kap. 4.4). Neben dem o. g. Prognoseverfahren wird im Rahmen der Beschreibung des Systemelementes MAßNAHMENBEWERTUNG (Kap. 4.4) ein weiteres Prognoseverfahren vorgestellt, das eine mittel- und langfristige Prognose von Garantiekosten auf der Basis der in den drei Modellen aggregierten Informationen erlaubt.

4.3 Systemelement Zielplanung

Im vorangegangenen Abschnitt sind für die LAGEANALYSE die wesentlichen Auswertungsdimensionen und -hilfsmittel zur retrospektiven und prospektiven Garantiekostenbetrachtung vorgestellt worden. Um aber mit den gewonnenen Informationen zu einer nachvollziehbaren Bewertung der Situation und einer handlungsorientieren Rückkopplung zu kommen, ist ein Soll-Ist- bzw. Soll-Wird-Vergleich notwendig [FRIE 94b, S. 436f.]. Eine solche Abweichungsanalyse kann nur auf der Basis zuvor definierter Zielvorgaben in Form konkreter Soll-Werte erfolgen [HORV 94, S. 539ff.]. Wie bereits angesprochen, ist die Zielbildung kein rein punktueller Akt, sondern ein zeitverbrauchender Prozeß [HAHN 94, S. 36], sodaß eine zeitliche Positionierung im Rahmen des durch das Garantiecontrolling zu unterstützenden Führungsprozesses schwer fällt. Da eine Zielbildung in jedem Fall einerseits die Kenntnis der relevanten Zieldimensionen (Garantiestückkosten/Einheit, Ausfalldichte, etc.) voraussetzt und andererseits selbst Voraussetzung für die Abweichungsanalyse und damit die Initiierung abzuleitender Maßnahmen ist, scheint eine Beschreibung des Zielbildungsprozesses bzw. dessen Unterstützung durch das Garantiecontrolling an dieser Stelle besonders geeignet [vgl. Kap. 3.3.2].

Neben einer zielorientierten LAGEANALYSE ist in vielen Unternehmen insbesondere auch die Planung und Festlegung geeigneter und aufeinander abgestimmter Soll-Werte für Garantiekosten schwierig [vgl. FRÖH 90, S. 74]. Dies liegt zum einen an dem hohen Koordinationsbedarf für eine entsprechende Abstimmung der Ziele zwischen den verschiedenen Entscheidungsbereichen. Zum anderen fehlt eine systematische Leitlinie, um sinnvolle Garantiekostenziele bereits bei der Produktplanung abzuleiten. Mit dem Element ZIELPLANUNG können diese Defizite beseitigt und eine bereichsübergreifende Zielplanung unterstützt werden.

Ausgangspunkt der ZIELPLANUNG sollten im Sinne eines ertrags- und kundenorientierten Garantiecontrolling die Anforderungen des Kunden hinsichtlich Qualität und Kosten sein. In **Bild 4.16** ist die Vorgehensweise zur Definition produktbezogener sowie bereichs- und zeitbezogener Vorgaben im Rahmen des SYSTEMELEMENTS ZIELPLANUNG dargestellt. Danach sind zunächst aus den Kundenanforderungen Zuverlässigkeitsziele für das Produkt abzuleiten und im Rahmen der ZIELKOSTENPLANUNG Kostenziele für Komponenten und Hauptbaugruppen zu definieren (Kap. 4.3.1, Kap. 4.3.2). Bei diesen Kosten sind neben den Herstellkosten auch die überperiodig anfallenden Garantiekosten zu berücksichtigen.

Detailkonzept 77

Zielplanung — Ableitung von komponentenbezogenen Zuverlässigkeitszielen und Kostenzielen — QFD — Target Costing $Z_i = \frac{NTG}{KA}$

4.3.1 *4.3.2*

Definition von Garantiekostenzielen, Zeitzielen, Budgets — GK-Splittung — Zuverlässigkeitswachstumsmodell — Budgetierung

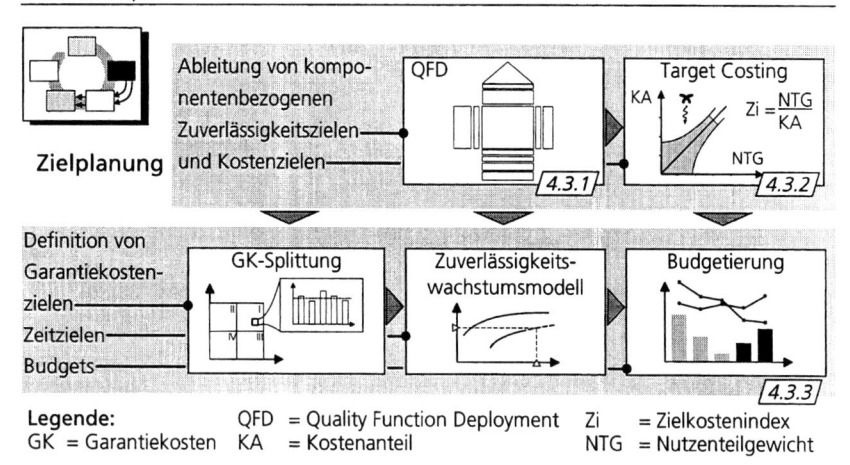

4.3.3

Legende: QFD = Quality Function Deployment Z_i = Zielkostenindex
GK = Garantiekosten   KA = Kostenanteil   NTG = Nutzenteilgewicht

Bild 4.16: Vorgehensweise zur ZIELPLANUNG

In einem weiteren Schritt ist über die Bildung von Vergleichskennzahlen auf der Basis von Komplexitätsbetrachtungen ein Kostensplitting der Komponentenkosten erforderlich. Dazu ist nach DARF-KOSTEN für die Funktionsherstellung (Herstellkosten) und DARF-KOSTEN für die Funktionserhaltung im Garantie- bzw. Servicezeitraum (Garantiekosten) zu differenzieren (Kap. 4.3.3). Diese produktspezifischen Zuverlässigkeits- und Kostenziele können auf der Grundlage von ZUVERLÄSSIGKEITSWACHSTUMSMODELLEN um Zeitziele und entsprechende Budgets ergänzt werden. In den folgenden Abschnitten werden die wesentlichen Schritte zur Ableitung von Soll-Werten für Garantiekosten auf der Basis von Zuverlässigkeits- und Kostenzielen erläutert. Die Verwendung etablierter Methoden wie des QUALITY FUNCTION DEPLOYMENT und des TARGET COSTING sichert neben der systematischen Vorgehensweise insbesondere auch die Integration der Garantiekostenplanung in dem gesamten Produktplanungs- und -entwicklungsprozeß.

4.3.1 Ableitung von Zuverlässigkeitszielen mit QFD

Zur Festlegung marktgerechter Produkteigenschaften stehen heute nur wenige Methoden zur Verfügung [PFEI 93, S. 38]. Bei dem Mitte der 60er Jahre vom Japaner AKAO [AKAO 78] entwickelten QUALITY FUNKTION DEPLOYMENT (QFD) stellen die vom Kunden geäußerten Anforderungen an ein Produkt die zentralen Kriterien für den gesamten Produktentstehungsprozeß dar [HART 94, S. 9]. Mit Hilfe des QFD kann man Qualitätsmerkmale und Produkteigenschaften auf Komponenten- und Hauptbaugruppenebene hinsichtlich ihrer Bedeutung für den Kunden gewichten [vgl. KING 94, S. 119ff.]. Für den in dieser Arbeit verfolgten Top-Down-Ansatz zur Festlegung von Garantiekostenzielen für ein Produkt und seine Komponenten eignet sich das QFD deshalb besonders.

In **Bild 4.17** wird gezeigt, wie die Definition geeigneter Zuverlässigkeits-Soll-Werte in den beiden ersten Phasen des QFD - PRODUKTPLANUNG und KOMPONENTENPLANUNG - unterstützt und in den Produktplanungs- und -entwicklungsprozeß integriert werden kann [vgl. PFEI 93, S. 40]. Aus den Kundenanforderungen[39] lassen sich über die Nutzung des HOUSE OF QUALITY in der ersten Phase die Zuverlässigkeitskenngrößen des Produktes und in der zweiten Phase die der Komponenten bzw. Hauptbaugruppen hinsichtlich ihrer Bedeutung für die Erfüllung der Kundenanforderungen gewichten. Darüber hinaus wird eine strukturierte Festlegung von Zielwerten für die einzelnen Merkmale unterstützt[40].

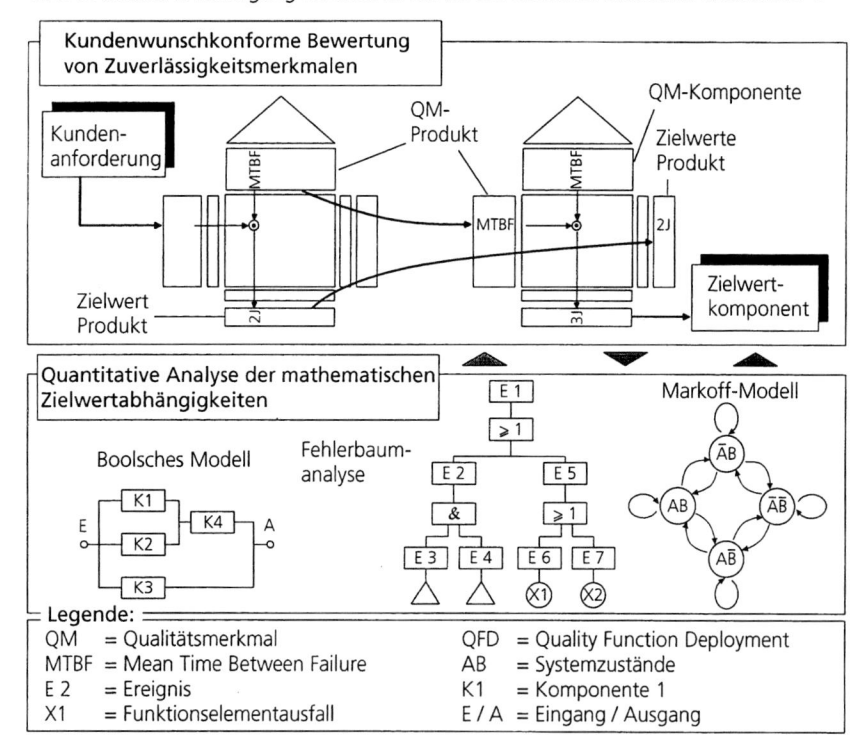

Bild 4.17: Quality Function Deployment als Ausgangspunkt für die Top-Down-Definition kundenorientierter Zuverlässigkeitsziele

---

[39] In der Investitionsgüterindustrie ist die Vereinbarung konkreter Zuverlässigkeitsziele bspw. in Form garantierter MTBFs oder degressiver Fehlerraten durchaus üblich.

[40] Es sei an dieser Stelle nochmals erwähnt, daß in dieser Arbeit die Ableitung von Zuverlässigkeitszielen lediglich hinsichtlich der Abschätzung und Bewertung daraus resultierender Garantiekosten sowie der Erfüllung von Kundenanforderungen erfolgt. Eine Planung sicherheitskritischer Produkte (Gefährdung von Menschenleben) bzw. Komponenten sollte grundsätzlich unter Nutzung des bekannten Instrumentariums erfolgen [vgl. BIRO 91; SCHN 92; MEYN 94; KNEP 89].

Detailkonzept 79

Mit der in Bild 4.17 dargestellten Vorgehensweise lassen sich Forderungen nach zuverlässigen Produkten beispielsweise in MTBF-Zeiten (MTBF = Mean Time Between Failure) auf Komponentenebene übersetzen. Die Festlegung konkreter Zielwerte erfolgt entweder auf Basis von Erfahrungswissen des QFD-Teams oder durch die Anwendung etablierter Verfahren zur QUANTITATIVEN ZUVERLÄSSIGKEITSBEWERTUNG. Dazu gehören unter anderem die FEHLERBAUMANALYSE (bzw. FTA = Fault Tree Analysis) sowie das BOOLSCHE MODELL und das MARKOFF-MODELL [vgl. WU 92; MEYN 94; KNEP 89].

Die auf diese Weise bestimmten Zuverlässigkeitsziele für die Komponenten und Hauptbaugruppen haben zwar analog der in Kapitel 4.1 aufgezeigten Beziehungen einen großen Einfluß auf die Garantiekosten, reichen alleine jedoch nicht zur Ableitung entsprechender Soll-Werte aus. Deshalb wird im folgenden Abschnitt 4.3.2 erläutert, wie mit Hilfe des TARGET COSTING komponentenbezogene Kostenziele abgeleitet werden können, bevor in Abschnitt 4.3.3 durch Kombination beider Ansätze eine Vorgehensweise zur Ermittlung konkreter Vorgaben für Garantiekosten aufgezeigt wird.

4.3.2 Ableitung von Kostenzielen mit Hilfe des Target Costing

Die ZIELKOSTENRECHNUNG - auch genannt TARGET COSTING - ist eine Methodik, mit der eine marktorientierte Erlös- und Kostenplanung an den Anfang produktpolitischer Entscheidungen gestellt und alle relevanten Vorgaben abgeleitet werden können [HORV 92, S. 1; BUGG 95, S. 51]. Damit besitzt sie gegenüber klassischen Kostenmanagementmethoden entscheidende Vorteile, was die Definition a priori konkreter Kostenziele betrifft. Während die etablierten Kostenrechnungssysteme (Voll- oder Teilkostenrechnung) vielfach erst in der Produktionsphase mit der Steuerung und Kontrolle der betrieblichen Kosten beginnen, werden beim TARGET COSTING die Zielkosten bereits am Beginn des Entstehungszyklusses eines Produktes bestimmt [COEN 94, S. 2]. Damit steht nicht mehr die Frage „Was wird uns ein Produkt kosten?" im Vordergrund, sondern „Was darf uns dieses Produkt kosten?" [HORV 92, S. 4].

Ausgangspunkt der Zielkostenrechnung ist ein von der Marktforschung ermittelter Marktpreis für ein Produkt, die hiermit über die aggregierte Preis-Absatz-Funktion korrespondierende Stückzahl, sowie eine ermittelte Gewichtung der verschiedenen Produktfunktionen[41] durch den Kunden [COEN 94, S. 5ff.]. Mit Hilfe einer Dekompositionsmethodik kann ausgehend von dem Marktpreis, einer geforderten Gewinnspanne und der Funktionsgewichtung eine produktfunktionale Budgetierung erfolgen, d. h.,

---

[41] Für die Bestimmung, Überprüfung und Quantifizierung der produktmerkmalbezogenen Präferenzen des Kunden eignen sich beispielsweise die Methoden MULTIDIMENSIONALE SKALIERUNG bzw. CONJOINT MEASUREMENT [BACK 94].

die Vorgabe konkreter Kostenziele für Komponenten und Hauptbaugruppen [vgl. HORV 92, S. 6]. Dazu wird ermittelt, inwieweit einzelne Komponenten zu den jeweiligen Funktionen beitragen und welcher Kostenanteil ihnen damit zusteht (**Bild 4.18**). Eine Überprüfung von tatsächlichen Kosten[42] und Zielkosten ist anschließend im Zielkostendiagramm möglich, in dem Nutzenteilgewichte und Kostenanteile einander gegenübergestellt werden [HORV 93, S. 13].

Ziel des Target Costing Prozesses ist es, den Quotienten von Nutzenteilgewicht und Kostenanteil mit Hilfe von geeigneten Maßnahmen in die Nähe des Idealwertes 1 zu bringen [BUGG 95, S. 96ff.]. Der große Vorteil der Zielkostenrechnung liegt darin, daß sie eine Überprüfung der lebenszyklusorientierten Produktkostenstruktur gemäß der vom Kunden definierten Wertrelationen erlaubt [vgl. HORV 92, S. 6].

Zielkostenspaltung

- Strukturierung der Produktfunktionen
- Gewichtung der Funktionen über die Kundenanforderungen mit einem Gewichtungsfaktor
- Strukturierung der Komponenten
- Bestimmung der Kostenanteile
- Bestimmung der Nutzenteilgewichte

Identifizierung Kostensenkungpotential

FALL A: Reduzierung

FALL B: Trade Off

$Zi = \dfrac{NTG}{KA}$

Legende:

GF	= Gewichtungsfaktor
Fkt./F	= Funktion
K1	= Komponente 1
GSK	= Garantiestückkosten
HK	= Herstellkosten
NTG	= Nutzenteilgewicht
KA	= Kostenanteil
Zi	= Zielkostenindex

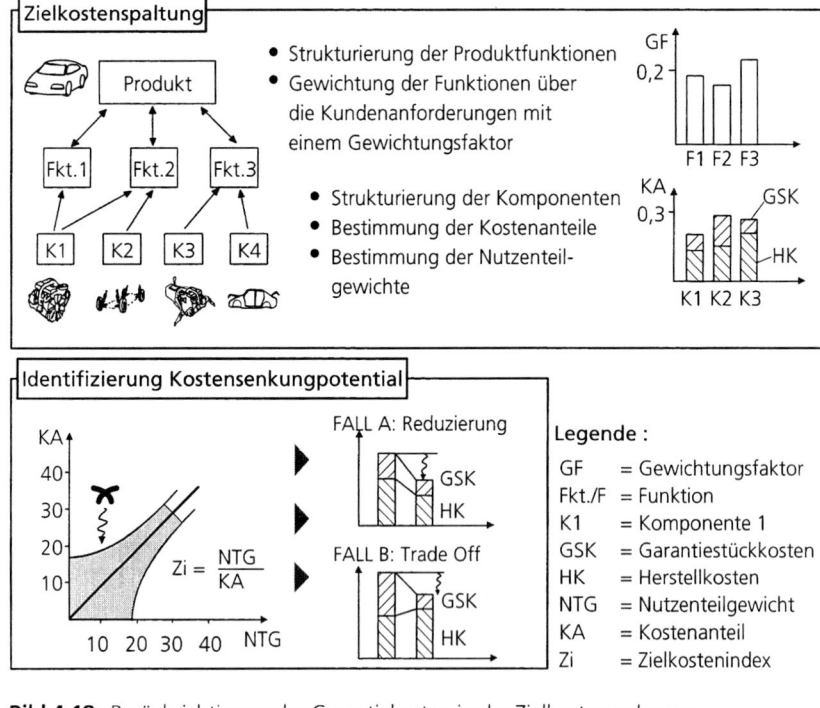

Bild 4.18: Berücksichtigung der Garantiekosten in der Zielkostenrechnung

---

[42] Die Kosten, die unter Beibehaltung bestehender Technologien und Prozesse entstehen, werden auch als DRIFTING COSTS bezeichnet. Im Target Costing Prozeß wird versucht, die Differenz zwischen TARGET COSTS und DRIFTING COSTS zu minimieren [COEN 94, S. 3ff.].

Nach einer Studie in der deutschen Automobilzulieferindustrie können Garantiekosten das bis zu dreifache der Herstellkosten betragen [ROMM 95, S. 1]. Deshalb muß diesen überperiodig anfallenden Kosten im Sinne eines lebenszyklusorientierten Kostenmanagement bei der Definition der komponentenbezogenen Kostenziele Rechnung getragen werden. Dies gilt sowohl für das Kostenziel selbst als auch für die Bestimmung des Beitrags, den jede Komponente für die Funktion leistet. Dieser ist nämlich auch unter Berücksichtigung von Zuverlässigkeitsgesichtspunkten festzulegen; interessiert doch den Kunden nicht nur die FUNKTION selbst, sondern auch deren ausfallsfreie Erfüllung in der Nutzungsphase (FUNKTION AUF ZEIT).

4.3.3 Ableitung komponentenbezogener Garantiekostenziele

Aufbauend auf den komponentenbezogenen Zuverlässigkeits- und Kostenzielen müssen für ein effektives Garantiecontrolling Soll-Werte für komponentenbezogene Garantiestückkosten (GSK) abgeleitet werden. Allerdings unterliegen die Garantiestückkosten einer Vielzahl von Einflüssen, die in Bild 4.1 bereits aufgezeigt wurden. Bei der Frage eines sinnvollen Kostensplittings kommt erschwerend hinzu, daß die Garantiestückkosten direkt und indirekt vom Produktkonzept und damit den Herstellkosten (HSK) abhängig sind. So werden über die Festlegung eines HSK-Budgets bspw. sowohl die Zuverlässigkeit einer Komponente als auch deren Reparaturfreundlichkeit beeinflußt. Beide Größen wirken über das PRODUKTSTRUKTURMODELL sowie das PROZEßKOSTENMODELL auf die Garantiekosten.

Für die Planung operativer Garantiekostenziele kann es deshalb - ähnlich wie beim Target Costing - keine eindeutige Vorgehensweise für die Ermittlung eines Kostensplittings geben. Anstelle eines stringenten Methodenablaufs zur Definition von Garantiekostenzielen auf Komponentenebene steht deshalb vielmehr eine intensive und systematische Auseinandersetzung mit den zuvor abgeleiteten Zuverlässigkeits- und Kostenzielen sowie weiteren Randbedingungen im Vordergrund.

Prinzipiell kann bei der Zielwertermittlung zwischen den Fällen „Produkt ist bereits im Einsatz" bzw. „Produkt wird gerade entwickelt" unterschieden werden. In beiden Fällen stehen für eine Zielplanung unterschiedliche Informationen zur Verfügung. Liegen bereits Vergangenheitsdaten vor, so können diese für die Soll-Wert-Bestimmung herangezogen werden (empirisch deduktiv). Im Sinne eines internen Benchmarking kann dazu ein Vergleich zwischen verschiedenen Komponenten vorgenommen werden (**Bild 4.19**). Zuvor sollte allerdings eine Klassifizierung der Komponenten zum Beispiel nach dem MARKTRISIKO (Kundenbedeutung, Sicherheitsrisiko, etc.) und dem TECHNISCHEN RISIKO (Komplexität, Redundanz, etc.) erfolgen, um eine Vergleichbarkeit der Daten zu gewährleisten.

Bei neuen Produkten kann man auf der Grundlage eines Produktkonzeptes oder von Vergangenheitsdaten vergleichbarer Typen die Zuverlässigkeit einzelner Komponenten analytisch oder experimentell abschätzen[43] (konzeptionell analytisch). Darüber hinaus können die entsprechenden Reklamationsbearbeitungskosten auf der Basis von Reklamationsstatistiken oder über das PROZEBKOSTENMODELL ermittelt werden. Aufbauend darauf lassen sich die Herstell- und Garantiestückkosten berechnen und zusammen mit den Herstellkosten zu den DARF-KOSTEN ins Verhältnis setzen. Werden die DARF-KOSTEN überschritten, muß man Realisierungsalternativen unter Beibehaltung der Produktstruktur hinsichtlich einer Kostensenkung überprüfen. Man spricht in diesem Zusammenhang auch davon, die Zielkosten zu „kneten" [vgl. HORV 92, S. 10].

Legende: RBK = Reklamationsbearbeitungskosten H(t) = Erneuerungsfunktion
HK = Herstellkosten GSK = Garantiestückkosten

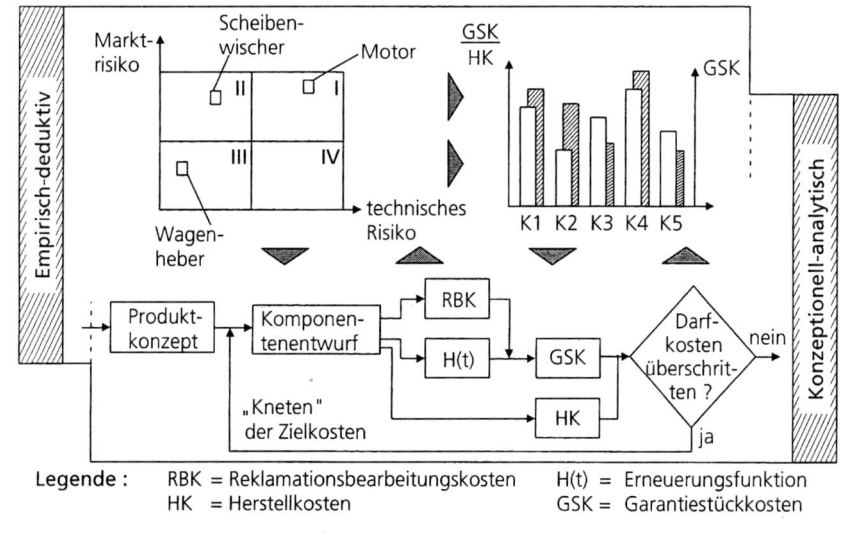

Bild 4.19: Ableitung komponentenbezogener Soll-Werte für Garantiestückkosten

Das „Kneten" der Kosten erfolgt dabei in zweierlei Hinsicht: Einerseits dürfen die Gesamtkosten nicht überschritten werden, und andererseits ist zwischen Herstellkosten und Garantiekosten abzuwägen. Diese Abwägung erfolgt in aller Regel in Unkenntnis der exakten funktionalen Zusammenhänge, wie sie von vielen Autoren zwischen Herstellkosten bzw. Fehlerverhütungskosten und Qualitätsfolgekosten aufgezeigt werden [BRUN 92b, S. 134; TOMY 94, S. 33; MASC 96, S. 772]. Diesen Darstellungen können bestenfalls qualitative Aussagen entnommen werden. In der Praxis hingegen sind Ko-

---

[43] Für viele, insbesondere elektronische, Bauteile liegen Zuverlässigkeitskenngrößen in Form tabellierter Werte vor oder werden vom Hersteller zur Verfügung gestellt [vgl. bspw. SCHÄ 79].

stenoptima nur über den Vergleich alternativer Konzepte zu bestimmen und ggf. an Prototypen durch Versuche zu bestätigen. Die systematische Reduzierung der Garantiekosten erfordert den abgestimmten Einsatz aller in dieser Arbeit vorgestellten Systemelemente und kann nur unter Nutzung des in Kapitel 4.4 beschriebenen Bewertungsmodells erfolgen.

Aus der oben dargestellten Vorgehensweise wird deutlich, daß neben den über das TARGET COSTING ermittelten Kostenzielen auch die in Abschnitt 4.3.1 quantifizierten Leistungsziele als konkrete komponentenbezogene Zuverlässigkeits-Soll-Werte wichtige Randbedingungen für die Festlegung des Garantiekostensplittings sind.

Im Rahmen der ZIELPLANUNG sind nicht nur konkrete garantiebezogene Kosten- und Leistungsziele abzuleiten, sondern auch Zeitziele zu setzen, innerhalb derer die Kosten- und Leistungsziele zu erreichen sind. Zu diesem Zweck können Zeitbedarfe zur Zielerreichung über Erfahrungswerte oder ZUVERLÄSSIGKEITSWACHSTUMSMODELLE abgeschätzt werden. ZUVERLÄSSIGKEITSWACHSTUMSMODELLE wie das DUANE-MODELL und das AMSAA-MODELL sind statistische Methoden, mit denen der Verlauf bestimmter Zuverlässigkeitskennwerte eines Systems wie Ausfallrate oder MTBF prognostiziert werden kann [vgl. MEYN 94, S. 378ff.; BIRO 91, S. 281ff.].

Durch effektive Nutzung der Felddaten gleichartiger Produkte/Systeme kann man anhand beobachteter Regelmäßigkeiten eine Entwicklung der Produktzuverlässigkeit schätzen (**Bild 4.20**). Auf diese Weise lassen sich zeitbezogene Garantiekostenziele für einzelne Produkte ermitteln, die als monetäre periodenbezogene Plangrößen Budgets entsprechen. Solche Budgets geben den Unternehmensbereichen einen Handlungsspielraum für die Entscheidung über garantiepolitische Trade-off-Maßnahmen vor. Da Budgets nicht aktionsbezogen sind, besitzen sie i. d. R. eine besonders starke Motivationsfunktion [vgl. KÜPP 95, S. 294f.]. Ein Modell zur Bewertung einzelner Maßnahmen zur Garantiekostenreduzierung im Sinne von Trade-off-Entscheidungen wird im Systemelement MAßNAHMENBEWERTUNG entwickelt (Kap. 4.4).

Nach der LAGEANALYSE und der ZIELPLANUNG kann eine ABWEICHUNGSANALYSE durchgeführt werden, auf deren Grundlage die Initiierung von Maßnahmen erfolgt. Ausgangspunkt für die MAßNAHMENINITIIERUNG kann entweder die Nichterreichung definierter Ziel-Werte oder die Festlegung neuer Ziel-Werte für Garantiekosten sein. Während der Anstoß zur MAßNAHMENABLEITUNG eindeutige Aufgabe eines Garantiecontrolling ist, können die Maßnahmen selbst im Sinne einer Alternativensuche [vgl. TÖPF 76, S. 80ff.; HEIN 85, S. 45ff.] nur in den betreffenden Entscheidungsbereichen abgeleitet und detailliert werden [vgl. Kap. 3.3.2]. Die in der Suchphase notwendige Maßnahmenableitung ist deshalb nicht Bestandteil dieses Controllingsystems. Die Maßnahmenvorschläge der

Abteilungen (Fertigungsplanung, etc.) werden dem Garantiecontrolling als Inputs für die Bewertung zur Verfügung gestellt. Im folgenden Abschnitt wird ein BEWERTUNGSMODELL zur Priorisierung verschiedener Maßnahmen zur Garantiekostenreduzierung entwickelt.

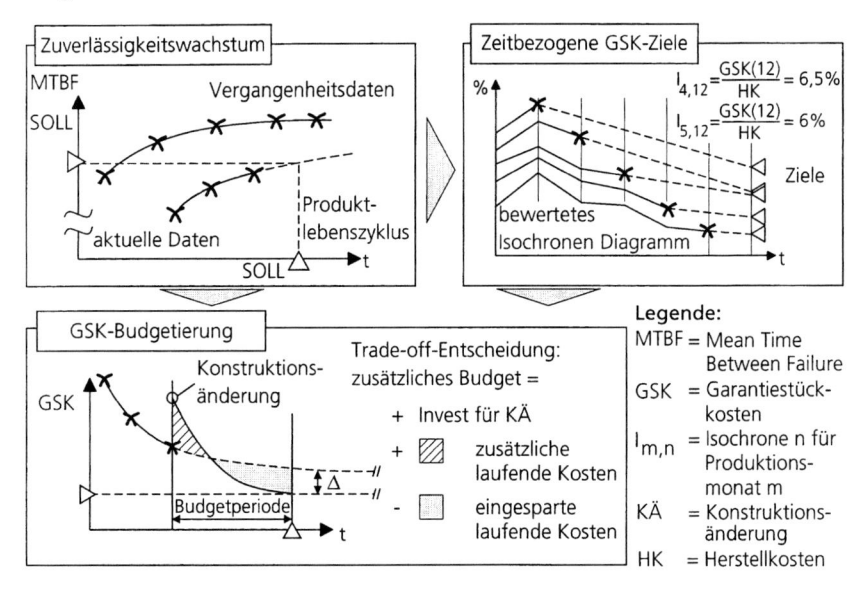

Bild 4.20: Bestimmung zeitbezogener Garantiekostenziele

4.4 Systemelement Maßnahmenbewertung

In den vorangegangen Abschnitten ist aufgezeigt worden, daß LAGEANALYSE und ZIELPLANUNG als wesentliche Elemente eines Systems zum Controlling von Garantieleistungen interdependente Prozesse darstellen, deren Ergebnisse in Form einer ABWEICHUNGSANALYSE entscheidungsorientiert miteinander verknüpft werden können. Auf der Basis der Ergebnisse einer solchen Abweichungsanalyse kann das Controlling die Ableitung von Maßnahmen in den entsprechenden betrieblichen Entscheidungsbereichen initiieren. Eine Bewertung dieser Maßnahmen hat anschließend unter Berücksichtigung möglichst aller relevanten Parameter zu erfolgen. Im folgenden wird zunächst das BEWERTUNGSMODELL entwickelt und anschließend der Ablauf einer Maßnahmenbewertung beschrieben.

Detailkonzept 85

4.4.1 Entwicklung des Bewertungsmodells

Die Bewertung von Maßnahmen zur Reduzierung von Garantiekosten erfolgt in dieser Arbeit über ein BEWERTUNGSMODELL. In dem BEWERTUNGSMODELL werden die relevanten Einflußgrößen auf die Garantiekosten- und -erlöse über eine logische Verknüpfung der zuvor entwickelten Modelle - PRODUKTSTRUKTURMODELL, GARANTIEMODELL und PROZEßKOSTENMODELL - in Beziehung gesetzt (**Bild 4.21**). Auf diese Weise ist die Berücksichtigung aller zuvor identifizierten Einflußgrößen auf ähnlichem Detaillierungsniveau sichergestellt [vgl. Kap. 4.1].

Bewertungsmodell:
Bestimmung der Garantiekosten auf der Basis von Parameterkombinationen

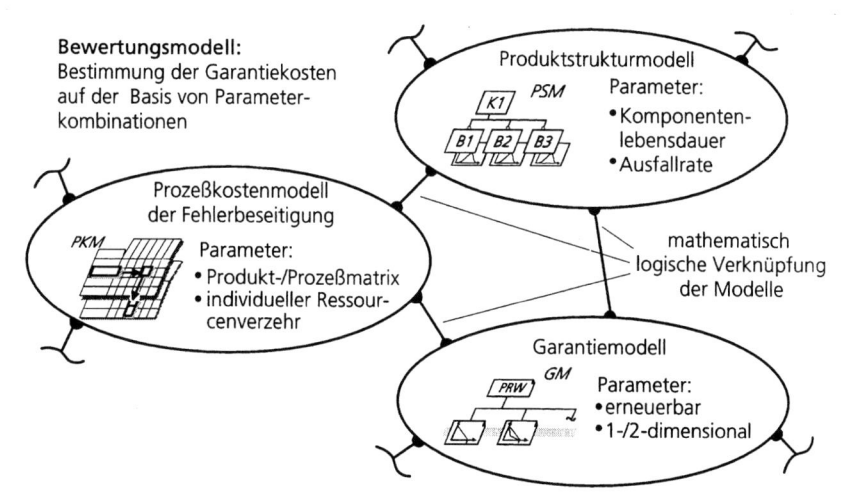

Produktstrukturmodell
Parameter:
• Komponentenlebensdauer
• Ausfallrate

Prozeßkostenmodell der Fehlerbeseitigung
Parameter:
• Produkt-/Prozeßmatrix
• individueller Ressourcenverzehr

mathematisch logische Verknüpfung der Modelle

Garantiemodell
Parameter:
• erneuerbar
• 1-/2-dimensional

Bild 4.21: Verknüpfung der Teilmodelle zum Bewertungsmodell

Mit Hilfe des Bewertungsmodells können - vor dem Hintergrund einer spezifischen Parameterkombination - die anfallenden Garantiekosten und -erlöse nach Höhe und zeitlicher Verteilung prognostiziert werden. Die Modellverknüpfung determiniert die Wirkung der verschiedenen Parameter auf die Zielgrößen. Eine Optimierung der Systemparameter ist damit unter Berücksichtigung der Interdependenzen zwischen den Modellen möglich.

Durch die geeignete Wahl der Systemparameter läßt sich mit Hilfe des Bewertungsmodells eine bestimmte unternehmensspezifische Situation bezüglich der Garantiekosten und -erlöse abbilden. Den Ausgangspunkt bilden dabei die im PRODUKTSTRUKTURMODELL hinterlegten Ausfallwahrscheinlichkeiten für einzelne Produktkomponenten und Baugruppen (Schritt 1, vgl. **Bild 4.22**). Mit Hilfe einer Simulation können auf dieser Basis realitätsnahe Produktausfälle für definierte Zeitintervalle generiert werden. Für die ausgefallenen Komponenten läßt sich im Einzelfall mit dem GARANTIEMODELL die Garantieverpflichtung sowie der zu erstattende prozentuale Anteil an den Gesamtkosten ermitteln. Die insgesamt anfallenden Kosten werden dabei in Abhängigkeit einer spezifischen Kostentreibercharakteristik verursachungsgerecht aus dem PROZEßKOSTENMODELL ermittelt. Das Ergebnis ist eine Zahlungsreihe Z_0, die die erwarteten Garantiekosten nach Höhe und zeitlicher Verteilung darstellt (Schritt 2).

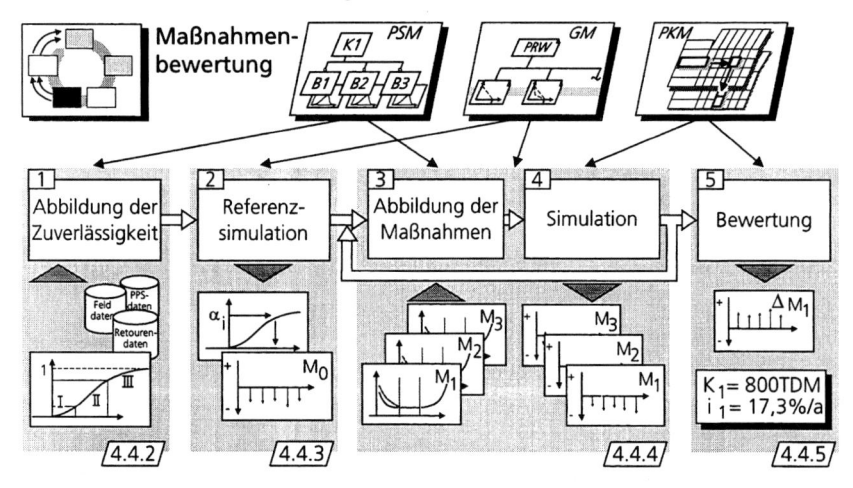

Bild 4.22: Vorgehensweise zur Maßnahmenbewertung

Unter Einsatz der Szenario-Technik werden in Schritt 3 verschiedene Maßnahmen (M_1, M_2, ..) über eine Parametervariation abgebildet. In einer weiteren Simulation lassen sich dann deren Auswirkungen anhand der prognostizierten Zahlungsreihen (Z_1, Z_2, ..) untersuchen (Schritt 4). Die Bewertung und Priorisierung der Maßnahmen kann dann in Form einer Investitionsentscheidung auf Basis der prognostizierten stochastischen Zahlungsreihen erfolgen (Schritt 5).

Den mit der Maßnahmendurchführung verbundenen einmaligen und laufenden Auszahlungen stehen dabei die über Simulation ermittelten Einsparungen an Garantiekosten gegenüber. Den Bezugspunkt der Untersuchung bildet dabei der zuvor ermittelte Referenzzustand (Schritt 2) mit der Unterlassungsalternative Z_0. Über die Berechnung verschiedener Investitionskennzahlen können die Maßnahmen bewertet und priorisiert werden. Neben der Maßnahmenbewertung kann man mit dem Bewertungsmodell auch spezielle Prognosen zur Unterstützung aperiodischer Auswertungen und fundierter strategischer Entscheidungen erzeugen [FRÖH 91, S. 176].

In den folgenden Abschnitten wird die oben skizzierte Vorgehensweise detailliert[44]. Auf die wesentlichen Algorithmen und Berechnungsvorschriften wird nur insoweit eingegangen, wie es für das Verständnis der logischen Abfolge erforderlich ist.

4.4.2 Abbildung zuverlässigkeitsrelevanter Produkteigenschaften

Das oben beschriebene Bewertungsmodell basiert in erheblichem Maße auf einer möglichst realitätsnahen Beschreibung der Zuverlässigkeit einzelner Produktkomponenten und -baugruppen. Insbesondere für den Garantiezeitraum ist eine modellhafte Abbildung des Ausfallverhaltens erforderlich, berücksichtigt man den Schwerpunkt dieser Arbeit. Für die Beschreibung der Zuverlässigkeit realer technischer Systeme ist die Weibull-Verteilung besonders geeignet (Kap. 2.3.4). Deshalb wird im folgenden dargestellt, wie auf der Basis von Vergangenheitsdaten das Ausfallverhalten bestimmter Komponenten und Baugruppen ermittelt werden kann. Die Charakterisierung dieses Ausfallverhaltens erfolgt durch die Bestimmung geeigneter Werte für die Weibull-Parameter[45].

Zur Abbildung zuverlässigkeitsrelevanter Eigenschaften im PRODUKTSTRUKTURMODELL kann die normierte diskrete Verteilung der aus dem Feld gewonnenen Daten durch eine stetige Weibull-Verteilungsfunktion angenähert werden. Dazu kommen folgende Näherungsverfahren in Betracht:

- Momentenmethode,
- Maximum-Likelihood-Methode und
- Methode kleinster Fehlerquadrate.

Da nicht für alle Produkte im Feld Ausfallzeiten vorliegen können, handelt es sich bei den Felddaten eindeutig um eine unvollständige Stichprobe [ECKE 77, S. 206f.; BERT 90, S. 82] mit nicht konstanter Anzahl an Bezugsgrößen. Da die Momentenmethode nur bei vollständigen Stichproben brauchbare Ergebnisse liefert [REIC 78, S. 32], ist sie für diesen Anwendungsfall nicht geeignet. Die Maximum-Likelihood-Methode eignet sich sowohl für vollständige als auch unvollständige Stichproben [RINN 80, S. 174; KALT 71, S. 391ff.]. Die Gleichungen der Maximum-Likelihood-Methode sind ihrer Komplexität wegen allerdings nur numerisch lösbar [RINN 80, S. 174; vgl. auch HART 68, S. 889ff.; LEMO 75, S. 247ff.]. Da die Lösung dieser Gleichungen sehr aufwendig ist, wird dieser Ansatz im folgenden nicht zur Beschreibung der Vorgehensweise zur Parameterbestimmung verwendet.

---

[44] Der Aufbau der Kapitel 4.4.2 - 4.4.5 orientiert sich an der oben beschriebenen Vorgehensweise zur Maßnahmenbewertung, wie man in Bild 4.22 erkennt.

[45] Mit Standard-Software-Programmen (qs-STAT®, Q-DAS® GmbH) können bereits heute Weibull-Parameter auf der Basis von Ausfalldaten bestimmt werden.

Ein weiteres geeignetes, einfaches Verfahren ist die Methode der kleinsten Fehlerquadrate (Regressionsanalyse) [KALT 70; REIC 78, S. 32]. Bei dem Verfahren macht man sich die Tatsache zunutze, daß sich sowohl die zweiparametrige als auch die dreiparametrige Weibull-Verteilung[46] durch Transformation als Gerade im DOPPELT-LOGARITHMISCHEN DIAGRAMM darstellen läßt [BERT 90, S. 36ff.]. Die Ermittlung der Ausgleichsgeraden erfolgt über eine Minimierung der Summe der Abstandsquadrate zwischen den Wertepaaren $[t_i^*, F(t_i^*)]$ und der Weibull-Geraden [BERT 90, S. 72].

Die diskrete Ausfallverteilungsfunktion $F(t_i^*)$ kann mit Hilfe verschiedener Näherungsverfahren bestimmt werden. Beispielsweise kann über einen bestimmten Zeitraum die diskrete Ausfalldichtefunktion $f(t_i^*)$ gebildet und zu $F(t_i^*)$ integriert werden:

$$F(t_i^*) = \sum_{l=1}^{t_i^*} f(t_l^*), \qquad f(t_l^*) = \frac{N_A(t_l^*)}{n(t_l^*)} \ .$$

Dabei repräsentiert $N_A(t_l^*)$ die Anzahl der Ausfälle in einem bestimmten Intervall und $n(t_l^*)$ die entsprechenden Bezugsgrößen. Für die exakte Bestimmung von $F(t)$ sind in der Literatur eine ganze Reihe von Verfahren wie das SUDDEN DEATH TESTING und angepaßte Ansätze für die Garantieproblematik beschrieben, die unter gewissen Bedingungen eine optimale Nutzung aller vorliegenden Informationen erlauben [VDA 84, S. 60ff.; ZIPP 94, S. 319ff.; BERT 90, S. 78ff.]. Die meisten dieser Ansätze basieren auf einer Untersuchung der Verteilung von Ranggrößen. Sie ermöglichen es, zu dem bestimmten $F(t)$ und einem Vertrauensniveau einen Vertrauensbereich zu ermitteln. Die Auswahl des am besten geeigneten Verfahrens sollte grundsätzlich nur unter Abwägung der verfügbaren Daten und der mit dem Verfahren verbundenen Unsicherheiten erfolgen.

Aufbauend auf der Berechnung der diskreten Ausfallverteilungsfunktion lassen sich die Wertepaare $[t_i, F(t_i)]$ bilden und ins DOPPELT-LOGARITHMISCHE DIAGRAMM übertragen.

$x_i = ln\ (t_i)$ oder

$y_i = ln\ (-ln\ (1 - F(t_i)))$

Für die auf diese Weise ermittelten Punkte im DOPPELT-LOGARITHMISCHEN DIAGRAMM läßt sich mit Hilfe tabellierter Werte ein Vertrauensbereich angeben [ZIPP 94, S. 310 - 312]. Die Regressionsgrade $y = a \cdot x + c$ wird über die Minimierung der Funktion

$$M(a,c) = \sum_{i=1}^{n} \left((a \cdot x_i + c) - y_i \right)^2 \qquad n = \text{Anzahl der betrachteten Klassen}$$

---

[46] Diese Darstellung gelingt durch eine geeignete Zeittransformation (Korrektur um t_0). Ansonsten ergibt die dreiparametrige Weibull-Verteilung eine nach oben konvex gekrümmte Kurve [BERT 90, S. 39].

Detailkonzept

ermittelt. Ein Minimum ist dann erreicht, wenn folgende Gleichungen erfüllt sind:

$\partial M(a,c)/\partial a = 0$, und $\partial M(a,c)/\partial c = 0$.[47]

Sind die Geradenparameter a und c bestimmt, so können die Weibull-Parameter b und T über

$b = a$, und $T = e^{-(\frac{c}{a})}$

ermittelt werden [REICH 78, S. 32ff.; KALT 70, S. 436ff.]. Ein Maß für die Qualität der Schätzung ist der Korrelationskoeffizient, der zwischen 0 und 1 liegt. Der Wert 1 bedeutet, daß die Wertepaare auf der Ausgleichsgraden liegen [BERT 90, S. 72].[48] Bei der 3-parametrigen Weibull-Verteilung ist zudem die ausfallsfreie Zeit t_0 zu bestimmen.[49]

Die Intervallgrenzen für die einzelnen mit der klassischen „BADEWANNENKURVE" korrelierenden Bereiche der Weibull-Verteilung können sehr anschaulich im DOPPELT-LOGARITHMISCHEN DIAGRAMM ermittelt werden (**Bild 4.23**). Den Intervallen entsprechen jeweils konstante Werte für den Weibull-Parameter b, die durch Parallelverschiebung an der Ordinate abgelesen werden können [vgl. ZIPP 94, S. 242].

Ausgleichsgerade

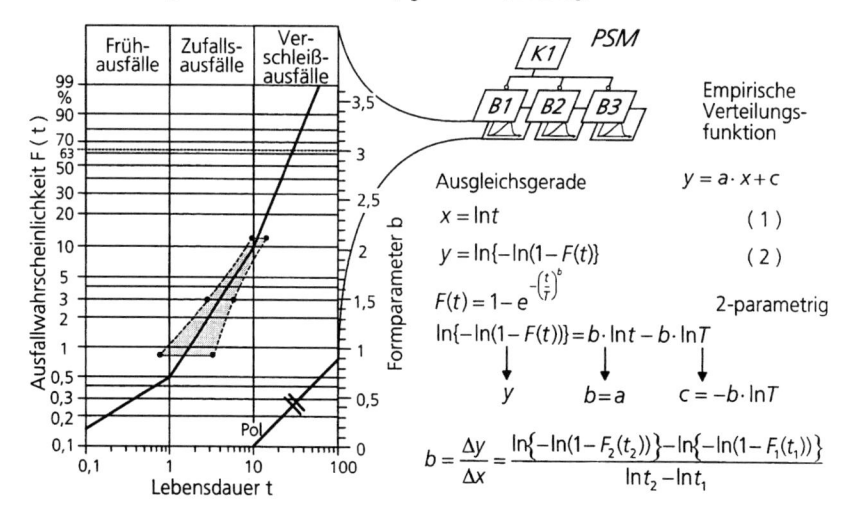

$x = \ln t$ (1)

$y = \ln\{-\ln(1 - F(t))\}$ (2)

$F(t) = 1 - e^{-\left(\frac{t}{T}\right)^b}$ 2-parametrig

$\ln\{-\ln(1 - F(t))\} = b \cdot \ln t - b \cdot \ln T$

$\quad\quad\quad\quad\quad\quad\downarrow\quad\quad\quad\downarrow\quad\quad\quad\downarrow$

$\quad\quad\quad\quad\quad\quad y\quad\quad b = a\quad\quad c = -b \cdot \ln T$

$b = \dfrac{\Delta y}{\Delta x} = \dfrac{\ln\{-\ln(1 - F_2(t_2))\} - \ln\{-\ln(1 - F_1(t_1))\}}{\ln t_2 - \ln t_1}$

Bild 4.23: Bereiche der Weibull-Verteilung im DOPPELT-LOGARITHMISCHEN DIAGRAMM

---

[47] Es kann sich bei dem Extremwert lediglich um ein Minimum handeln, da $M(a)$, $M(c)$ Polynome 2. Ordnung in a und c mit positivem Hauptkoeffizienten sind.

[48] Für die Bestimmung geeigneter Konfidenzintervalle siehe VDA [VDA 84, S. 37ff.].

[49] Hinweise zur Berechnung von t_0 werden u. a. von BERTSCHE und REICHELT gegeben [BERT 90, S. 74ff.; REIC 78, S. 39ff.].

Mit den oben beschriebenen Schritten kann die Zuverlässigkeit der relevanten Komponenten und Baugruppen beschrieben und im PRODUKTSTRUKTURMODELL abgebildet werden. Die strukturierte Beschreibung des Ausfallverhaltens des Produktes und seiner Komponenten im PSM bildet die Grundlage für die im folgenden erläuterte Simulation der Garantiekosten.

4.4.3 Simulation des Referenzzustandes

Die Ermittlung erwarteter Garantiekosten basiert in erheblichem Maße auf einer Abbildung des Ausfallverhaltens des betrachteten Produktes und seiner Komponenten [vgl. auch Kap. 4.1]. Für die Ermittlung des Verhaltens eines solchen Systems können verschiedene Berechnungsverfahren genutzt werden, die beispielsweise durch MEHRDIMENSIONALE VERBUNDVERTEILUNGSFUNKTIONEN, ERNEUERUNGSFUNKTIONEN, BOOLSCHE MODELLE und MARKOFF-PROZESSE beschrieben werden können (**Bild 4.24**). Die Beschreibung dieser Modelle und die Lösung der damit verbundenen Gleichungssysteme wird bei realen technischen Systemen mit mehreren Komponenten jedoch schnell zu einem unlösbaren Problem. Werden, wie o. g., zusammengesetzte Weibull-Funktionen zur Beschreibung des Ausfallverhaltens herangezogen, gelingt die Lösung in aller Regel nur noch auf numerischem Wege [BLIS 94, S. 473f.].

Ein weiteres Verfahren zur Modellierung von Zufallsgrößen mit dem Ziel, spezielle Eigenschaften ihrer Verteilung zu berechnen, ist die MONTE-CARLO-METHODE (MC) [ERMA 75; VDI 85]. Die MONTE-CARLO-METHODE zeichnet sich dadurch aus, daß sie gegenüber anderen numerischen Verfahren die Lösung sehr komplexer Aufgaben gestattet. Das untersuchte System kann gleichzeitig Elemente mit stetiger und diskreter Wirkung enthalten und dem Einfluß vielfältiger Faktoren komplizierter Natur unterworfen sein [VDI 85, S. 2].

Aus Bild 4.24 sind die wesentlichen Vorteile der MONTE-CARLO-SIMULATION gegenüber anderen Verfahren aufgeführt. Auch wenn die in dieser Arbeit betrachteten Systeme zur Komplexitätsreduktion starkt vereinfacht sind, rechtfertigt sich der Einsatz dieses Verfahrens vor dem Hintergrund, daß eine Erweiterung des hier erarbeiteten Modells bspw. zur Berücksichtigung statistischer Abhängigkeiten zwischen Zufallsgrößen möglich sein sollte[50].

---

[50] Zur Modellerweiterung können mit der Monte-Carlo-Methode beliebige Ausfall- und Reparaturverteilungsfunktionen, entsprechende Abhängigkeiten zwischen den Verteilungen sowie komplizierte Wartungs- und Reparaturstrategien systemgetreu modelliert werden [WU 92; VDI 85].

Detailkonzept 91

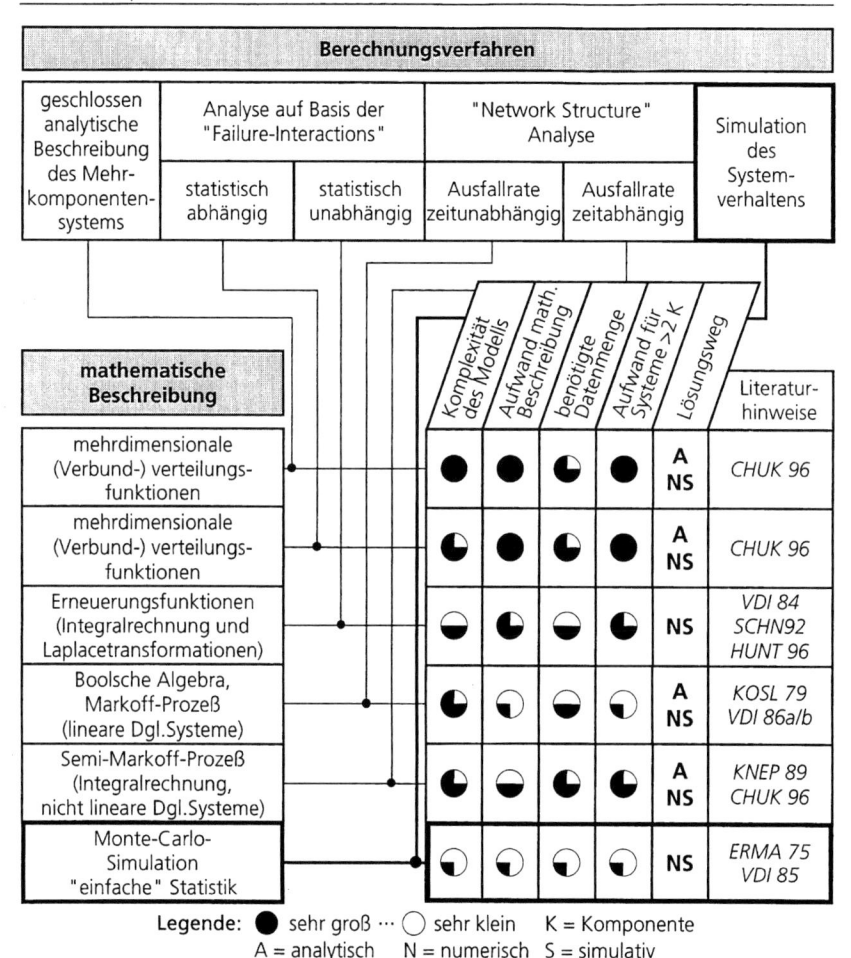

Berechnungsverfahren					
geschlossen analytische Beschreibung des Mehrkomponentensystems	Analyse auf Basis der "Failure-Interactions"		"Network Structure" Analyse		Simulation des Systemverhaltens
	statistisch abhängig	statistisch unabhängig	Ausfallrate zeitunabhängig	Ausfallrate zeitabhängig	

mathematische Beschreibung	Komplexität des Modells	Aufwand math. Beschreibung	benötigte Datenmenge	Aufwand für Systeme >2 K	Lösungsweg	Literaturhinweise
mehrdimensionale (Verbund-) verteilungsfunktionen	●	●	◐	●	A NS	CHUK 96
mehrdimensionale (Verbund-) verteilungsfunktionen	◐	●	◐	●	A NS	CHUK 96
Erneuerungsfunktionen (Integralrechnung und Laplacetransformationen)	◐	◐	◐	◐	NS	VDI 84 SCHN92 HUNT 96
Boolsche Algebra, Markoff-Prozeß (lineare Dgl.Systeme)	◐	◐	◐	◐	A NS	KOSL 79 VDI 86a/b
Semi-Markoff-Prozeß (Integralrechnung, nicht lineare Dgl.Systeme)	◐	◐	◐	◐	A NS	KNEP 89 CHUK 96
Monte-Carlo-Simulation "einfache" Statistik	◯	◯	◯	◯	NS	ERMA 75 VDI 85

Legende: ● sehr groß ··· ◯ sehr klein   K = Komponente
A = analytisch   N = numerisch   S = simulativ

Bild 4.24: Bewertung verschiedener Analysemethoden zur Beschreibung des Ausfallverhaltens eines Produktes und seiner Komponenten

Mit der MONTE-CARLO-SIMULATION wird das Ausfallverhalten durch Nachahmung mit Hilfe des Systemmodells analysiert. D. h., anstatt die Verteilung der Garantiestückkosten auf analytischem Wege mit den in Kapitel 4.2.1 angegebenen Formeln zu berechnen, wird das Ergebnis simulativ ermittelt. Zu diesem Zweck werden auf der Basis des charakteristischen Ausfallverhaltens für eine bestimmte Anzahl an fiktiven Produkten Ausfälle generiert und beispielsweise mit Kosten bewertet. Das ermittelte absolute Ergebnis muß anschließend noch auf die Anzahl der insgesamt simulierten Produkte bezogen werden, um die durchschnittlichen Garantiestückkosten zu bestimmen. Mit zunehmender Anzahl an Simulationsdurchläufen steigt dabei die Qualität und Genauigkeit der getroffenen Aussage.

Mit der Monte-Carlo-Simulation ist im Gegensatz zu den bereits erwähnten analytischen Verfahren eine Bestimmung der Garantiekosten unabhängig von der zugrundeliegenden Ausfallverteilung möglich. Es handelt sich in diesem Anwendungsfall um eine diskrete ereignisorientierte Simulation[51]. Die MC-Simulation erfolgt prinzipiell in den Schritten [WU 92, S. 119]:

- Analyse des Systems und der Systemelemente,
- Aufstellung des Systemmodells,
- Simulation des Verhaltens von Systemelementen und
- Erzeugung der Stichprobe,

wobei die ersten beiden Schritte durch das in dieser Arbeit entwickelte PRODUKTSTRUKTURMODELL, das GARANTIEMODELL und das PROZEBKOSTENMODELL abgebildet werden.[52]

Der Ablauf der Monte-Carlo-Simulation ist in **Bild 4.25** dargestellt [vgl. **Anhang A3.4**]. Auf der Basis der im Produktstrukturmodell abgelegten zusammengesetzten Weibull-Verteilung wird zunächst für jedes Element des Produktes nach dem Inversionsverfahren [VDI 85, S. 7; WU 92, S. 121] eine Zufallszahl t_i (Lebensdauer) erzeugt. Dazu werden geichverteilte Zufallszahlen $\alpha^{(i)}$ generiert und der Ordinate $F(t)$ zugeordnet.

In Abhängigkeit der von den Weibull-Intervallen abhängigen Wertebereiche von $F(t)$ wird ein t_i graphisch oder über eine der ggf. drei verschiedenen inversen Verteilungsfunktionen $F(t)^{-1}$ zu

$$t_i = (T-t_0) \cdot \sqrt[b]{-\ln(1-\alpha^{(i)})} + t_0$$

ermittelt. Sind alle t_i größer als die entsprechende, im Garantiemodell definierte Garantiedauer t_G, so werden Zufallszahlen $\alpha^{(i)}$ des nächsten Produktes generiert.

Ist eine Ausfallzeit t_i kleiner als t_G, so wird sie gespeichert und für dieses Element ein neues t_i^* generiert[53]. Dies geschieht so lange, bis die Garantiezeit t_G überschritten ist. Im

---

[51] Zu den Grundlagen der Simulation siehe bspw. SCHÖNE, LAW und ZEIGLER [SCHÖ 74; LAW 82; ÖREN 84]. Zur simulativen Prognose von Produktausfällen siehe HILL und BLISCHKE [HILL 91; BLIS 94, S. 473].

[52] An dieser Stelle wird deutlich, daß über die Bildung der Teilmodelle bereits in der Lageanalyse die Grundlagen für eine sehr flexible Verwendung des gewonnenen Datenmaterials gelegt wurden.

[53] An dieser Stelle greift die Annahme, reparierte bzw. ersetzte Komponenten besäßen das gleiche Ausfallverhalten wie neue. Im Sinne der angestrebten Ziele ist diese Annahme zulässig.

Detailkonzept 93

Falle einer regenerativen Garantie bzw. Ersatzteilgarantie sind ebenfalls die Garantiegrenzen nach einem Komponentenausfall neu zu berechnen.

Über dieses Verfahren bekommt man bei ausreichend großer Anzahl an Durchläufen eine repräsentative Aussage zum Ausfallverhalten der Produkte. Dabei kann mit der MC-Simulation nicht nur die Frage beantwortet werden, wieviele Reparaturen innerhalb des Garantieintervalls anfallen und demnach kostenpflichtig sind. Auch der zeitliche Verlauf, zu dem diese Kosten dem Unternehmen voraussichtlich entstehen, kann bei großer Anzahl an Durchläufen prognostiziert werden. Damit sind die Voraussetzungen geschaffen, um garantiekostenbezogene Zahlungsreihen aufzustellen.

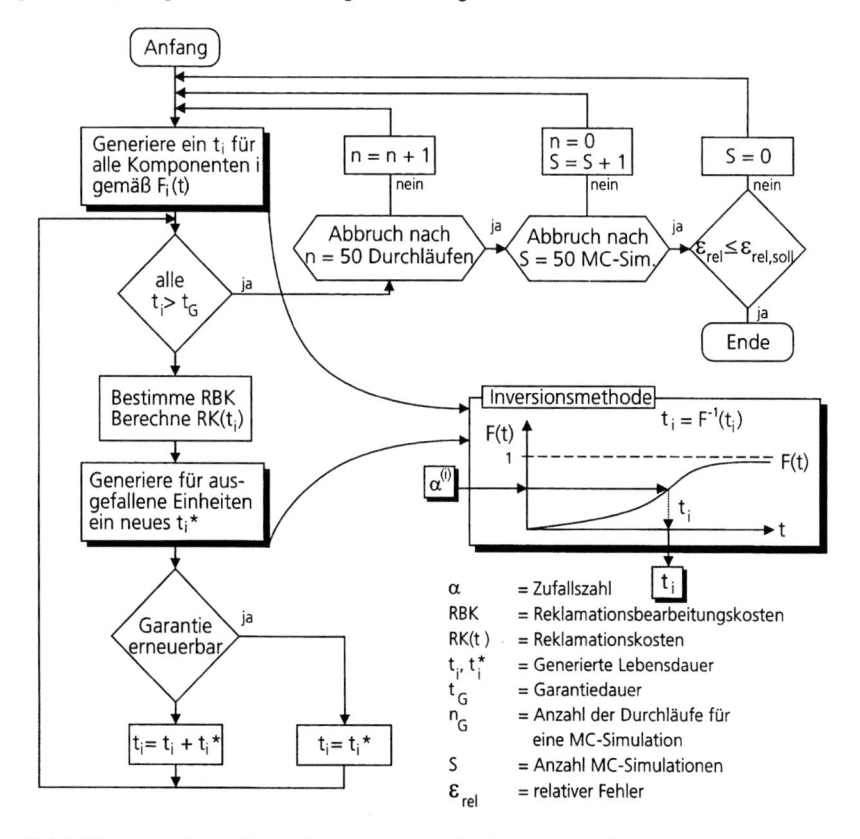

Bild 4.25: Monte-Carlo-Simulation zu erwartender Garantiestückkosten

---

[53] An dieser Stelle greift die Annahme, reparierte bzw. ersetzte Komponenten besäßen das gleiche Ausfallverhalten wie neue. Im Sinne der angestrebten Ziele ist diese Annahme zulässig.

Die Ergebnisse der simulierten Ausfälle werden in Form der komponentenspezifischen ERNEUERUNGSDICHTE $\Delta H(t^*)$ abgelegt. Unter Nutzung des GARANTIEMODELLS und des PROZEßKOSTENMODELLS läßt sich darüber hinaus die Garantiestückkostendichte $\Delta GSK(t^*)$ ermitteln (**Bild 4.26**). Zu diesem Zweck sind die einzelnen Ausfälle mit den durch sie voraussichtlich verursachten Kosten zu bewerten und hinsichtlich des vom Unternehmen zu tragenden Anteils zu spezifizieren. Wie in Bild 4.26 dargestellt, sind die diskreten Funktionen $\Delta H(t^*)$ und $\Delta GSK(t^*)$ nicht ineinander überführbare Ergebnisse der Simulation.

Eine Simulation der Garantiestückkosten bei zweidimensionaler Garantiebedingung kann durch Transformation der Garantiedauern in den eindimensionalen Fall überführt werden. Bei der Felddatenerfassung ist dazu die in **Bild 4.27** gezeigte Verteilung bspw. die Laufstreckenverteilung aufzunehmen [vgl. auch ECKE 77, S. 206]. Zu Beginn der Simulation kann auf Basis dieser Verteilung eine Zufallszahl generiert werden, um damit die für diesen „Fahrer" relevante Garantieschranke zu ermitteln und ggf. in die Dimension Zeit zu überführen. Die Simulation kann dann mit dieser modifizierten Zeitschranke t_G durchgeführt werden.

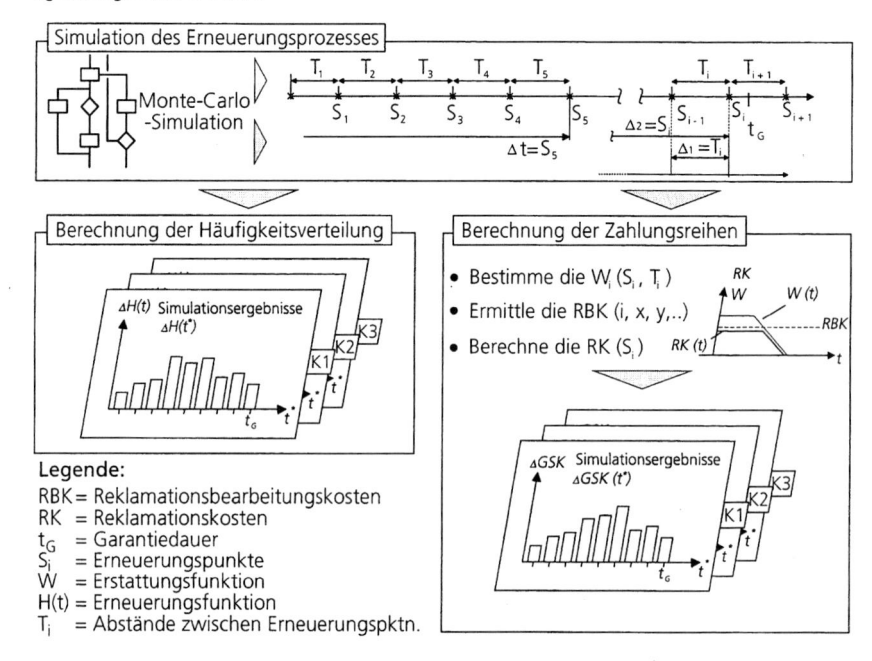

Legende:
RBK = Reklamationsbearbeitungskosten
RK = Reklamationskosten
t_G = Garantiedauer
S_i = Erneuerungspunkte
W   = Erstattungsfunktion
H(t) = Erneuerungsfunktion
T_i = Abstände zwischen Erneuerungspkten.

Bild 4.26: Ergebnisse der Simulation

Detailkonzept

Die auf diese Weise gewonnenen Ergebnisse unterliegen einer gewissen statistischen Unsicherheit, die es abzuschätzen gilt. Zum einen muß gewährleistet sein, daß die durch die Zufallszahlen $\alpha^{(i)}$ ermittelten t_i die Verteilungsfunktion $F(t)$ ausreichend genau annähern. Zum anderen ist eine Abschätzung des Vertrauensbereiches für das Simulationsergebnis unter Berücksichtigung aller Berechnungsvorschriften erforderlich [vgl. VDI 85, S. 4].

Eine Überprüfung der Zufallswerte t_i darauf, ob sie der Verteilung $F(t)$ genügen, kann bspw. mit Hilfe des KOLMOGOROFF-SMIRNOW-TESTS erfolgen [KELL 96b, S.174ff.]. Über die Gleichung

$$\lambda = \varepsilon \cdot \sqrt{N_{min}} \Leftrightarrow N_{min} = \frac{\lambda^2}{\varepsilon^2}$$

P_{min}	0,8	0,85	...	0,99	0,999
λ	1,07	1,14	...	1,63	1,95

und tabellierte Werte λ in Abhängigkeit der Wahrscheinlichkeit P_{min} [vgl. KELL 96b, S. 176] kann die Anzahl minimaler Durchläufe N_{min} für eine MC-Simulation direkt abgeschätzt werden. Die Anzahl der insgesamt erforderlichen MC-Simulationen muß jedoch über ein anderes Verfahren ermittelt werden. Sie kann nur auf der Basis der Ergebnisse mehrerer MC-Simulationen berechnet werden, da die Fehlerabschätzung selbst wieder stochastischer Natur ist [VDI 85, S. 5].

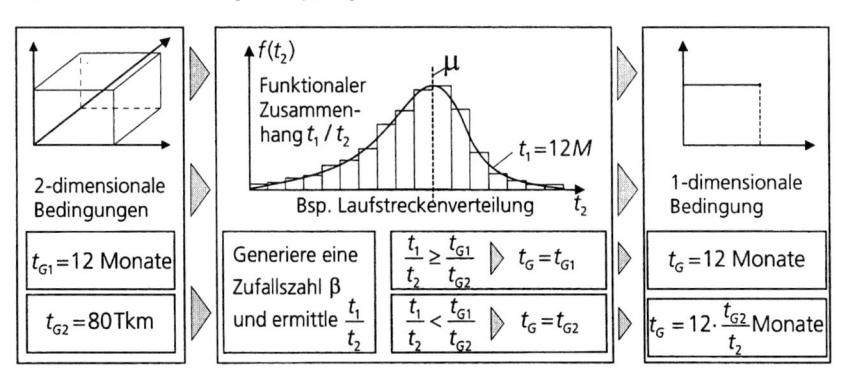

2-dimensionale Bedingungen	Bsp. Laufstreckenverteilung $f(t_2)$, Funktionaler Zusammenhang t_1/t_2, $t_1 = 12M$	1-dimensionale Bedingung
$t_{G1} = 12$ Monate	Generiere eine Zufallszahl β und ermittle $\frac{t_1}{t_2}$ — $\frac{t_1}{t_2} \geq \frac{t_{G1}}{t_{G2}}$ ⟹ $t_G = t_{G1}$	$t_G = 12$ Monate
$t_{G2} = 80$ Tkm	$\frac{t_1}{t_2} < \frac{t_{G1}}{t_{G2}}$ ⟹ $t_G = t_{G2}$	$t_G = 12 \cdot \frac{t_{G2}}{t_2}$ Monate

Bild 4.27: Transformation zweidimensionaler in eindimensionale Problemstellungen

Ist $E^i(t)$ eine vollständig unabhängige Zufallsveränderliche mit derselben Verteilung - in unserem Fall $\Delta H(t)$ bzw. $\Delta GSK(t)$ - und existieren der Erwartungswert $\bar{E}$ und die Varianz σ_E^2 so gilt für die Zufallsveränderliche

$$\hat{E}(t) = \frac{1}{N} \sum_{i=1}^{N} E^i(t)$$

die Limesrelation [VDI 85, S. 4f.]:

$$\lim_{N \to \infty} P\left(\left|\hat{E}(t) - \bar{E}(t)\right| < x \cdot \frac{\sigma_E}{\sqrt{N}}\right) = \frac{1}{\sqrt{2\pi}} \int_{-x}^{+x} e^{-u^2/2} \, du.$$

Aus dieser Beziehung können mit Hilfe des zentralen Grenzwertsatzes [BOSC 92, S. 332ff.] die notwendigen Durchläufe N zu

$$N_{min} = x^2 \frac{\sigma_E^2}{\varepsilon_r^2 \cdot \bar{E}^2}$$

p(x)	38%	68%	86%	90%	95%	98,8%
x	0,5	1,0	1,5	1,64	2,0	2,5

bestimmt werden[54]. x entspricht dabei einem Wert für ein vorgegebenes Konfidenzintervall $p(x)$ und kann aus den Tabellen der Verteilungsfunktionen $\Phi(u)$ und der Quantile u_p der STANDARDISIERTEN NORMALVERTEILUNG[55] entnommen werden [vgl. WILR 87, S. 456 u. 458]. Bei dieser Abschätzung wird angenommen, daß die Schätzgröße $\bar{E}$ asymptotisch normalverteilt ist. Sollte dies nicht der Fall sein, kann eine Abschätzung des Konfidenzintervalls über das VERFAHREN SIMULIERTER STICHPROBEN, auch MÜNCHHAUSEN-VERFAHREN genannt, erfolgen [KELL 93, S. 87].

Um das gewünschte Konfidenzintervall zu erreichen, wird der Monte-Carlo-Simulation eine weitere Schleife überlagert. In ihr werden die je MC-Simulation ermittelten Werte für $\hat{E}$ hinsichtlich σ überprüft und ggf. die Anzahl der Durchläufe erhöht [vgl. Anhang A3.4].

Mit den oben beschriebenen Verfahren gelingt demnach auf der Basis der bestehenden Parameterkombinationen (Ist-Zustand) die Berechnung der voraussichtlichen Garantiestückkosten für Produkte und deren Komponenten. Im folgenden wird dargestellt, wie auf der oben beschriebenen Datenbasis durch Parametervariation die Abbildung und Simulation der Auswirkung verschiedener Maßnahmen gelingt.

4.4.4 Abbildung der Maßnahme und Prognose der Maßnahmenwirkung

Ausgangsbasis für die Abbildung von Maßnahmen sowie die Simulation der Auswirkungen auf Produktausfälle und Garantiekosten ist das aus dem PRODUKTSTRUKTURMODELL, dem GARANTIEMODELL und dem PROZEBKOSTENMODELL gebildete BEWERTUNGSMODELL. Über die Verknüpfung der Teilmodelle ist sichergestellt, daß allen relevanten und vom Hersteller direkt oder indirekt beeinflußbaren Garantiekostenparameter bzw. deren Änderungen bei der Bewertung Rechnung getragen wird.

---

[54] Der evtl. daraus resultierenden großen Anzahl an Simulationsläufen kann durch Nutzung varianzreduzierender Verfahren begegnet werden [VDI 85, S. 9].

[55] Bei kleinen Stichproben ist anstelle der NORMALVERTEILUNG die STUDENT-VERTEILUNG zu wählen.

Neben den über die Teilmodelle abbildbaren Parametern existieren weitere Einflußgrößen, die auf die Rentabilität einer Maßnahme Einfluß besitzen (**Bild 4.28**). Dazu gehören einerseits die einmaligen Ein- und Auszahlungen, die zum Beispiel im Rahmen der Maßnahmeneinführung anfallen (Kosten für Design-Review). Andererseits sind auch die laufenden Veränderungen der Zahlungsströme in die Rechnung einzubeziehen, die nicht direkt auf Garantiekosten zurückzuführen sind. Dazu gehören bspw. Änderungen der Herstellkosten oder Kosten für Mitarbeiterschulungen und Zusatzinvestitionen.

Abbildung über Teilmodelle	zusätzliche Abbildung
Ausfallverteilung - Frühausfälle - Zufallsausfälle - Redundanzen	Einmalige Ein- und Auszahlung • Maßnahmen einführen • ggf. Liquidationserlöse Laufende Ein- und Auszahlungen - Leistungsmengeninduziert • Preissteigerungen • Mengensteigerungen • Stückkostenveränderung - Leistungsmengenneutral • Kosten für Schulungen • Zusatzinvestitionen Kalkulationszinssatz Absatzprogramm/ -menge Projektdauer
Garantiebedingungen - Erstattungsfunktion - Garantiedauer - Garantieumfang	
Reklamationsbearbeitungskosten - Prozeßfolge - Übergangswahrscheinlichkeit - Verbrauchs- und Kostenfunktion	

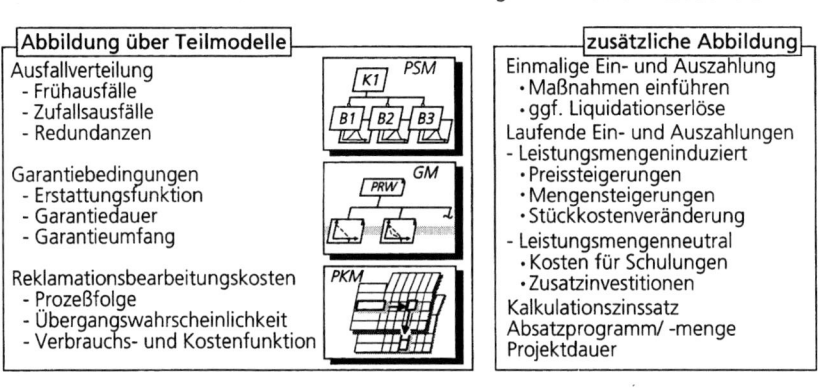

Bild 4.28: Abbildung der Maßnahmen im BEWERTUNGSMODELL

Um eine weitgehend vollständige Bewertung der Maßnahmen vornehmen zu können, ist neben der Kosten- auch die Leistungsdimension der Maßnahmen bspw. in Form einer möglichen Preis- oder Mengensteigerung zu berücksichtigen (zum Beispiel wegen einer Verdoppelung der Garantiedauer t_G) [vgl. Kap. 2.4.1]. Diese Informationen müssen von den entsprechenden Abteilungen (Marketing/Vertrieb) auf der Basis von Vergangenheitsdaten oder Marktuntersuchungen ermittelt und zur Verfügung gestellt werden. Auch wenn ihre Ermittlung bzw. Abschätzung nicht Bestandteil dieser Arbeit sein kann, sollten die Ergebnisse im Sinne einer ertragsorientierten Bewertung in jedem Fall mit in die Rechnung einfließen.

Mit den so bestimmten Parameterkombinationen werden über eine Simulation Werte für die zu erwartende ERNEUERUNGSDICHTE $\Delta H(t^*)$ und die GARANTIESTÜCKKOSTENVERTEILUNG $\Delta GSK(t^*)$ berechnet. Die Berechnung erfolgt analog zu der im vorangegangenen Kapitel beschriebenen Vorgehensweise zur Monte-Carlo-Simulation. Mit dem Bewertungsmodell lassen sich einzelne Maßnahmen auch zu Alternativen verknüpfen und deren Auswirkungen auf $\Delta H(t^*)$ und $\Delta GSK(t^*)$ berechnen. Die Bewertung der zu Alternativen zusammengefaßten Maßnahmen gegenüber der Unterlassungsalternative wird im nächsten Abschnitt erläutert.

4.4.5 Bewertung und Vergleich der Ergebnisse

Auf der Basis der über Simulation ermittelten Funktionen soll in Schritt 5 (Bild 4.22) des Systemelements Maßnahmenbewertung die Maßnahmenauswirkung monetär quantifiziert werden. Die Maßnahmen werden hierzu über die Berechnung gängiger Investitionskennzahlen bewertet. Hierzu sind zunächst die Randbedingungen für die Berechnung festzulegen. Dazu gehört neben dem voraussichtlichen Absatzprogramm bzw. der Absatzmenge auch der Kalkulationszinssatz und die betrachtete Projektdauer.

Mit Hilfe der Investitionstheorie ist die Bewertung nicht nur klassischer Investitionsprojekte, sondern aller Maßnahmen möglich, die auf die Ein- und Auszahlungsströme des Betriebs Einfluß haben [HAX 85, S. 9; HORV 90, S. 4]. In diesem Zusammenhang können auch garantiepolitische Entscheidungen als Investitionsentscheidungen angesehen werden [REIN 83, S. 174]. Wesentliche Basisinformationen für die Investitionsrechnung sind demnach Zahlungsströme bzw. deren Änderungen, die durch garantiepolitische Maßnahmen hervorgerufen werden [GANS 77, S. 5; WÖHE 90, S. 770]. Sie bilden die Grundlage für die verschieden dynamischen Verfahren, die in dieser Arbeit angewendet werden [vgl. BLOH 95, S. 54ff.].

Auch wenn im folgenden lediglich die monetären Auswirkungen der Maßnahmen betrachtet werden, sollte man berücksichtigen, daß für eine Entscheidung darüber hinaus noch weitere, in der Rechnung nicht erfaßte, imponderable Faktoren eine Rolle spielen können [HAX 85, S. 9]. Die direkte Einbeziehung dieser Faktoren in die Entscheidungsrechnung bereitet oft erhebliche Schwierigkeiten, sodaß sich dies zu einem späteren Zeitpunkt zum Beispiel in Form einer Argumentenbilanz anbietet [vgl. HAX 85, S. 10].

Um im Rahmen des Garantiecontrolling die Grundlage für eine Anwendung der dynamischen Verfahren zur Investitionsrechnung zu schaffen, sind zunächst aus einer prognostizierten Absatzmenge $M(t)$ und der Garantiestückkostenverteilung $\Delta GSK(t)$ die Garantiekosten $\Delta GK(t)$ nach Höhe und zeitlicher Verteilung zu ermitteln (**Bild 4.29**). Dazu sind die einzelnen Positionen des Absatzprogramms mit den Positionen der Garantiestückkostenverteilung zu multiplizieren und zu summieren. Die Resultierende $\Delta GK(t)$ ist damit eine Funktion des Absatzprogramms und der maßnahmenabhängigen Charakteristik für die Garantiestückkosten. Sie entspricht dem absoluten Betrag der in der Zukunft erwarteten Garantiekosten pro Monat.

Die Garantiekostenfunktion $\Delta GK(t)_{M0}$ des Referenzzustandes ist die Bezugsgröße für alle weiteren Garantiekostenfunktionen $\Delta GK(t)_{1,2...,n}$, die auf der Grundlage geänderter Parameter der Teilmodelle und weiterer monetärer Größen ermittelt werden. Durch Subtraktion können die Einsparungen an Garantiekosten ermittelt werden.

$$\Delta GKE_{Mi}(t^*) = \Delta GK_{M0}(t^*) - \Delta GK_{Mi}(t^*) =$$

$$= \sum_{k=1}^{t^*-1} \left[M(k) \cdot \left(\Delta GSK_{M0}(t^* - k) - \left(\frac{\Delta m_i}{M} + 1 \right) \cdot \Delta GSK_{Mi}(t^* - k) \right) \right]$$

In die $\Delta GKE(t)_{Mi}$ fließen die mit Mengen bewerteten Garantiestückkosten ein. Im Falle einer Mengenänderung durch Änderung der Garantiebedingungen wären deshalb ebenfalls die mit Mengen bewerteten Stückgewinne zu berücksichtigen. Unter Berücksichtigung weiterer in Bild 4.28 genannter monetärer Größen können die Zahlungsreihen $Z_1, Z_2, ..., Z_n$ bestimmt werden. $Z_1, Z_2, ..., Z_n$ entsprechen Nettozahlungsströmen, die sich aus der Einsparung von Garantiekosten unter Einbeziehung weiterer Ein- und Auszahlungen ergeben. Die Zahlungsreihe Z_0 repräsentiert die Zahlungsströme, die sich aus der Unterlassung jeglicher Maßnahmen ergeben. Sie ist identisch mit der negativen Garantiekostenfunktion-$\Delta GK(t)_{M0}$ und besitzt ausschließlich Werte kleiner oder gleich Null.

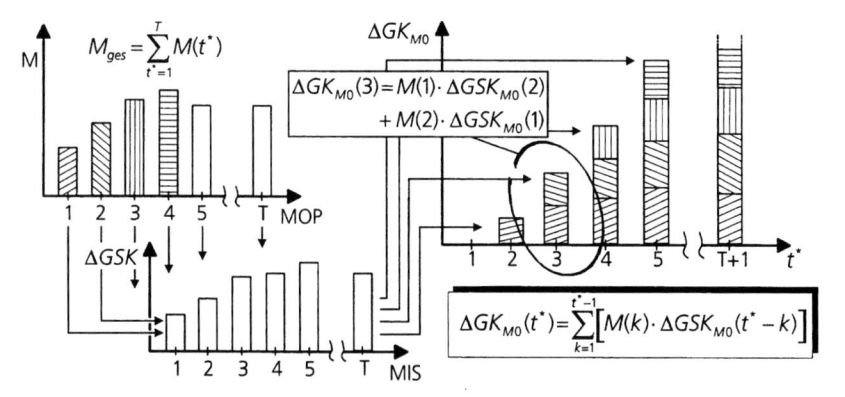

Bild 4.29: Multiplikativ-additive Bestimmung der Garantiekostenfunktion $\Delta GK(t)_{M0}$

Auf der Basis der durch die maßnahmenspezifische Garantiekostenfunktion repräsentierten Zahlungsreihen können die verschiedenen Investitionskennzahlen berechnet werden (**Bild 4.30**). Es kommen dabei die Kapitalwertmethode [BLOH 95, S. 58], die Methode des internen Zinsfußes [GANS 77, S. 41] und die dynamische Amortisationsdauer [BLOH 95, S. 77] zum Einsatz. Diese Verfahren erlauben die Bewertung und Priorisierung von Alternativen unter Berücksichtigung verschiedener Perspektiven [vgl. HAX 85, S. 33ff.]. Ihre wesentlichen Vor- und Nachteile sind in der Fachliteratur ausreichend dokumentiert und sollen hier nicht diskutiert werden.

Die mit diesen Verfahren berechneten Kennzahlen unterliegen gewissen Unsicherheiten. Durch den Einsatz statistischer Methoden wurden verschiedene Unsicherheiten bereits quantifiziert: Annäherung der Weibull-Verteilung durch die Funktion $F_{I, II, III}(t)$, Annäherung der $F_{I, II, III}(t)$ durch die generierten t_i sowie Abschätzung des Konfidenzintervalls für das Simulationsergebnis $\Delta GSK(t)|_{t^*}$. Dennoch ist eine Forderung nach Genauigkeit für das Gesamtergebnis unrealistisch [vgl. FRIE 94a, S. 71]. Vielmehr bietet es sich an, über verschiedene Szenarien die Variabilität des Prognoseergebnisses zu untersuchen. Dies ist beispielsweise durch die oben vorgestellten Kapitalwertmethoden in Verbindung mit Sensitivitätsanalysen möglich [FRIE 94a, S. 90, vgl. auch Kap. 5.1].

Ermittlung des Nettozahlungsstroms

E_0 = einmalige Einzahlung
A_0 = einmalige Auszahlung
Δg = Stückgewinn
Δm_i = Mengensteigerung
$E_{lmi}(t^*)$ = leistungsmengeninduzierte Einzahlungen
$\Delta GKE(t^*)$ = Garantiekostenersparnis
$A_{lmi}(t^*)$ = leistungsmengeninduzierte Auszahlungen
$A_{lmn}(t^*)$ = leistungsmengenneutrale Auszahlungen

Berechnung der Investitionskennzahlen

$$K = (E_0 - A_0) + \sum_{t^*=1}^{T} \left\{ q^{-\frac{t^*}{12}} \cdot \left(\Delta GKE(t^*) + M(t^*) \cdot \left(\frac{\Delta m_i}{M(t^*)} + 1 \right) \cdot (E_L(t^*) - A_{lmi}(t^*)) - A_{lmn}(t^*) + \Delta g \cdot \Delta m_i \right) \right\}$$

$$\Delta GKE(t^*) = \Delta GK_{M0}(t^*) - \Delta GK_{Mi}(t^*) = \sum_{k=1}^{t^*-1} \left[M(k) \cdot \left(\Delta GSK_{M0}(t^* - k) - \left(\frac{\Delta m_i}{M(t^*)} + 1 \right) \cdot \Delta GSK_{Mi}(t^* - k) \right) \right]$$

Dynamische Amortisationszeit

Interne Zinssatz-Methode

Diskontierungszinssatz, für Kapitalwert gleich Null $r(K)|_{K=0}$

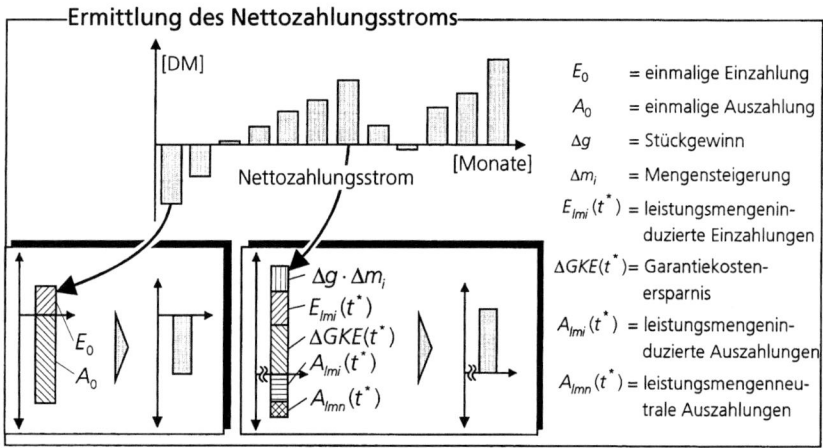

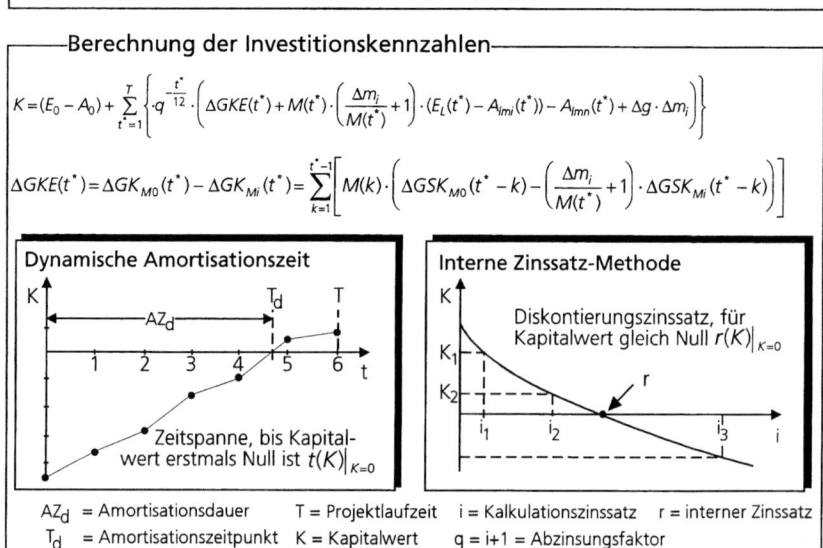

Zeitspanne, bis Kapitalwert erstmals Null ist $t(K)|_{K=0}$

AZ_d = Amortisationsdauer   T = Projektlaufzeit   i = Kalkulationszinssatz   r = interner Zinssatz
T_d = Amortisationszeitpunkt   K = Kapitalwert   q = i+1 = Abzinsungsfaktor

Bild 4.30: Bewertung der Maßnahmen mit Hilfe einer Investitionsrechnung

Mit Hilfe der oben beschriebenen Investitionsbetrachtung können Investitionen in die zeitliche Dimension der Qualität (Zuverlässigkeit) in Form konkreter Verbesserungsmaßnahmen in einer überperiodigen Betrachtung bewertet werden [vgl. WILD 92, S. 761]. Hierbei wird sowohl den Kosten- als auch den Erlöseffekten einer Verbesserungsmaßnahme Rechnung getragen. Über die Berechnung gängiger Investitionskennzahlen kann die Vorteilhaftigkeit einer Maßnahme gegenüber anderen betrieblichen Investitionen quantifiziert werden. Garantiepolitische Trade-off-Entscheidungen können auf diese Weise systematisch aufbereitet und unterstützt werden. Dazu gehören bspw. der Costtrade-off zwischen vorlaufenden Investitionsausgaben in Konstruktion oder Produktion und nachlaufenden Folgeausgaben in der Nutzungsphase [vgl. FRÖH 93a, S. 103].

Darüber hinaus kann mit dem Bewertungsmodell eine Prognose und Berücksichtigung überperiodig anfallender qualitätsrelevanter Kosten erfolgen [WILD 92, S. 762]. Dadurch wird die Grundlage für eine realistische Produktkostenplanung verbessert und die Gefahr suboptimaler Entscheidungen reduziert [vgl. MASC 96, S. 766].

4.5 Fazit: Detailkonzept

Auf der Grundlage des in Kapitel 3 abgeleiteten Grobkonzeptes wurden die drei Systemelemente des Garantiecontrolling detailliert. Dazu wurde zunächst der Problembereich in Form der drei Teilmodelle PRODUKTSTRUKTURMODELL, GARANTIEMODELL und PROZEßKOSTENMODELL strukturiert und abgebildet (Kap. 4.1). Sie bilden die Grundlage für eine strukturierte entscheidungsorientierte Aufbereitung garantierelevanter Informationen.

Im Systemelement LAGEANALYSE erfolgt die Strukturierung, Aufbereitung und Bereitstellung entscheidungsrelevanter Informationen zu Garantien (Kap. 4.2). Hierzu sind sowohl Häufigkeiten als auch Kosten und Zeiten wichtige Beurteilungskriterien. Die dazu notwendigen Hilfsmittel wurden vorgestellt bzw. entwickelt.

Aufbauend auf den Ergebnissen der LAGEANALYSE können im Systemelement ZIELPLANUNG konkrete Soll-Werte für komponentenbezogene Garantiekosten definiert werden. Die Ableitung dieser operativen Zielwerte erfolgt dabei unter Nutzung und Erweiterung bestehender Produktentwicklungs- und Kostenplanungsinstrumente. Durch geeignete Klassifizierung der relevanten Komponenten wird der Komplexität des mehrdimensionalen Kostenplanungsproblems begegnet.

Das Systemelement MAßNAHMENBEWERTUNG baut auf einer Verknüpfung der Teilmodelle zu einem Bewertungsmodell auf. Mit dem BEWERTUNGSMODELL lassen sich garantiepolitische Maßnahmen in ein Rechenschema übertragen. Über eine Monte-Carlo-Simulation werden unter Berücksichtigung verschiedener Szenarien die finanziellen Auswirkungen in Form von Zahlungsreihen generiert. Mit der Berechnung verschiedener Investitionskennzahlen wird dem Investitionscharakter qualitätssteigernder Maßnahmen Rechnung getragen.

Mit Hilfe des durch die Elemente gebildeten Controllingsystems wird eine ertragsorientierte Planung, Steuerung und Kontrolle der Garantieleistung unterstützt. Im Sinne einer ganzheitlichen Bewertung wird die vollständige Berücksichtigung von Minderqualität in der Nutzungsphase möglich. Dazu wird nicht, wie üblich, der aussichtslose Versuch unternommen, Kundenunzufriedenheit aufgrund von Qualitätsmängeln zu quantifizieren. Vielmehr können mit Hilfe des Controllingsystems die gesamten Kosten, die zur Sicherung der Kundenzufriedenheit im Schadensfall entstehen, abgeschätzt werden. Dazu sind für jeden Schadensfall die gesamten Prozeßkosten zur Wiederherstellung der Kundenzufriedenheit einschließlich Substitutionskosten in die Rechnung einzubeziehen.

# 5

Umsetzung und Evaluierung

In Kapitel 3 wurden die wesentlichen Elemente eines Garantiecontrolling erarbeitet. Neben den in Kapitel 4 detaillierten Elementen LAGEANALYSE, ZIELPLANUNG und MAß-NAHMENBEWERTUNG ist dazu auch eine adäquate DV-Unterstützung erforderlich, um die erforderlichen Informationen effizient zu verarbeiten und zweckorientiert bereitzustellen. Insbesondere die Umsetzung des simulationsbasierten Bewertungsmodells im Element Maßnahmenbewertung ist ohne DV-Unterstützung nicht vorstellbar. Im folgenden wird deshalb der im Rahmen dieser Arbeit entwickelte DV-Prototyp vorgestellt (Kap. 5.1). Im Anschluß daran werden die erarbeiteten Elemente und Hilfsmittel des Garantiecontrolling an einem industriellen Fallbeispiel überprüft (Kap. 5.2).

5.1 Unterstützung des Controllingsystems durch ein EDV-Hilfsmittel

In den deutschen Unternehmen wird derzeit eine Vielzahl von DV-Systemen eingesetzt (CAD, CAP, PPS, KLR, CAQ, etc.). Die rasante Entwicklung im Bereich der Hardware und Software ermöglicht heute die Erstellung leistungsfähiger Programme für nahezu alle denkbaren Anwendungsfälle. Unter Nutzung moderner Programmierwerkzeuge (bspw. 4GL-Tools) wird allerdings immer weniger die Erstellung eines Programms als vielmehr dessen datentechnische und funktionale Integration[56] zur Herausforderung [vgl. EICK 94, S. 13ff.]. Dieser Tatsache ist auch bei der Entwicklung eines DV-Systems zur Unterstützung des Garantiecontrolling Rechnung zu tragen. Neben der Frage nach der Bestimmung der benötigten Funktionen steht deshalb sowohl deren sinnvolle Einbindung in bestehende betriebliche Datenverarbeitungssysteme als auch die Frage nach der Herkunft und Haltung benötigter Daten im Vordergrund. Zu diesem Zweck wird das Modellierungswerkzeug ARIS für die Systementwicklung genutzt [vgl. Kap. 3.3.1]. Gemäß dem integrierten Ansatz von ARIS werden konsistente Funktions- und Datenmodelle abgeleitet.

---

[56] In den vom Fraunhofer-IPT durchgeführten Projekten zur Konzeption, Auswahl und Einführung von CAQ-Systemen war die Integrationsfähigkeit stets wesentlicher Erfolgsfaktor. Sie besitzt neben einer hohen Kostenrelevanz auch große Bedeutung für die Anwenderakzeptanz.

5.1.1 Systemkonzept

Da gängige CAQ-Systeme bereits heute über - wenn auch nur rudimentäre - Funktionen im Bereich der Reklamationsbearbeitung verfügen, ist eine funktionale Integration des DV-Prototypen in die CAQ-Funktionalität besonders sinnvoll [vgl. EVER 95, S. 94f.]. Um einen praxistauglichen Einsatz des Prototypen zu ermöglichen, ist insbesondere auch die Erfassung garantierelevanter Informationen vorzusehen, die zwar nicht Inhalt, aber doch Voraussetzung für ein effizientes Garantiecontrolling ist.

Das entwickelte Software-System beschränkt sich aus diesem Grund nicht nur auf die Unterstützung der vorgestellten Controllingelemente, sondern bietet dem Anwender auch bei der Abwicklung der Garantiefälle wirkungsvolle Unterstützung. Deshalb wird es im folgenden als GARANTIEMANAGEMENTSYSTEM (GMS) bezeichnet. Das GMS besitzt eine mit gängigen CAQ-Systemen schlüssige Funktionsstruktur (**Bild 5.1**) [vgl. **Anhang A3.1**], die auf bereits in CAQ bestehende Funktionalitäten [vgl. EVER 95, S. 11ff.] zurückgreift und sich an dem am IPT entwickelten CAQ-Referenzmodell orientiert [EICK 94, S. 83ff.].

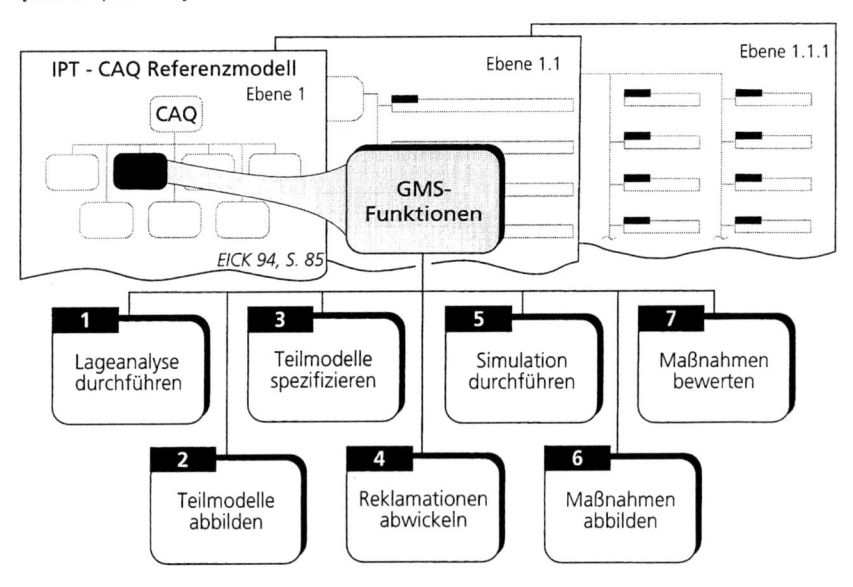

Bild 5.1: Funktionale Einbindung des GMS in die CAQ-Funktionalität

Um bereits im Ansatz eine hohe Integrationsfähigkeit in die betriebliche DV-Landschaft zu gewährleisten, wurde das GMS im Rahmen eines Industrieprojekts als ein Modul eines gängigen CAQ-Systems entwickelt. Dieses CAQ-System besitzt definierte Schnittstellen zu den verbreitetsten PPS-, CAD- und KLR-Systemen und ist deshalb eine geeig-

Evaluierung 105

nete Orientierungshilfe bei der Ableitung eines praxisnahen, integrationsfähigen Datenmodells (**Bild 5.2**).

```
 CAD   CAQ
              GMS                                      Unterstützung
       Qualitäts-    Feld-       außer-                • der Abwicklung
       daten        daten       Haus-                    von Reklamationen
                                daten                  • der Rückverfolgung
   PPS           Ausfalldaten    Identnummer             von Q-Mängeln
                 Ausfallursachen Teile-Lebensg.        • des Controlling von
       Produkt-                  Reparaturdaten          Garantiekosten
       daten                                             – Lageanalyse
                  KLR                                    – Maßnahmen-
                                 Garantiebedingungen      bewertung über
       Produkti-    kaufm.       Kundendaten              Simulation
       onsdaten     Daten        Kostendaten
```

Legende: kaufm. = kaufmännisch   Teile-Lebensg. = Teile-Lebensgeschichte

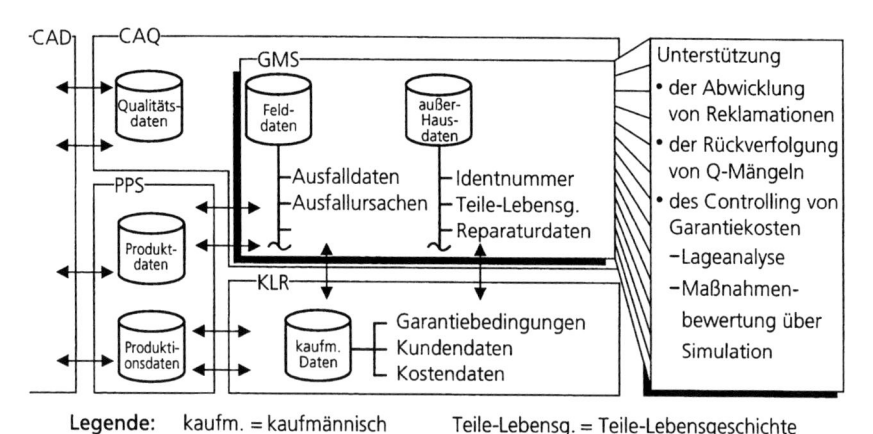

Bild 5.2: Einbindung des GMS in betriebliche DV-Systeme

Neben einer Verarbeitung in der Reklamationsabwicklung erfaßter Felddaten ist insbesondere auch die Verwaltung der Stamm- und Bewegungsdaten außer Haus befindlicher Produkte ein elementarer Bestandteil des GARANTIEMANAGEMENTSYSTEMS. Erst auf dieser Basis ist bspw. die Berechnung von ISOCHRONEN bzw. die Ermittlung von LEBENSDAUERN anhand bekannter ERNEUERUNGSPUNKTE möglich. Weiterhin kann über diese Daten eine TEILE-LEBENSGESCHICHTE geführt und damit die RÜCKVERFOLGBARKEIT im Schadensfall sichergestellt werden.

Für die Entwicklung eines integrationsfähigen und langlebigen Informationssystems ist eine Modellierung der für das Garantiecontrolling relevanten Daten unbedingt erforderlich [FISC 92, S. 3ff.]. Um die in Kapitel 3 abgeleiteten Forderungen nach Konsistenz und Vollständigkeit erfüllen zu können, werden auf der Basis der Tätigkeiten aus dem Funktionsmodell die relevanten Daten für das Garantiecontrolling identifiziert und strukturiert. Auf diese Weise können redundante Datenbestände verhindert und ein durchgängiger betrieblicher Datenfluß gewährleistet werden. Einen Ausschnitt aus dem Datenmodell, das dem DV-Prototypen zugrundeliegt, zeigt **Bild 5.3** [vgl. **Anhang A3.2**]. Die Darstellung erfolgt mit Hilfe des ERWEITERTEN ENTITY RELATIONSHIP-MODELLS [SCHE 94, S. 35]. Aus dem Datenmodell können in der zweiten Beschreibungsebene von ARIS - dem DV-Konzept - die Datenbankstrukturen in Form konkreter Tabellenverknüpfungen abgeleitet werden.

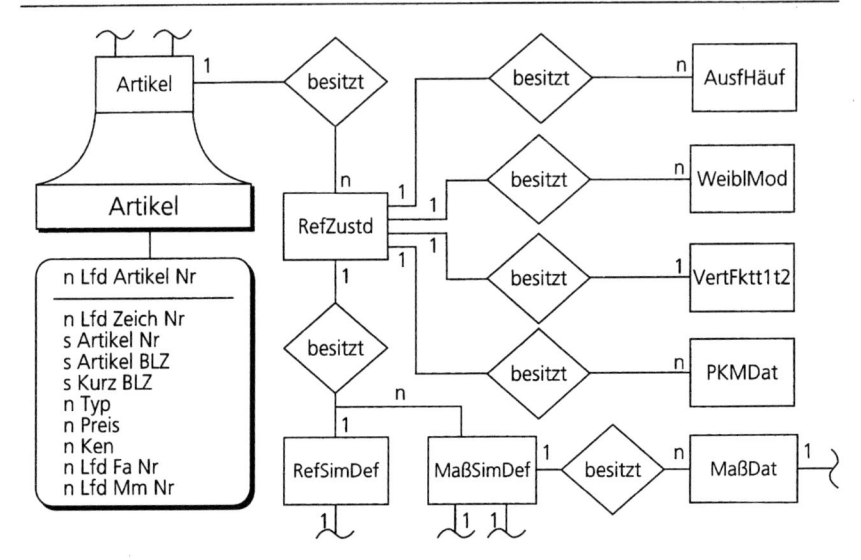

Bild 5.3: GMS-Datenmodell (Ausschnitt)

Mit Hilfe des ARIS-Konzeptes lassen sich die Funktionssicht und die Datensicht (Bild 5.1, Bild 5.3) zu einer Steuerungssicht verknüpfen. Auf diese Weise kann das Zusammenwirken von Funktionen und Daten veranschaulicht und die Stimmigkeit beider Modelle geprüft werden. In **Bild 5.4** ist die funktionale Ablauffolge des GARANTIEMANAGEMENTSYSTEMS (GMS) mit Hilfe der ERWEITERTEN EREIGNISORIENTIERTEN PROZEßKETTE (eEPK) nach SCHEER dargestellt [vgl. **Anhang A3.3**]. Der strukturelle Aufbau des GMS reflektiert deutlich den in Kapitel 3 abgeleiteten modularen Aufbau des Garantiecontrolling.

Insbesondere für die Elemente LAGEANALYSE und MAßNAHMENBEWERTUNG ist eine Rechnerunterstützung sinnvoll.[57] Die in Bild 5.4 aufgezeigte ARIS-Steuerungssicht ist im Anhang A3.3 bis auf die Anwendungsebene hierarchisch dekomponiert. Dort werden ebenfalls die zur Umsetzung der Funktionen erforderlichen Routinen und Algorithmen durch Flußdiagramme spezifiziert [vgl. Bild 4.25, **Anhang A3.4.**].

Mit Hilfe der oben beschriebenen Modelle können die für das Garantiecontrolling relevanten Funktionen und Daten strukturiert werden. Aus der Zusammenfassung der Modelle zur Steuerungssicht lassen sich darüber hinaus die wichtigsten Informationen für die Festlegung des Programmablaufs und der Maskeninhalte ableiten.

---

[57] Das Systemelement Zielplanung wird dabei nicht aufgeführt. Die DV-technisch sinnvolle Hilfe beschränkt sich bei diesem Element auf die Unterstützung beim QFD, das bereits Teilfunktion einiger CAQ-Systeme ist.

Evaluierung 107

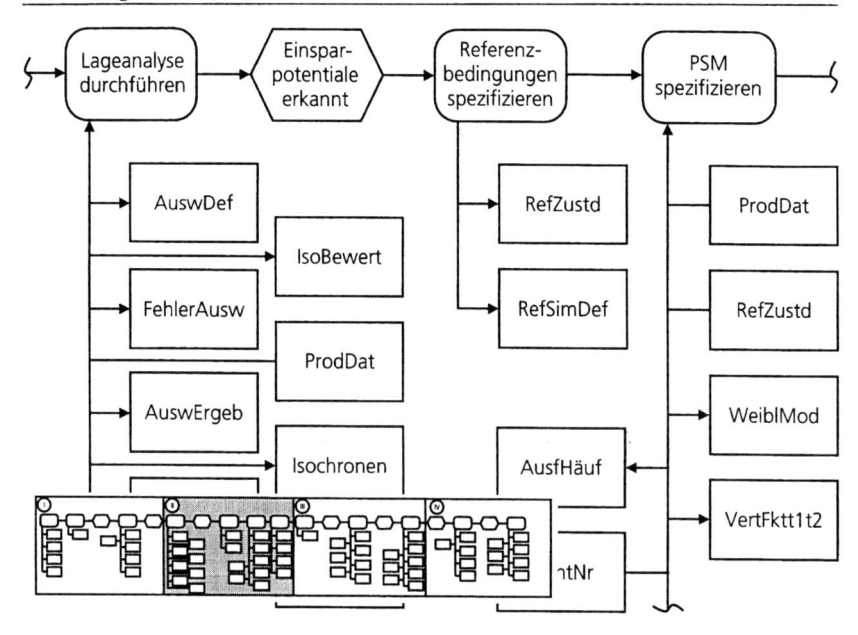

Bild 5.4: Steuerungssicht des GMS (Ausschnitt)

5.1.2 Implementierung

Die Implementierung des GMS erfolgt im Rahmen des Industrieprojektes auf der Grundlage der relationalen Datenbank SQLBase 6.0.1 von GUPTA. Als Entwicklungsumgebung wird neben verschiedenen Hilfsprogrammen das 4GL-Werkzeug SQLWindows verwendet. Diese Umgebung arbeitet unter Windows 3.1 von Microsoft und besitzt definierte Schnittstellen zu allen gängigen relationalen Datenbanken. Das System ist Multi-User-fähig und kann direkt im Menü des zugrundeliegenden CAQ-Systems aufgerufen werden. In **Bild 5.5** sind einige Masken des Systems dargestellt, die zur Abwicklung der Reklamationen, zum Abruf kundenspezifischer Daten und der Spezifika geeignet sind.

Wie in Kapitel 4 dargestellt, soll die Abbildung und Analyse der für die Garantieabwicklung relevanten Prozesse mit Hilfe der elementorientierten Prozeßanalyse, die kostenmäßige Bewertung durch die prozeßorientierte Ressourcenanalyse erfolgen. Für beide Funktionen existieren bereits am Werkzeugmaschinenlabor der RWTH Aachen (WZL) entwickelte Software-Programme[58]. Deshalb müssen diese Funktionen nicht durch das GMS unterstützt werden. Die innerhalb dieser Systeme ermittelten Größen (zum Beispiel Kosten) können zunächst manuell in das GMS übernommen werden. Auf der Basis einer breiteren Anwendererfahrung kann zu einem späteren Zeitpunkt geprüft werden, ob sich der Aufwand für die Verknüpfung beider Systeme über einen automatisierten Datenaustausch mit dem dadurch erzielten Nutzen rechtfertigen läßt.

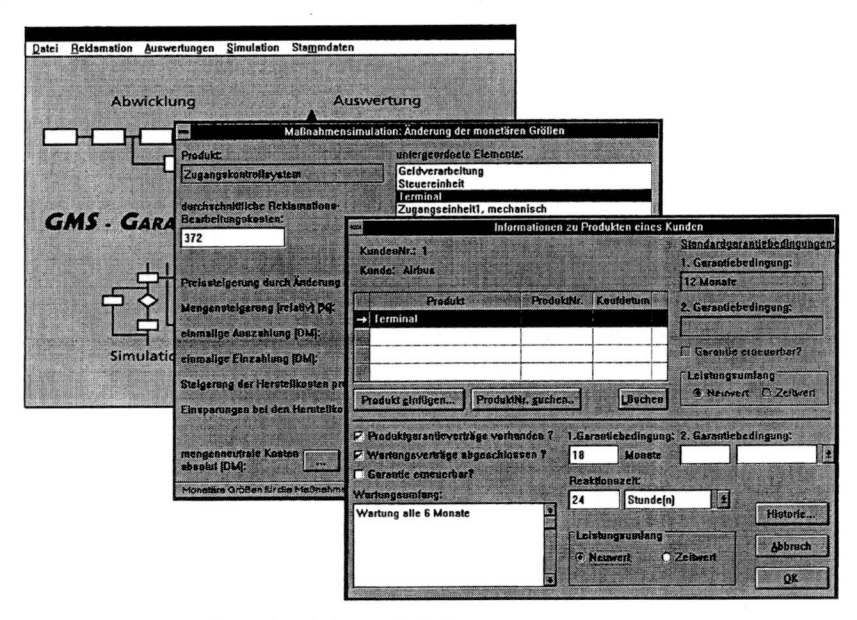

Bild 5.5: GMS-Bedieneroberfläche und Masken

5.2 Industrielles Fallbeispiel

Die in dieser Arbeit entwickelten Elemente eines Systems zum Garantiecontrolling werden im Rahmen eines Industrieprojektes an einem realen Fallbeispiel überprüft. Einen großen Anteil an den erforderlichen Arbeiten im Projekt nahmen dabei sowohl die Fehler- und Prozeßanalyse als auch die prozeßorientierte Ressourcenanalyse ein. Da die Wirkungsweise und Anwendbarkeit dieser Methoden bereits in zahlreichen wissenschaftlichen Veröffentlichungen verifiziert wurde [OREN 93; LASC 94; EVER 94b;

---

[58] PROPLAN und OPTOCOST sind Software-Programme, mit denen die Prozeßanalyse und die Prozeßkostenrechnung (Ressourcenverfahren) unterstützt werden können [vgl. EVER 94c, S. 21].

KÜMP 96], steht in diesem Kapitel die simulationsgestützte Bewertung von Maßnahmen zur Garantiekostenreduzierung im Vordergrund.

Im betrachteten Unternehmen wird mit ca. 1200 Beschäftigten in vier Produktsparten ein Jahresumsatz von ca. 300 Mio. DM erwirtschaftet. Bei den meisten Erzeugnissen handelt es sich um komplexe Investitionsgüter, die in Serie bzw. Kleinserie nach Kundenspezifikation hergestellt werden. Die Produkte bestehen aus aufwendigen mechanischen Komponenten, vielen elektronischen Baugruppen sowie kundenneutraler und kundenspezifischer Software. Das Unternehmen ist in allen Bereichen nach DIN ISO 9001 zertifiziert.

Anlaß für den Aufbau eines Systems zum Controlling von Garantieleistungen waren überdurchschnittlich hohe Kosten für Garantieleistungen in einer Produktsparte sowie ein nicht unerheblicher Anteil unberechtigter Garantieforderungen durch Subkontraktoren. Darüber hinaus wurden von Kundenseite immer häufiger Angaben über die Zuverlässigkeit der Produkte bzw. daraus resultierende Lebenszykluskosten als Angebotsparameter eingefordert. Diese Kenngrößen wurden nicht systematisch berechnet und mußten bei Anfragen häufig eilig auf der Grundlage unvollständiger Daten zusammengestellt werden. Die damit verbundenen Unsicherheiten können große finanzielle Risiken für das Unternehmen beinhalten[59].

Als problematisch erwies sich in diesem Zusammenhang, daß die Abläufe zur Abwicklung der Garantieforderungen nicht ausreichend strukturiert waren und die erforderlichen Daten nur unvollständig erfaßt wurden. Eine systematische Aufbereitung planungsrelevanter Informationen wurde durch eine mangelnde datentechnische Integration verschiedener Rechnerwelten erschwert.

Aus diesem Grund wurden zunächst die Abläufe zur Garantieabwicklung im gesamten Unternehmen aufgenommen, analysiert und standardisiert. In diesem Zusammenhang konnten bereits Rationalisierungspotentiale durch geringfügige Reorganisation einzelner Prozeßketten erschlossen werden, die zu geringeren Kosten und insbesondere zu einer transparenteren Abwicklung der Reklamationen führten.

Für die relevanten Komponenten und Hauptbaugruppen wurde anschließend eine prozeßorientierte Ressourcenanalyse durchgeführt (**Bild 5.6**).[60] Die damit verbundene Verkürzung des in Kapitel 4.1.3 entwickelten PROZEßKOSTENMODELLS auf das betriebswirt-

---

[59] Neben üblichen Garantieverträgen wurden in den anderen Produktsparten Zuverlässigkeitszusagen teilweise mit Konventionalstrafen verbunden, bzw. das finanzielle Risiko mangelnder Verfügbarkeit für den Kunden über eine geeignete Vertragsgestaltung minimiert.

[60] Alle im Zusammenhang mit dem Fallbeispiel angegebenen Daten sind verfremdet bzw. anonymisiert.

schaftliche Modell konnte vor dem Hintergrund gerechtfertigt werden, daß keine nennenswerten Kostentreiber pro reklamiertem Teil identifiziert werden konnten. Außerdem konnte auf diese Weise der Aufwand für die verursachungsgerechte Bewertung einzelner Reklamationen gering gehalten werden.

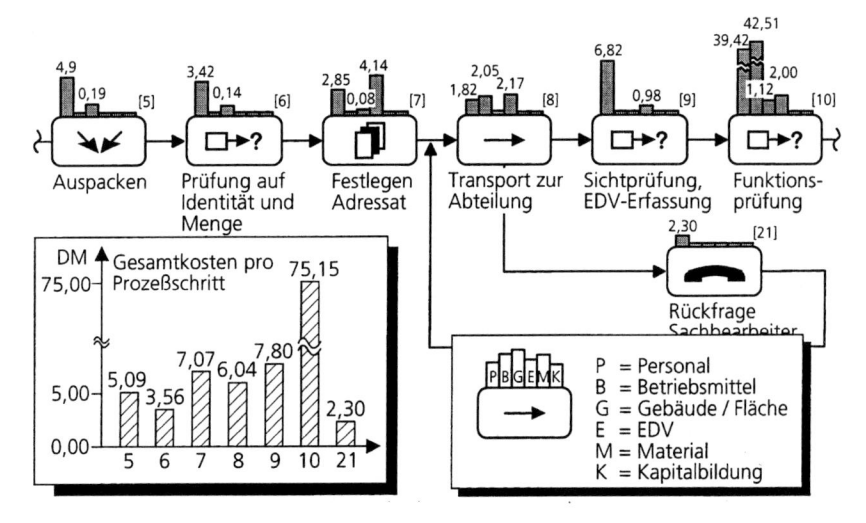

Bild 5.6: Ermittlung der Prozeßkosten pro Garantiefall

Das Ergebnis der Prozeßkostenrechnung bestätigte den Verdacht, daß neben der Reparatur insbesondere auch die indirekten, administrativen Tätigkeiten nennenswerte Kosten verursachten. Unberechtigte und deshalb zurückgewiesene Garantieforderungen verursachten bei einigen Komponenten bis zu 45% der Kosten, die bei der kompletten Abwicklung und Reparatur berechtigter Reklamationen anfallen.

Parallel zum Aufbau des PROZEßKOSTENMODELLS wurde für das betrachtete Beispielprodukt - ein Zugangskontrollsystem - das PRODUKTSTRUKTURMODELL aufgebaut (**Bild 5.7**). Die Strukturierung erfolgte entsprechend der in Kap. 4.1.1 angegebenen Kriterien unter Nutzung des Erfahrungswissens über ausfallanfällige und reparaturintensive Bauteile. Das Zugangskontrollsystem wurde in drei Komponenten gegliedert, von denen eine, die Bedieneinheit, in weitere drei Baugruppen unterteilt werden konnte.

Anschließend wurden die garantierelevanten Daten strukturiert, die im Unternehmen in verschiedenen Datenbanken vorlagen. Neben den Retouren-, Reparatur- und Ausfalldaten gehörten dazu auch PPS-Daten wie Identnummern, Herstell- und Auslieferungsdaten. Durch aufwendige Datenbankoperationen konnte für einige Produkte eine homogene Datenbasis aufbereitet werden, auf deren Grundlage die Zuverlässigkeitskenngrö-

Evaluierung

ßen für das PRODUKTSTRUKTURMODELL abgeleitet wurden. Die eindimensionale, regenerative Garantie vom Typ FRW mit 18-monatiger Garantiedauer wurde im GARANTIEMODELL abgebildet.

Die breite Anwendung des vorgestellten Garantiecontrolling auf alle Produkte gestaltete während des Projektes die Zusammenführung und Verknüpfung der relevanten Daten schwierig. Deshalb wurde im Unternehmen die Entscheidung gefällt, zukünftig mit Hilfe einer Außer-Haus-Verwaltung der Produktdaten eine lückenlose Teile-Lebensgeschichte zu führen.

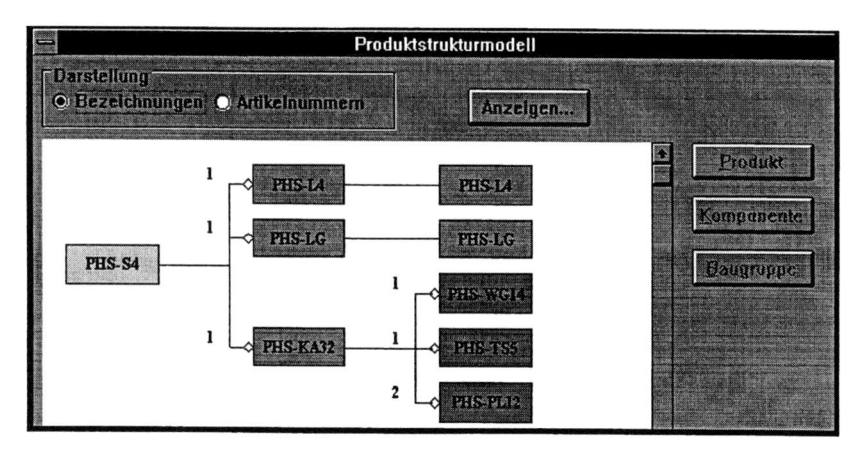

Bild 5.7: Aufbau des Produktstrukturmodells und des Garantiemodells

Für die Außer-Haus-Verwaltung von Produktdaten sind die relevanten Daten über Herstellung, Qualität und Auslieferung Identnummern-bezogen abzulegen. Durch eine effiziente DV-technische Unterstützung des Reklamations- und Wartungsprozesses können anschließend die Daten der außer-Haus befindlichen Produkte, Komponenten und Baugruppen gepflegt und aktualisiert werden. Eine solche Datenbasis ist Voraussetzung für die Durchführung isochroner Auswertungen, systematischer Fehleranalysen und die automatische Berechnung durchschnittlicher Lebensdauern. Sie gestattet darüber hinaus eine rationale Abwicklung der Garantiefälle vor allem bei der Prüfung auf terminliche Anerkennung.

Auf der Basis der zusammengeführten Daten aus der Retouren-, Reparatur- und PPS-Datenbank konnte eine Lageanalyse durchgeführt werden. Mit Hilfe isochroner Darstellungen wurde ein gleichbleibend hohes Niveau an prozentualen Produktausfällen in der Garantiezeit erkannt (**Bild 5.8**). Bei den weiteren Untersuchungen wurde eine Komponente als besonders ausfallintensiv identifiziert. Auffällig dabei waren sowohl das hohe

Niveau der Zufallsausfälle als auch der große Anteil an Frühausfällen, die nach Auffassung der Monteure auf eine mangelnde Funktionsprüfung der Anlagen bzw. Komponenten im Unternehmen zurückzuführen waren.

Über weitere Analysen konnte für die betrachtete Baugruppe der Verlauf der Weibull-Funktion in den beiden ersten Intervallen angenähert werden, die für die Berechnung der Garantiekosten relevant sind. Auf der Basis der LAGEANALYSE wurden Verbesserungsmaßnahmen initiiert und in den Fachbereichen abgeleitet. Zur Senkung der Frühausfälle wurde aus dem Bereich des Qualitätsmanagement eine erweiterte Funktionsprüfung in einer realitätsnäheren Testumgebung vorgeschlagen. Mit Hilfe der Funktionsprüfung sollen die Frühausfälle um ca. 6% gesenkt werden. Die Maßnahmenumsetzung verursacht einmalige Kosten für den Umbau des Testgerätes in Höhe von ca. 18.000,- DM, sowie laufende leistungsmengenbezogene Kosten von zusätzlich 3,25 DM. Diese Kosten werden durch die verlängerte Prüfzeit und damit vornehmlich Personal- und Betriebsmittelkosten verursacht. Sie wurden mit Hilfe der prozeßorientierten Ressourcenanalyse abgeschätzt.

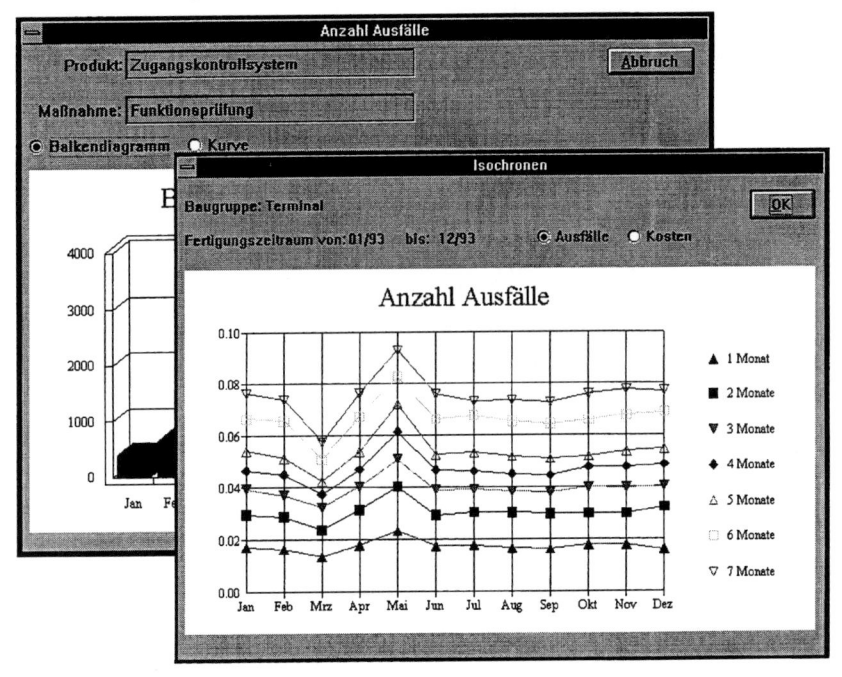

Bild 5.8: Isochronendiagramm und Häufigkeitsanalyse im GMS

Zur Senkung der Zufallsausfälle wurde in der Konstruktion ein bereits angedachter Wechsel der (Produkt-)Technologie ausgearbeitet. Dabei sollte für spezielle Elemente eines Lesekopfes ein ferritischer Werkstoff durch einen keramischen substituiert werden. Auf der Basis erster Voruntersuchungen wurde geschätzt, daß mit Hilfe dieser Maßnahme unter der Annahme eines unveränderten b-Wertes im Bereich II die Anzahl der Ausfälle im Garantiezeitraum um 30% gesenkt werden könnte. Unter Anwendung der in Bild 2.9 gezeigten funktionalen Zusammenhänge können daraus neue Weibull-Parameter geschätzt werden. Berücksichtigt man einen stabilen Formparameter b_{II}, so hat dies auch Auswirkungen auf die Ausfallsteilheit im Bereich I. Die Schätzung wurde nicht durch einen Versuch bestätigt. Für die Maßnahmenumsetzung wurde ein einmaliger Aufwand (Konstruktionsänderung) von ca. 4.000,- DM sowie zusätzliche Herstellkosten von 6,10 DM veranschlagt. In der MAßNAHMENBEWERTUNG konnten die erarbeiteten Verbesserungsvorschläge im Garantiemanagementsystem abgebildet und bewertet werden. (**Bild 5.9**).

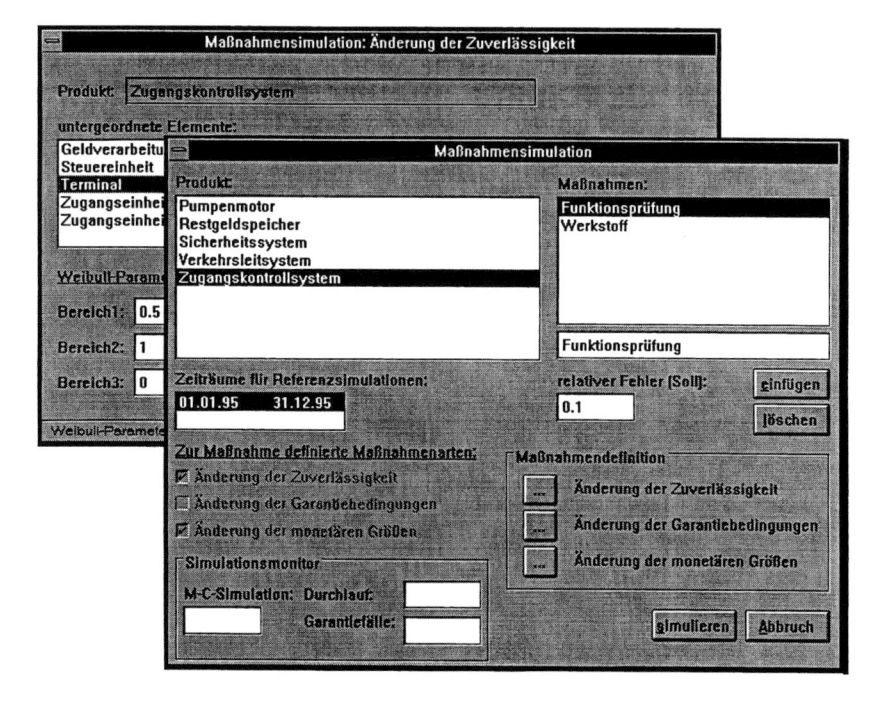

Bild 5.9: Abbildung der Maßnahmen zur Garantiekostensenkung im GMS

Auf der Basis der veränderten Weibull-Verteilungen konnten mit der MONTE-CARLO-SIMULATION für den REFERENZZUSTAND M_0 und die beiden MAßNAHMEN M_1 und M_2 die

Funktionen für die Erneuerungsdichte $\Delta H(t)_{0,1,2}$ und die Garantiestückkostendichte $\Delta GSK(t)_{0,1,2}$ berechnet werden. Bei einem vorgegebenen relativen Fehler ε_{rel} von maximal 10% mußten 50 Monte-Carlo-Simulationen mit jeweils 8000 Durchläufen ausgeführt werden.

Um die Vorteilhaftigkeit der Maßnahmen M_1 und M_2 zu bestimmen, waren die normierten Ergebnisse $\Delta H(t)_{0,1,2}$, $\Delta GSK(t)_{0,1,2}$ mit Mengen zu bewerten. Zu diesem Zweck wurde vom Produktmanager eine komponentenspezifische Absatzprognose erstellt.[61] Auf dieser Basis konnten dann die Garantiekostenfunktionen $\Delta GK(t)_{0,1,2}$ ermittelt werden (**Bild 5.10**). Zusammen mit den maßnahmenspezifischen, einmaligen und laufenden Auszahlungen können daraus die Zahlungsreihen erzeugt werden, die die Kosten der Maßnahmenumsetzung und die dadurch voraussichtlich erzielbaren Garantiekosteneinsparungen in ihrer zeitlichen Abfolge berücksichtigen.

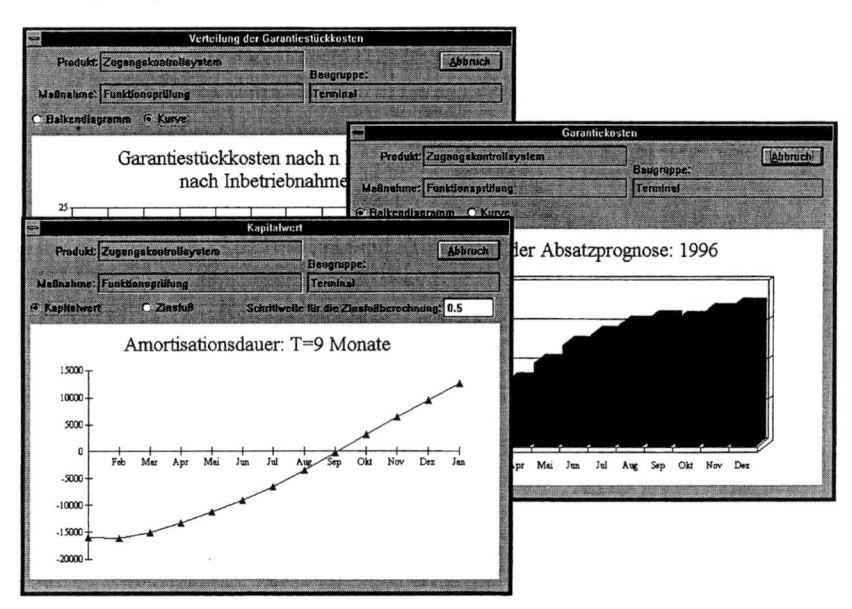

Bild 5.10: Bewertung der Maßnahmen mit Hilfe der Simulation

Mit Hilfe der in Kapitel 4.4.5 vorgeschlagenen Investitionskennzahlen wurden die Maßnahmen hinsichtlich ihrer monetären Vorteilhaftigkeit bewertet[62]. Bild 5.10 zeigt das

---

[61] Bei den Produkten handelte es sich um konfigurierbare Anlagen mit einer nach Kundenbedarf variierenden Anzahl bestimmter Komponenten.
[62] Durch die Variation der relevanten Parameter (Absatz, Garantiedauer, etc.) können darüber hinaus verschiedene Szenarien untersucht, bzw. die Sensitivität des Ergebnisses überprüft werden.

mit dem GARANTIEMANAGEMENTSYSTEM errechnete Ergebnis. Für Maßnahme M_1 ergibt sich eine Amortisationsdauer kleiner 9 Monate und ein Kapitalwert von ca. 13 TDM zu Projektende (1 Jahr). Die für die Maßnahme M_2 erforderliche Investition in die neue Produkttechnologie amortisiert sich nach 11 Monaten. Der Kapitalwert von 7 TDM liegt unter dem der Maßnahme M_1.

Daraus folgt, daß unter monetären Gesichtspunkten beide Maßnahmen vorteilhaft sind. Neben den monetären Aspekten sind darüber hinaus auch nicht-monetäre Gesichtspunkte in die Bewertung miteinzubeziehen. Im vorliegenden Fall führen alle Maßnahmen zu einer Steigerung der Zuverlässigkeit und damit des Kundennutzens und können deshalb auch unter Anwendung nichtmonetärer Bewertungskriterien als vorteilhaft bezeichnet werden.

Durch das in dieser Arbeit entwickelte System zum Controlling von Garantieleistungen wurden im betrachteten Unternehmen die Grundlagen für die systematische Reduzierung der Garantiekosten gelegt (**Bild 5.11**). Wesentliche Voraussetzung war dabei einerseits die Strukturierung der garantierelevanten Daten in den drei in dieser Arbeit entwickelten Teilmodellen. Die an den Haupteinflußgrößen orientierte Gliederung der Daten erlaubt eine fundierte Analyse von Kostensenkungspotentialen unter Berücksichtigung der wesentlichen Wirkungsbeziehungen, die teilweise stochastischen Charakter besitzen.

Andererseits wurde durch die systematische Vorgehensweise in LAGEANALYSE, ZIELPLANUNG und MABNAHMENBEWERTUNG ein effektives Garantiecontrolling institutionalisiert. Neben einer Spezifizierung der erforderlichen Aktivitäten wurden der gesamte Bereich der Garantieabwicklung und -analyse einer Revision unterzogen und Verantwortlichkeiten neu definiert. Durch ein produktspezifisches Kennzahlensystem wird zukünftig die Überwachung und Analyse der Garantiekosten erleichtert.

Durch die Implementierung einer DV-Unterstützung wurden die wesentlichen Analyse- und Auswertungsfunktionen für ein effizientes Garantiecontrolling rationalisiert. Neben einer verbesserten Erfassung und Aufbereitung relevanter Daten konnten ebenfalls Rationalisierungpotentiale durch eine verbesserte Garantieabwicklung erschlossen werden. Mit Hilfe der durchgängigen EDV-Unterstützung wurde die Durchlaufzeit pro Reklamation reduziert, indem Prozeßschritte verkürzt bzw. parallelisiert wurden.

Mit Hilfe der entwickelten Hilfsmittel konnte darüber hinaus die Entscheidung für oder wider eine Maßnahme auf eine wissenschaftlich fundierte Grundlage gestellt werden. Durch die problemorientierte Aufbereitung bestehender Daten über Ausfälle, Garantiebedingungen und Kosten für die Reklamationsbearbeitung wurden Problemschwerpunkte erkannt und Handlungsalternativen zu deren Beseitigung vor dem Hintergrund gesteckter Garantiekostenziele bewertet. Damit waren die Voraussetzungen geschaffen, die Garantiekosten systematisch und zielorientiert zu reduzieren. Durch die Einführung des Garantiecontrolling konnten bereits 15 Monate nach Projektbeginn 7-stellige Beträge an Garantiekosten eingespart werden. Die kurzfristig realisierten Einsparungen lassen sich größtenteils auf eine effektivere und rationellere Garantieprüfung zurückführen, bei der insbesondere auch unberechtigte Forderungen zurückgewiesen werden.

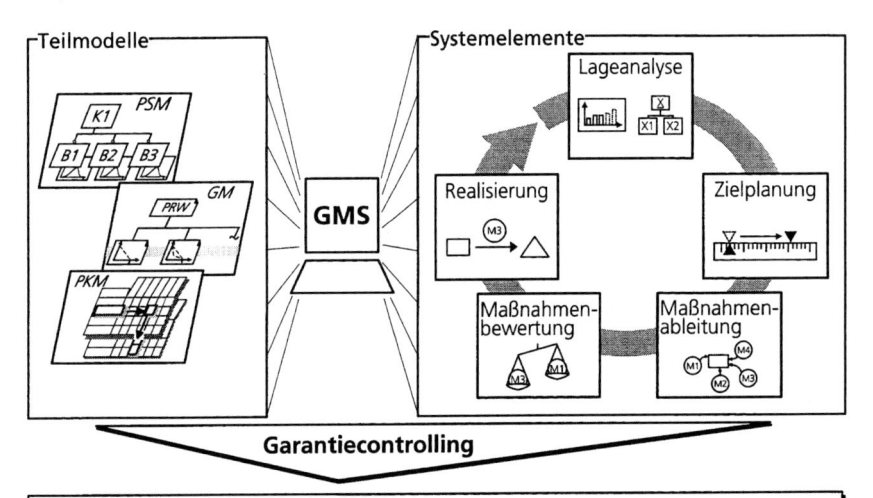

- Systematisierung der Aktivitäten zur Planung und Kontrolle von Garantiekosten
- Definition von Verantwortlichkeiten
- Systematisierung und Strukturierung der Datenerfassung und -aufbereitung
- Rationalisierung der Prozesse zur Garantieabwicklung

⇒ **nachhaltige Senkung der Garantiekosten** ⇐

Bild 5.11: Ergebnisse der Einführung eines Systems zum Garantiecontrolling

6

Zusammenfassung

Der Internationalisierung und Verschärfung des Wettbewerbs versuchen heute immer mehr Unternehmer durch eine konsequente Ausrichtung ihrer Leistungen an den Bedürfnissen des Kunden zu begegnen. In diesem Zusammenhang hat der Wettbewerbsfaktor Qualität stark an Bedeutung gewonnen. Neben Zeit und Kosten gehört Qualität auf den heute vielfach gesättigten Märkten zu den wichtigsten strategischen Erfolgsfaktoren.

Vor diesem Hintergrund haben Garantien in den vergangenen Jahren an Bedeutung gewonnen. Mit ihrer Hilfe wird das Qualitätsimage insbesondere innovativer, unbekannter Produkte dadurch signifikant gestärkt, daß sich der Hersteller dazu verpflichtet, für die Güte seiner Produkte finanziell einzustehen. Neben dieser stark absatzfördernden Wirkung leisten Garantien darüber hinaus auch einen Beitrag zur langfristigen Absatzerhaltung, indem sie eine dauerhafte Beziehung zwischen dem Kunden und dem Unternehmen schaffen. Aus diesem Grund ist in den vergangenen Jahren ein deutlicher Trend zu längeren Garantiedauern zu verzeichnen.

Mit der Garantievergabe sind allerdings für den Produzenten langfristige finanzielle Verpflichtungen im Sinne von Fehlerfolgekosten verbunden, die in hohem Maße durch die technischen Eigenschaften des Produktes beeinflußt werden (Zuverlässigkeit). In dem Maße, in dem für den Kunden durch eine Garantievergabe das finanzielle Risiko der „Nicht-Qualtität" beim Kauf eines Produktes sinkt, steigt es für den Unternehmer. Aus Garantien können erhebliche Nachleistungen und Folgekosten resultieren, die ggf. ein Vielfaches der Herstellkosten betragen und die Ertragsfähigkeit einzelner Produkte signifikant verändern können.

Mit dieser Arbeit wurde das Ziel verfolgt, ein System zum Controlling von Garantieleistungen zu entwickeln. Es soll eine ertragsorientierte Planung, Kontrolle und Reduzierung dieser qualitätsrelevanten Kosten ermöglichen. Dazu werden

- relevante Informationen entscheidungsorientiert aufbereitet und bereitgestellt,
- eine Festlegung realistischer Garantiekostenziele unterstützt und
- Handlungsalternativen im Sinne von Trade-off-Entscheidungen mit Hilfe einer Prognose ihrer Auswirkungen zur Garantiekostensenkung bewertet.

Hierzu wurden zunächst die Grundlagen der Garantieleistung und ihre Bedeutung für die Unternehmensziele und das Qualitätsmanagement erläutert. Im Anschluß an eine Analyse bestehender Ansätze zur systematischen Reduzierung von Garantiekosten erfolgte die Ableitung der inhaltlichen und formalen Anforderungen an das Konzept zum Garantiecontrolling. Auf dieser Basis wurde das Grobkonzept erarbeitet und in seine Elemente LAGEANALYSE, ZIELPLANUNG und MAßNAHMENBEWERTUNG gegliedert.

Die LAGEANALYSE bildet das erste Element des Garantiecontrolling. Sie ermöglicht eine problemorientierte Strukturierung, Aufbereitung und Bereitstellung garantierelevanter Informationen. Um eine möglichst flexible Analyse der im Unternehmen vorliegenden Daten vornehmen zu können, wurden drei Teilmodelle - das PRODUKTSTRUKTURMODELL, das GARANTIEMODELL und das PROZEßKOSTENMODELL - abgeleitet. Sie ermöglichen eine systematische Abbildung der relevanten Informationen in Anlehnung an die drei Haupteinflußgrößen:

- Zuverlässigkeit der Produkte,
- Garantiebedingungen (Garantiedauer, -umfang) und
- Kosten je Garantiefall (Reklamationsbearbeitungskosten).

Aufbauend auf den Teilmodellen wurden Hilfsmittel zur retrospektiven und prospektiven Analyse der garantierelevanten Daten erarbeitet. Das Isochronendiagramm konnte als geeignetes Instrument zur zeitbezogenen Darstellung des Ausfallverhaltens von Produkten in der Nutzungsphase vorgestellt werden. Unter Nutzung des PROZEßKOSTENMODELLS wurde es um den Kostenaspekt zum bewerteten Isochronendiagramm erweitert. Darauf aufbauend wurde ein Verfahren zur kurzfristigen Prognose erwarteter Produktausfälle sowie der damit verbundenen Kosten entwickelt.

Die Vorgehensweise zur Ableitung von Garantiekostenzielen ist im Element ZIELPLANUNG vorgestellt worden. Dazu sind aus den produkt- und komponentenbezogenen Zuverlässigkeits- und Kostenzielen die Garantiekostenziele zu deduzieren. Zu diesem Zweck können das Quality Function Deployment, quantitative Methoden zur Zuverlässigkeitsbewertung und das Target Costing eingesetzt werden. Zeitbezogene Garantiekostenziele lassen sich mit Hilfe von Zuverlässigkeitswachstumsmodellen definieren.

Innerhalb des Systemelements MAßNAHMENBEWERTUNG erfolgt die Bewertung und Priorisierung verschiedener Maßnahmen zur Reduzierung von Garantiekosten. Durch die logische Verknüpfung des PRODUKTSTRUKTURMODELLS, des GARANTIEMODELLS und des PROZEßKOSTENMODELLS zum BEWERTUNGSMODELL können die Wirkungsbeziehungen zwischen den relevanten Einflußparametern auf die Garantiekosten abgebildet werden. Auf dieser Grundlage lassen sich mit Hilfe der Monte-Carlo-Simulation die Auswirkungen bestimmter Maßnahmen auf die erwarteten Garantiekosten durch Parametervariationen quantifizieren. Auf der Basis eines erwarteten Absatzprogrammes können die voraussichtlichen Garantiekosten als maßnahmenabhängige, stochastische Zahlungsreihen dargestellt werden. Die Bewertung und Priorisierung der Maßnahmen erfolgt durch den Vergleich der prognostizierten Zahlungsreihen in Form einer Investitionsrechnung.

Um eine effiziente Umsetzung des Garantiecontrolling zu ermöglichen, wurde ein DV-Prototyp entwickelt. Mit Hilfe des DV-Systems werden die informationsverarbeitenden und informationsbereitstellenden Funktionen des Garantiecontrolling sowie insbesondere das simulationsbasierte Modul zur Maßnahmenbewertung unterstützt. Die Funktionalität des Prototypen ergänzt bestehende CAQ-Systeme und ermöglicht neben dem Garantiecontrolling auch die rationelle Erfassung, Abwicklung und Dokumentation von Garantiefällen. Sie orientiert sich an dem am IPT entwickelten CAQ-Referenzmodell. Das Datenmodell basiert auf der Datenstruktur eines gängigen CAQ-Systems, sodaß auch die datentechnische Integrationsfähigkeit zu anderen betrieblichen DV-Systemen gewährleistet ist.

In einem industriellen Fallbeispiel konnten das erarbeitete System zum Garantiecontrolling sowie die wesentlichen Hilfsmittel hinsichtlich Umsetzbarkeit und Konsistenz überprüft werden. Durch die Systematisierung der Planung, Steuerung und Kontrolle der Garantiekosten wurde in dem betrachteten mittelständischen Unternehmen die Transparenz hinsichtlich der relevanten Einflußparameter deutlich gesteigert. Durch Anwendung der entwickelten Instrumente konnten Fehlerschwerpunkte erkannt, hinsichtlich ihrer monetären Auswirkungen bewertet und für die Zukunft prognostiziert werden. Auf dieser Basis wurden zwei Verbesserungsmaßnahmen zur Garantiekostensenkung mit Hilfe einer Monte-Carlo-Simulation bewertet.

Mit Hilfe des Garantiecontrolling ist eine wissenschaftlich fundierte Analyse, Planung und Prognose zu erwartender Garantiekosten möglich. Die Ergebnisse zur Abschätzung voraussichtlicher Garantiestückkosten können zu einer ganzheitlichen Bewertung der mit der Leistungserstellung verbundenen, überperiodig anfallenden Nachlauf- bzw. Fehlerfolgekosten genutzt werden. Damit wird in dieser Arbeit ein Beitrag zur lebenszyklusorientierten Qualitätskostenrechnung geleistet.

7

Literaturverzeichnis

AKAO 78 Akao, Y.
Quality Function Deployment · Integrating Customer Requirements into Product Design, Productivity Press, Cambridge MA, 1990

AWK 93 Pfeifer, T.; Eversheim, W.; König, W.; Weck, M.
Wettbewerb Produktionstechnik · Aachener Perspektiven, VDI-Verlag, Düsseldorf, 1993

BACK 94 Backhaus, K.; Erickson, B.; Plinke, W.; Weiber, R.
Multivariate Analysemethoden · Eine anwendungsorientierte Einführung, 7. Aufl., Springer, Berlin u. a., 1994

BAET 74 Baetge, J.
Betriebswirtschaftliche Systemtheorie: Regelungstheoretische Planungs- und Überwachungsmodelle für Produktion, Lagerung und Absatz, Moderne Lehrtexte Wirtschaftswissenschaften Bd. 6, Westdeutscher Verlag, Opladen, 1974

BALC 86 Balcer, Y.; Sahin, I.
Replacement Costs under warranty: Cost Moments and Time Variability, Operations Research, Vol. 34, No. 4, July - August 1986, S. 554 - 559

BAMB 91 Bamberg, G.; Baur, F.
Statistik, 7. Aufl., Oldenbourg, 1991

BAUE 89 Bauer, C.-O.
Der Fehler - Grundbegriff der Produkthaftung, Werkstatt und Betrieb 122 (1989) 3, S. 182 - 185

BEAR 82 Bearden, W. O.; Shimp, T. A.
The Use of Extrinsic Cues to Facilitate Product Adoption, Journal of Marketing Research, Vol. XIX (Mai 1982), S. 229 - 239

Literaturverzeichnis 121

BELZ 92 Belz, A.
Schadensersatz und Produkthaftung, 2. Aufl., in: Schriftenreihe Recht der Wirtschaft, Richard Boorberg, München, Hannover, Berlin, 1992

BERT 90 Bertsche, B.; Lechner, G.
Zuverlässigkeit im Maschinenbau · Ermittlung von Bauteil- und System-Zuverlässigkeiten, Springer, Berlin u. a., 1990

BERT 92 Berthel, J.
Informationsbedarf, in: Frese, E. (Hrsg.): *Handwörterbuch der Organisation*, 3. Aufl., Poeschel, Stuttgart, 1992, Sp. 872 - 886

BGB 91 N. N.
Bürgerliches Gesetzbuch, 33. Aufl., Beck, München, 1991

BGH 88 N. N./BGH vom 23.03.1988 - VIII ZR 58/87
Herstellergarantie: Unwirksamkeit der Garantiebedingungen wegen Erweckung des irreführenden Eindrucks einer Verkürzung der Gewährleistungsansprüche des Endabnehmers gegen den Händler, Der Betrieb 41 (1988) 22, S. 1153 - 1155

BIRO 91 Birolini, A.
Qualität und Zuverlässigkeit technischer Systeme · Theorie, Praxis, Management, 3. Aufl., Springer, Berlin u. a., 1991

BLEC 88 Blechschmidt, H.
Qualitätskosten?, QZ 33 (1988) 8, S. 442 - 445

BLEI 76 Bleicher, K.; Meyer, E.
Führung in der Unternehmung · Formen und Modelle, Rowohlt Taschenbuch Verlag GmbH, Hamburg, 1976

BLEI 95 Bleicher, K.
Das Konzept Integriertes Management, 3. Aufl., Campus, Frankfurt/Main, New York, 1995

BLIS 92 Blischke, W. R.; Murthy, D. N. P.
Product warranty management - I: A taxonomy for warranty policies, European Journal of Operational Research 62 (1992), S. 127 - 148

BLIS 94 Blischke, W. R.; Murthy, D. N. P.
Warranty Cost Analysis, Marcel Dekker, New York, 1994

BLIS 96   Blischke, W. R.; Murthy, D. N. P.
           Product Warranty Handbook, Marcel Dekker, New York u. a., 1996

BLOH 95   Blohm, H.; Lüder, K.
           Investition: Schwachstellenanalyse des Investitionsbereiches und Investitionsrechnung, 8. Aufl., Vahlen, München, 1995

BÖHM 93   Böhm, R.; Fuchs, E.; Pacher, G.
           System-Entwicklung in der Wirtschaftsinformatik, 2. Aufl., vdf, Zürich, 1993

BOSC 85   Bosch, K.
           Garantie- und Kulanzstrategien, OR Spektrum (1985) 7, S. 39 - 42

BOSC 92   Bosch, K.
           Statistik-Taschenbuch, Oldenbourg, München, 1992

BOUL 93   Boulding, W.; Kirmani, A.
           A Consumer-Side Experimental Examination of Signaling Theory: Do Consumers Perceive Warranties as Signals of Quality?, Journal of Consumer Research, Vol. 20, Juni 1993, S. 111 - 123

BREN 89   Brennan, J. R.; Burton, S. A.
           Warranties: Concept to Implementation, 1989 Proceedings Annual Reliability and Maintainability Symposium, 24.- 26. Jan. 1989, Atlanta, GA, USA (1989)

BROC 89   N. N.
           Gewährleistung, in: *Brockhaus-Enzyklopädie*, 19. Aufl., Bd. 8, Mannheim, 1989, S. 452 - 453

BRON 87   Bronstein, I. N.; Semendjajew, K. A.
           Taschenbuch der Mathematik, Harri Deutsch, Frankfurt, 1987

BRUN 91   Bruns, M.
           Systemtechnik: ingenieurwissenschaftliche Methodik zur interdisziplinären Systementwicklung, Springer, Berlin u. a., 1991

BRUN 92a   Brunner, F. J.
           Stellungnahme zu G. F. Kamiske: „Das untaugliche Mittel der Qualitätskostenrechnung", QZ 37 (1992), S. 312

Literaturverzeichnis

BRUN 92b Brunner, F. J.
Wirtschaftlichkeit industrieller Zuverlässigkeitssicherung, Vieweg, Braunschweig, Wiesbaden, 1992

BUGG 95 Buggert, W.
Target Costing · Grundlagen und Umsetzung des Zielkostenmanagements, Carl Hanser, München, 1995

BURD 75 Burdelski, T.; Dub, W.; Opitz, O.
Eine Einführung in die kurzfristige univariable Prognose, in: Bamberg, G.; Opitz, O. (Hrsg.): *Information und Prognose*, Anton Hein, Meisenheim, 1975, S. 9 - 33

CHAN 78 Chandler, A. D.
The Visible Hand · The Managerial Revolution in American Business, Belknap Press of Harvard University Press, Cambridge, Massachusetts, 1978

CHEN 76 Chen, P. P.
The Entity-Relationship Model: Towards a Unified View of Data, in: ACM Transactions on Database Systems, Vol. 1 (1976), No. 1, S. 9 - 36

CHUK 96 Chukova, S.; Dimitrov, B.
Warranty Analysis for Complex Systems, in: Blischke, W. R.; Murthy, D. N. P. (Hrsg.): *Product Warranty Handbook*, Marcel Dekker, New York u. a., 1996, S. 543 - 584

CIMO 93 N. N.
CIMOSA: Open System Architecture for CIM, 2. Aufl., Springer, Berlin, 1993

COEN 94 Coenenberg, A. G.; Fischer, T.; Schmitz, J.
Target Costing und Product Life Cycle Costing als Instrument des Kostenmanagements, Zeitschrift für Planung, Heidelberg, 1994, S. 1 - 38

COOP 90 Cooper, R.
Activity Based Costing - Was ist ein Activity Based Costing System?, krp 4/90, S. 210 - 220

CROS 79 Crosby, P. B.
Quality is free, McGraw Hill, New York u. a., 1979

CROS 90 Crosby, P. B.
Qualität ist machbar, McGraw Hill, Hamburg, 1990

DANZ 91 Danzer, H.
Neuzuordnung qualitätsbezogener Kosten, gfmt, 9. Q-Leiterforum, Band 2, 1991, S. 825 - 840

DEMI 82 Deming, W. E.
Quality Productivity and Competitive Position, Massachusetts Institute of Technology, Cambridge, USA, 1982

DEMI 86 Deming, W. E.
Out of the Crisis, Massachusetts Institute of Technology, Cambridge, USA, 1986

DEYS 90 Deysson, C.
Subtile Gehirnwäsche · Amerikanische Unternehmen erfinden immer großzügigere und teurere Garantien, Wirtschafts Woche, Nr. 5, 26.01.1990, S. 46 - 47

DGQ 87 N. N.
Begriffe zum Qualitätsmanagement, 4. Aufl., DGQ-Schrift Nr. 11-04, Beuth, Berlin, 1987

DGQ 88 N. N.
Qualität und Recht, 1. Aufl., DGQ-Schrift Nr. 19-30, Beuth, Berlin, Köln, 1988

DGQ 93 N. N.
Begriffe zum Qualitätsmanagement, 5. Aufl., DGQ-Schrift Nr. 11-04, Beuth, Berlin, 1993

DIN 68 N. N.
Regelungstechnik und Steuerungstechnik: Begriffe und Benennungen, DIN 19226, Beuth, Berlin, 1968

DIN 95 N. N.
Qualitätsmanagement · Begriffe, DIN EN ISO 8402, 1995-08, Beuth, Berlin, 1995

EBER 91 Eberstein, H. H.; Braunewell, M.
Einführung in die Grundlagen der Produkthaftung, Recht und Wirtschaft, Heidelberg, 1991

Literaturverzeichnis

ECKE 77	Eckel, G. *Bestimmung des Anfangsverlaufs der Zuverlässigkeitsfunktion von Automobilteilen*, Qualität und Zuverlässigkeit 22 (1977) 9, S. 206 - 208
EICK 94	Eickholt, J. *Konzeption und Bewertung des Einsatzes von Computer Aided Quality Management-Systemen*, Dissertation, RWTH Aachen, 1994
EISE 94	Eisenführ, F. *Einführung in die Betriebswirtschaftslehre*, 3. Aufl., Verlag der Augustinus Buchhandlung, Aachen, 1994
EMON 89	Emons, W. *The Theory Of Warranty Contracts*, Journal of Economic Surveys, Vol. 3, No. 1 (1989), S. 43 - 57
ERB 96	Erb, M. *Methodik zur modellgestützten Planung von CAQ-Investitionen*, Dissertation, RWTH Aachen, 1996
ERMA 75	Ermakow, S. M. *Die Monte-Carlo-Methode und verwandte Fragen*, Oldenbourg, München, Wien, 1975
ESCH 94	Eschenbach, R. (Hrsg.) *Controlling*, Schäffer-Poeschel, Stuttgart, 1994
EVER 93a	Eversheim, W.; Krumm, S.; Heuser, T.; Popp, W. *Prozeßorientierte Reorganisation der Auftragsabwicklung*, VDI-Z 135 (1993) 11, S. 119 - 122
EVER 93b	Eversheim, W.; Laschet, A.; Foerst, J. *Betriebswirtschaftliche Aspekte des Qualitätsmanagements*, in: Hansen, G.; Jansen, H.; Kamiske, G. (Hrsg.): *Qualitätsmanagement im Unternehmen*, Springer, Berlin, 1993, S. 1 - 20
EVER 94a	Eversheim, W.; Krumm, S.; Heuser, T. *Ablauf- und Kostentransparenz · Methoden und Hilfsmittel zur Optimierung der Geschäftsprozesse*, CIM Management 10 (1994) 1, Oldenbourg, S. 57 - 59

EVER 94b   Eversheim, W.; Krumm, S.; Heuser, T.
Ressourcenverzehr minimieren durch Ablauf- und Kostentransparenz, CIM Management 10 (1994) 3, Oldenbourg, München, 1994, S. 40 - 43

EVER 94c   Unternehmensgrenzen überwinden durch Prozeßanalyse · Die Geschäftsprozesse sind das Rückgrat, VDI-Z 136 (1994), S. 18 - 23

EVER 95   Eversheim, W. (Hrsg.); Haacke, U. v.; Hannen, C.; Lindemann, T.; Mischke, B.
Marktspiegel CAQ-Systeme · Untersuchung von Computer-Aided-Quality-Management-Systemen, 2. Aufl., Verlag TÜV Rheinland, Köln, 1995

FEIG 83   Feigenbaum, A. V.
Total Quality Control, McGraw Hill Book Company, New York u. a., 1983

FEIG 91   Feigenbaum, A. V.
Total Quality Control, 3. Aufl., McGraw Hill Book Company, New York, u. a., 1991

FISC 92   Fischer, J.
Datenmanagement · Datenbanken und betriebliche Datenmodellierung, Oldenbourg, München, Wien, 1992

FREE 88   Frees, E. W.; Seong-Hyun, N.
Approximating Expected Warranty Costs, Management Science, Vol. 34, No. 12, 12/1988, S. 1441 - 1449

FREH 94   Frehr, H. - U.
Total Quality Management: unternehmensweite Qualitätsverbesserung · Ein Praxis-Leitfaden für Führungskräfte, 2. Aufl., Carl Hanser, München, Wien, 1994

FREY 94   Frey, H.
Zuverlässigkeits- und Sicherheitsplanung, in: Masing W. (Hrsg.): Handbuch Qualitätsmanagement, 3. Aufl., Carl Hanser, München, 1994, S. 401 - 425

FRIE 94a   Fries, S.
Neuorientierung der Qualitätskostenrechnung in prozeßorientierten TQM-Unternehmen · Entwurf eines ganzheitlichen Entwicklungsprozesses zur Auswahl von Prozeßmeßgrößen, Dissertation, St. Gallen, 1994

FRIE 94b	Friedinger, A.; Weger, A. *Operative Vor- und Rückkopplung*, in: Eschenbach, R. (Hrsg.): Controlling, Schäffer-Poeschel, Stuttgart, 1994, S. 435 - 457
FRÖH 90	Fröhling, O.; Spilker, D. *Life Cycle Costing*, io-Management 59 (1990) 10, S. 74 - 78
FRÖH 91	Fröhling, O.; Wullenkord, A. *Qualitätskostenmanagement als Herausforderung an das Controlling*, krp 4/91, S. 171 - 178
FRÖH 92	Fröhling, O.; Weis, E. *Thesen zum Kostenmanagement in den 90er Jahren · Schritte auf dem Weg zu einer dynamischen Marktkostenrechnung*, Controlling, 4. (1992) 3, S. 134 - 141
FRÖH 93a	Fröhling, O. *Strategische Qualitätsfehlerfolgekosten: Ein Beispiel zur Ermittlung entgehender Deckungsbeiträge*, krp 2/93, S. 101 - 110
FRÖH 93b	Fröhling, O. *Zur Ermittlung von Folgekosten aufgrund von Qualitätsmängeln*, ZfB 63. Jg (1993), H. 6, S. 543 - 568
GALE 89	Gale, B. T.; Buzzell, R. D. *Market Perceived Quality: Key Strategic Concept*, Planning Review, Vol. 17, No. 2, 1989, S. 6 - 15 und S. 48
GANS 77	Gans, B.; Looss, W.; Zickler, D. *Investitions- und Finanzierungstheorie*, 3. Aufl., Vahlen, München, 1977
GARV 88	Garvin, D. A. *Managing Quality · The Strategic and Competitive Edge*, The Free Press, New York u. a., 1988
GEIG 94	Geiger, W. *Qualitätslehre - Einführung · Systematik · Terminologie*, Vieweg, Braunschweig, Wiesbaden, 1994
GEIß 86	Geiß, W. *Betriebswirtschaftliche Kennzahlen · Theoretische Grundlagen einer problemorientierten Kennzahlenanwendung*, Peter Lang, Frankfurt, 1986

GOME 92 Gomez, P.; Zimmermann, T.
Unternehmensorganisation · Das St.Galler Management-Konzept, Bd. 3, Campus, Frankfurt, New York, 1992

GROS 81 Grossman, S. J.
The Informational Role Of Warranties And Private Disclosure About Product Quality, Journal of Law and Economics, Vol. 24, 12/81, S. 461 - 483

GUPT 95 Gupta, J. C.; v. Haacke, U. et al.
Qualitätscontrolling · Ergebnisse einer Umfrage bei ausgewählten Unternehmen, Zertifizierung, Sonderteil in Carl Hansa Fachzeitschriften, 11 (1995), S. 78 - 84

GUTE 79 Gutenberg, E.
Grundlagen der Betriebswirtschaftslehre, Bd. 2: *Der Absatz*, 16. Aufl., Springer, Berlin, Heidelberg, New York, 1979

HABE 94 Haberfellner, R. et al.
Systems Engineering, Methode und Praxis, Hrsg. W.F. Daenzer, F.Huber, 8. Aufl., Verlag Industrielle Organisation, Zürich, 1994

HÄGE 90 Hägele, J.
Produkthaftung - eine Gefahr für jeden Betrieb · Erhöhtes Risiko durch neues Produkthaftungsgesetz, Rechtsratgeber für die Wirtschaftspraxis, Band 3, 2. Aufl., Taylorix Fachverlag, Stuttgart, 1990

HAHN 81 Hahner, A.
Qualitätskostenrechnung als Informationssystem zur Qualitätslenkung, Carl Hanser, Berlin, 1981

HAHN 94 Hahn, D.
PUK · Planung und Kontrolle · Planungs- und Kontrollsysteme · Planungs- und Kontrollrechnung, 4. Aufl., Gabler, Wiesbaden, 1994

HAIS 89 Haist, F.; Fromm, H.
Qualität im Unternehmen · Prinzipien - Methoden - Techniken, Carl Hanser, München, Wien, 1989

HARR 87 Harrington, H. J.
Poor-Quality Cost, ASQC, Marcel Dekker, New York, Basel, 1987

Literaturverzeichnis 129

HART 68 Harter, A. L.; Moore, A. H.
Maximum-Likelihood Estimation From Doubly Censored Samples of the Parameters of the First Asymptotic Distribution of Extreme Values, Journal of American Statistical Association, Nr. 63, 1968, S. 889 - 901

HART 94 Hartung, S.
Methoden des Qualitätsmanagement für die Produktplanung und -entwicklung, Dissertation, RWTH Aachen, 1994

HAUF 95 Hauff, W.; Patzschke, C.
Qualitätskostenrechnung noch in den Kinderschuhen, QZ 40 (1995) 9, S. 1033 - 1039

HAX 85 Hax, H.
Investitionstheorie, 5. Aufl., Physica-Verlag, Würzburg, Wien, 1985

HEIN 70 Heinen, E.
Betriebliche Kennzahlen · Eine organisationstheoretische und kybernetische Analyse, in: Linnhardt, H.; Penzkofer, P.; Scherpf, P. (Hrsg.): Dienstleistungen in Theorie und Praxis · Festschrift zum 70. Geburtstag von Otto Hintner, Poeschel, Stuttgart, 1970, S. 227 - 236

HEIN 85 Heinen, E.
Industriebetriebslehre · Entscheidungen im Industriebetrieb, 8. Aufl., Gabler, Wiesbaden, 1985

HESC 71 Heschel, M.
How much is a guarantee worth?, Industrial Engineering, Vol. 3 (1971) No. 5, S. 14 - 15

HEUS 95 Heuser, T.
Synchronisation auftragsneutraler und auftragsspezifischer Auftragsabwicklung, Dissertation, RWTH Aachen, 1995

HILL 91 Hill, V. L.; Beall, C. W.; Blischke, W. R.
A Simulation Model for Warranty Analysis, International Journal of Production Economics, 22 (1991) 2, S. 131 - 140

HOHE 93 Hohenstein, U.
Formale Semantik eines erweiterten Entity-Relationship-Modells, Teubner, Stuttgart, Leipzig, 1993

HORV 89　Horváth, P.; Mayer, R.
　　　　　Prozeßkostenrechnung: Der neue Weg zu mehr Kostentransparenz und wirkungsvolleren Controllingstrategien, Controlling 1 (1989) 4, S. 214 - 219

HORV 90　Horváth, P.; Urban, G.
　　　　　Qualitätscontrolling, Poeschel, Stuttgart, 1990

HORV 92　Horváth, P.; Seidenschwarz, W.
　　　　　Die Methodik des Zielkostenmanagements, Controlling-Forschungsbericht Nr. 33, Universität Stuttgart, Eigendruck, 1992

HORV 93　Horváth, P. (Hrsg.)
　　　　　Target Costing · Marktorientierte Zielkosten in der deutschen Praxis, Schäffer-Poeschel, Stuttgart, 1993

HORV 94　Horváth, P.
　　　　　Controlling, 5. Aufl., Vahlen, 1994

HUNT 96　Hunter, J. J.
　　　　　Mathematical Techniques for Warranty Analysis, in: Blischke, W. R., Murthy, D. N. P. (Hrsg.): *Product Warranty Handbook*, Marcel Dekker, New York u. a., 1996, S. 157 - 190

IDEF 93　N. N.
　　　　　Integration Definition for Function Modeling (IDEF0), Federal Information Processing Standards Publication, U. S. Department of Commerce, 1993

ISHI 85　Ishikawa, K.
　　　　　What ist Total Quality Control? The Japanese Way, Prentice-Hall International Inc., London, 1985

JURA 70　Juran, J.
　　　　　Consumerism and Product Quality, Quality Progress, Juli 1970, S. 18 - 27

JURA 80　Juran, J., Gryna, F. M.
　　　　　Quality Planning and Analysis · From Product Development through Use, 2. Aufl., McGraw-Hill, New York u. a., 1980

JURA 88　Juran, J.; Gryna, F. M.
　　　　　Quality Control Handbook, 4. Aufl., McGraw-Hill, New York u. a., 1988

KALT 70   Kaltenborn, A.
          Mathematische Auswertung von Lebensdauerversuchen mit Computern, Maschinenbautechnik 19 (1979) 8, S. 435 - 439

KALT 71   Kaltenborn, A.
          Auswertung von Lebensdauerversuchen mit EDVA - Nach der Methode des Maximum Likelihood von Fisher, Maschinenbautechnik 20 (1971) 8, S. 391 - 394

KAMI 92   Kamiske, G. F.
          Das untaugliche Mittel der Qualitätskostenrechnung, QZ 37 (1992) 3, S. 122 - 123

KAMI 93   Kamiske, G. F.; Tomys, A.-K.
          Qualitätsmanagement verbessert den Wirkungsgrad der Produktion, ZwF 88 (1993), S. 41 - 43

KAND 94   Kandaouroff, A.
          Qualitätskosten · Eine theoretisch-empirische Analyse, ZfB 64. Jg. (1994), H. 6, S. 765 - 786

KELL 93   Keller, K.
          Pseudozufallszahlen und Monte-Carlo-Methoden, Rechenzentrum der RWTH Aachen, Eigendruck, 1993

KELL 96a Kelly, C. A.
          Warranty and Consumer Behavior: Product Choice, in: Blischke, W. R., Murthy, D. N. P. (Hrsg.): Product Warranty Handbook, Marcel Dekker, New York u. a., 1996, S. 409 - 438

KELL 96b Keller, K.
          Statistik, Rechenzentrum der RWTH Aachen, Eigendruck, 1996

KING 94   King, B.
          Doppelt so schnell wie die Konkurrenz · Quality Function Deployment, 2. Aufl., gmft, St. Gallen, 1994

KIRS 77   Kirsch, W.
          Einführung in die Theorie der Entscheidungsprozesse, 2. Aufl., Gabler, Wiesbaden, 1977

KNEP 89 Knepper, R.
Die Anwendung der Semi-Markoff- und verwandten Prozesse als sicherheits- und zuverlässigkeitstechnisches Analyseverfahren zur quantitativen Bewertung technischer Systeme, VDI Fortschr.-Ber. Reihe 8, Nr. 198, VDI-Verlag, Düsseldorf, 1989

KÖHL 92 Köhler, R. W.; Schaefers, K.
Das Ziel: Optimale Qualitätskosten, QZ 37 (1992) 9, S. 538 - 541

KOCH 90 Koch, F. A.
Ratgeber zur Produkthaftung: mit Checklisten zur praktischen Prüfung der Ansprüche und Haftungsrisiken von Herstellern, Vertriebshändlern, Importeuren, Verbrauchern, 2. Aufl., WRS Verlag, München, 1990

KOSA 93 Kosanke, K.
CIMOSA: Offene System-Architektur, in: Scheer, A.-W. (Hrsg.): Handbuch Informationsmanagement, Gabler, Wiesbaden, 1993, S. 113 - 138

KOSL 79 Koslow, B. A.; Uschakow, I. A.
Handbuch zur Berechnung der Zuverlässigkeit für Ingenieure, Carl Hanser, München, 1979

KROE 80 Kroeber-Riel, W.
Konsumentenverhalten, 2. Aufl., Vahlen, München, 1980

KÜMP 96 Kümper, R.
Ein Kostenmodell zur verursachungsgerechten Vorkalkulation in den Phasen der Produktentstehung, Dissertation, RWTH Aachen, 1996

KÜPP 95 Küpper, H.-U.
Controlling: Konzeption, Aufgaben und Instrumente, Schäffer-Poeschel, Stuttgart, 1995

LASC 94 Laschet, A.
Konzeption eines Fehlerinformations- und Bewertungssystems, Dissertation, RWTH Aachen, 1994

LAW 82 Law, A. M.; Kelton, W. D.
Simulation Modeling and Analysis, McGraw-Hill, New York u. a., 1982

Literaturverzeichnis 133

LEEM 90   Leemis, L. M.; Beneke, M.
Burn-In Models and Methods: A Review, IIE Transactions, Volume 22, No. 2, June 1990, S. 172 - 180

LEMO 75   Lemon, G. H.
Maximum Likelihood Estimation For Three Parameter Weibull Distribution Based On Censored Samples, Technometrics, Nr. 17, 1975, S. 247 - 254

LENZ 40   Lenz, H.
Garantie- und Kulanzkosten, ihre Erscheinung, Erfassung und Verrechung in der Selbstkostenrechnung industrieller Unternehmungen, Dissertation, Frankfurt/Main, 1940

LERN 94   Lerner, F.
Geschichte der Qualitätssicherung, in: Masing, W. (Hrsg.): Handbuch Qualitätsmanagement, 3. Aufl., Carl Hanser, München, 1994, S. 17 - 29

LOOM 96   Loomba, A. P. S.
Historical Perspective on Warranty, in: Blischke, W. R., Murthy, D. N. P. (Hrsg.): Product Warranty Handbook, Marcel Dekker, New York u. a., 1996, S. 29 - 45

MASC 96   Maschmeyer, R. A.; Balachandran, K. R.
Cost Management Planning and Control for Product Quality and Warranties, in: Blischke, W. R., Murthy, D. N. P. (Hrsg.): Product Warranty Handbook, Marcel Dekker, New York u. a., 1996, S. 763 - 788

MASI 88   Masing, W.
Fehlleistungsaufwand, QZ 33 (1988) 1, S. 11 - 12

MASI 93   Masing, W.
Nachdenken über qualitätsbezogene Kosten, QZ 38 (1993) 3, S. 149 - 153

MERT 70   Mertens, P.
Rückstellungen, in: Kosiol, E.(Hrsg.): Handwörterbuch des Rechnungswesens, Poeschel, Stuttgart, 1970, Sp. 1544 - 1552

MERT 94   Süssenguth, W.; Jochem, R.
Modellierungsmethoden für rechnerintegrierte Produktionsprozesse · Unternehmensmodellierung - Softwareentwurf - Schnittstellendefinition - Simulation, Carl Hanser, München, Wien, 1994

MEYE 76 Meyer, C.
Kennzahlen und Kennzahlen-Systeme, Poeschel, Stuttgart, 1976

MEYN 94 Meyna, A.
Qualitäts- und Zuverlässigkeitsmanagement, Vieweg, Braunschweig, Wiesbaden, 1994

MÜLL 93 Müller, S.
Entwicklung einer Methode zur prozeßorientierten Reorganisation der technischen Auftragsabwicklung komplexer Produkte, Dissertation, RWTH Aachen, Verlag Shaker, Aachen, 1993

MURT 92a Murthy, D. N. P.; Blischke, W. R.
Product warranty management - III: A review of mathematical models, European Journal of Operational Research 62 (1992), S. 1 - 34

MURT 92b Murthy, D. N. P.; Blischke, W. R.
Product warranty management - II: An integrated framework for study, European Journal of Operational Research, 62 (1992), S. 261 - 281

NADL 69 Nadler, G.
Arbeitsgestaltung - zukunftsbewußt · Entwerfen und Entwickeln von Wirksystemen, Hrsg. H. H. Hilf, Carl Hanser, München 1969

NGUY 82 Nguyen, D. G.; Murthy, D. N. P.
Optimal Burn-In Time to Minimize Cost for Products Sold Under Warranty, IIE Transactions, Volume 14, No. 3, September 1982, S. 167 - 174

NGUY 84 Nguyen, D. G.; Murthy, D. N. P.
Cost Analysis of Warranty Policies, Naval Research Logistics Quarterly 31 (1984), S. 525 - 541

NIED 94 Niedermayr, R.
Entwicklungsstand des Controlling: System, Kontext und Effizienz, Dt. Universitäts-Verlag, Wiesbaden, 1994

NIES 94 Nieschlag, R.; Dichtl, E.; Hörschgen, H.
Marketing, 17. Aufl., Duncker & Humblot, Berlin, 1994

NORD 76 Nordstrom, R. D.; Metzner, H.
Warranties: How Important As A Marketing Tool?, Proceedings: Southern Marketing Association Conference, 1976, S. 26 - 28

OCON 90 O'Conner, P. D. T.
Zuverlässigkeitstechnik · Grundlagen und Anwendungen, VCH Verlagsgesellschaft, Weinheim, 1990

ÖREN 84 Ören, T. I.; Zeigler, B. P.; Elzas, M. S. (Hrsg.)
Simulation and Model-Based Methodologies · An Integrative View, Springer, Berlin u. a., 1984

OESS 93 Oess, A.
Total Quality Management · Die ganzheitliche Qualitätsstrategie, 3. Aufl., Gabler, Wiesbaden, 1993

OREN 93 Orendi, G.
Systemkonzept für die phasenneutrale Fehlerbehandlung als Voraussetzung für den Einsatz präventiver QS-Verfahren, Dissertation, RWTH Aachen, 1993

PADM 96 Padmanabhan, V.
Marketing and Warranty, in: Blischke, W. R., Murthy, D. N. P. (Hrsg.): Product Warranty Handbook, Marcel Dekker, New York u. a., 1996, S. 393 - 407

PATZ 82 Patzak, G.
Systemtechnik - Planung komplexer innovativer Systeme, Springer, Berlin 1982

PAUL 74 Pauls, J.
Garantie- und Gewährleistungen, in: Marketing Enzyklopädie, Band 1: Absatzkennzahlen - Investitionsgütermarketing, Verlag Moderne Industrie, München, 1974, S. 797 - 802

PCWO 91 N. N.
PC-Industrie lockt Kunden mit längerer Garantiezeit, PC Woche, 15.04.1991, S. 25

PETE 81 Peterson, J.
Petri Net Theory and The Modeling Of Systems, Prentice-Hall, Englewood Cliffs NJ, 1981

PETR 76 Petri, C. A.
Non-Sequential Processes · Translation of a lecture given at the IMMD Jubilee Colloquium on „Parallelism in Computer Science", Gesellschaft für Ma-

thematik und Datenverarbeitung MBH Bonn, Institut für Informationsforschung ,GMD - ISF Report, ISF - 77 - 05, 1976

PETR 94 Petrick, K.; Reihlen, H.
Qualitätsmanagement und Normung, in: Masing, W. (Hrsg.): *Handbuch Qualitätsmanagement*, 3. Aufl., Carl Hanser, München, 1994, S. 89 - 108

PFEI 93 Pfeifer, T.
Qualitätsmanagement: Strategien, Methoden, Techniken, Carl Hanser, München, Wien, 1993

PIEP 83 Pieper, V.; Tiedge, J.
Zuverlässigkeitsmodelle auf der Grundlage stochastischer Modelle von Verschleißprozessen, Math. Operationsforsch. u. Statistik 14 (1983) 3, S. 485 - 502

PREI 95 Preißler, P. R.
Controlling: Lehrbuch und Intensivkurs, 6. Aufl., Oldenbourg, München, Wien, 1995

PÜMP 92 Pümpin, C.; Prange, J.
Management der Unternehmensentwicklung, Das St. Galler Management-Konzept, Bd. 2, Campus, Frankfurt, New York, 1992

RADF 17 Radford, G. S.
The Control of Quality, Engineering Magazin (Forts. Industrial Management), New York, Oktober 1917, S. 100 - 107

RAUB 89 Rauba, A.
Planungsmethodik für ein Qualitätskostensystem, Dissertation, TU Stuttgart, Springer, 1989

REIC 78 Reichelt, C.
Rechnerische Ermittlung der Kenngrößen der Weibull-Verteilung, Fortschrittsberichte VDI-Z, Reihe 1, Nr. 56, VDI-Verlag, 1978

REIC 95 Reichmann, T.
Controlling mit Kennzahlen und Managementberichten · Grundlagen einer systemgestützten Controlling-Konzeption, 4. Aufl., Vahlen, München, 1995

REIN 83   Reinhold, A.
           Garantie und Garantiepolitik - Die theoretischen Grundlagen garantiepolitischer Entscheidungen industrieller Anbieter, Dissertation, Mainz, 1983

RINN 80   Rinne, H.
           Parameterschätzung für Weibull-Verteilungen, Operations Research Proceedings, Springer, 1980, S. 171 - 180

RITC 86   Ritchken, P. H.; Tapiero, C. S.
           Warranty Design Under Buyer and Seller Risk Aversion, Naval Research Logistics Quarterly, 33 (1986), S. 657 - 671

ROMM 95   Rommel, G. et al.
           Qualität gewinnt · Mit Hochleistungskultur und Kundennutzen an die Weltspitze, McKinsey & Company, Inc., Schäffer-Poeschel, Stuttgart, 1995

ROPO 79   Ropohl, G.
           Eine Systemtheorie der Technik: zur Grundlegung der allgemeinen Technologie, Carl Hanser, München, Wien, 1979

ROSS 77   Ross, D. T.
           Structured Analysis (SA): A Language for Communicating Ideas, IEEE Transactions on Software Engineering, Vol. SE-3, No. 1, January 1977, S. 16 - 34

ROSS 77a   Ross, D. T.; Schoman, K. E.
           Structured Analysis for Requirements Definition, IEEE Transaction on Software Engineering 3 (1977) 1, S. 6 - 15

SACH 92   Sachs, L.
           Angewandte Statistik · Anwendung statistischer Methoden, 7. Aufl., Springer, Berlin u. a., 1992

SCHÄ 79   Schäfer, E.
           Zuverlässigkeit, Verfügbarkeit und Sicherheit in der Elektronik, Vogel-Verlag, Würzburg, 1979

SCHE 90   Scheer, A.-W.
           Wirtschaftsinformatik · Informationssysteme im Industriebetrieb, 3. Aufl., Springer, Berlin u. a., 1990

SCHE 93   Scheer, A.-W.
           Handbuch Informationsmanagement, Gabler, Wiesbaden, 1993

SCHE 94 Scheer, A.-W.
Wirtschaftsinformatik · Referenzmodelle für industrielle Geschäftsprozesse, 5. Aufl., Springer, Berlin u. a., 1994

SCHI 67 Schiecke, K.
Die Garantieleistung in produktions- und absatzwirtschaftlicher Betrachtung, Dissertation, Erlangen-Nürnberg, 1967

SCHI 95 Schierenbeck, H.
Grundzüge der Betriebswirtschaftslehre, 12. Aufl., Oldenbourg, München, 1995

SCHM 94 Schmidt-Salzer, J.
Zivil- und strafrechtliche Produktverantwortung, in: Masing, W. (Hrsg.): Handbuch Qualitätsmanagement, 3. Aufl., Carl Hanser, München, 1994, S. 745 - 764

SCHN 92 Schneeweiß, W. G.
Zuverlässigkeitstechnik - von den Komponenten zum System, Dakontext Verlag, Köln, 1992

SCHÖ 74 Schöne, A.
Simulation technischer Systeme, Band I - III, Carl Hanser, München, Wien, 1974

SCHR 78 Schröder, M.
Einführung in die kurzfristige Zeitreihenprognose und Vergleich der einzelnen Verfahren, in: Mertens, P. (Hrsg.): Prognoserechnung, 3. Aufl., Physica-Verlag, Würzburg, Wien, 1978, S. 21 - 71

SCHU 89 Schuh, G.
Gestaltung und Bewertung von Produktvarianten · Ein Beitrag zur systematischen Planung von Serienprodukten, Dissertation, RWTH Aachen, 1989

SCHU 92 Schuh, G.; Brandstetter, H.; Groos, C. P.
Grenzen der Prozeßkostenrechnung · Kostenanalyse und -prognose mit dem Ressourcenverfahren, Technische Rundschau 84 (1992) 23, S. 46 - 50

SEGH 94 Seghezzi, H. D.
Qualitätsmanagement: Ansatz eines St. Galler Konzepts/Integriertes Qualitätsmanagement, Schäffer-Poeschel, Zürich, 1994

SEGH 96 Seghezzi, H. D.
Integriertes Qualitätsmanagement · Das St. Galler Konzept, Carl Hanser, Wien, 1996

SIMO 91 Simon, H.
Kundennähe als Wettbewerbsstrategie und Führungsherausforderung, in: Kistner, K.-P.; Schmidt, R. (Hrsg.): *Unternehmensdynamik*, Gabler, Wiesbaden, 1991, S. 253 - 273

SHIM 82 Shimp, T. A.; Bearden, W. O.
Warranty and Other Extrinsic Cue Effects on Consumers Risk Perceptions, Journal of Consumers Research, Vol. 9, Juni 1982, S. 38 - 46

STEI 71 Steiner, G.
Anwendung mathematischer Methoden zur Ermittlung von Garantierückstellungen, DB 1971, Nr. 4, S. 158 - 160

STEI 94 Steinbach, W.
Qualitätsbezogene Kosten, in: Masing, W. (Hrsg.): *Handbuch Qualitätsmanagement*, 3. Aufl., Carl Hanser, München, 1994, S. 65 - 88

STOC 94 Stockinger, K.
Datenfluß aus dem Feld, in: Masing, W. (Hrsg.): *Handbuch Qualitätsmanagement*, 3. Aufl., Carl Hanser, München, 1994, S. 681 - 696

STOL 56 Stolz, W.
Garantie und ihre Abgrenzung zur gesetzlichen Gewährleistung, Der Handel, 9. Jg. (1956), S. 43 - 48

TAGU 87 Taguchi, G.
System of Experimental Design, Volume 1 u. 2, American Supplier Institute, Inc., Dearborn, 1987

TAPI 88 Tapiero, C. S.; Posner, M. J.
Warranty Reserving, Naval Research Logistics Quarterly 35 (1988), S. 473 - 479

TAYL 14 Taylor, F. W.
Shop management, in: Die Betriebsleitung insbesondere der Werkstätten (autorisierte deutsche Bearbeitung), 3. Aufl., Springer, Berlin, 1914

THOM 94 Thomas, J.
Qualitätsforderung aus rechtlicher Sicht, in: Masing, W. (Hrsg.): Handbuch Qualitätsmanagement, 3. Aufl., Carl Hanser, München, 1994, S. 733 - 744

THUM 92 Thum, H.
Verschleißteile · Zuverlässigkeit und Lebensdauer, 1. Aufl., Verlag Technik, Berlin, 1992

TÖPF 76 Töpfer, A.
Planungs- und Kontrollsysteme industrieller Unternehmungen · Eine theoretische, technologische und empirische Analyse, Duncker & Humblot, Berlin, 1976

TÖPF 93 Töpfer, A.; Mehdorn, H.
Total Quality Management · Anforderungen und Umsetzung im Unternehmen, Luchterhand, Berlin, 1993

TOMY 94 Tomys, A.-K.
Kostenorientiertes Qualitätsmanagement · Ein Beitrag zur Klärung der Qualitätskosten-Problematik, Dissertation, TU Berlin, Carl Hanser, München, 1994

TONN 84 Tonner, K.
Herstellergarantie und AGB-Gesetz, Neue Juristische Wochenschrift 37 (1984) 32, S. 1730 - 1734

TRÄN 90 Tränkner, J. H.
Entwicklung eines prozeß- und elementorientierten Modells zur Analyse und Gestaltung der technischen Auftragsabwicklung von komplexen Produkten, Dissertation, RWTH Aachen, 1990

UDEL 68 Udell, J. G.; Anderson, E. E.
The Product Warranty as an Element of Competitive Strategy, Journal of Marketing, Vol. 32 (October, 1968), S. 1 - 8

ULRI 70 Ulrich, H.
Die Unternehmung als produktives soziales System, 2. Aufl., Paul Haupt, Bern, 1970

ULRI 74 Ulrich, H.; Krieg, W.
Das St. Galler Management-Modell, 3. Aufl., Paul Haupt, Bern, 1974

Literaturverzeichnis 141

ULRI 76a Ulrich, P.; Hill, W.
Wissenschaftstheoretische Grundlagen der Betriebswirtschaftslehre (Teil I), WiSt, H. 7, (1976), S. 304 - 309

ULRI 76b Ulrich, P.; Hill, W.
Wissenschaftstheoretische Grundlagen der Betriebswirtschaftslehre (Teil II), WiSt, H. 8, (1976), S. 345 - 350

VDA 84 N. N.
Zuverlässigkeitssicherung bei Automobilherstellern und Lieferanten · Verfahren und Beispiele, VDA, Eigendruck, Frankfurt, 1984

VDI 84 N. N.
VDI 4008 Blatt 8, Erneuerungsprozesse, Beuth, Berlin, Köln, 1984

VDI 85 N. N.
VDI 4008 Blatt 6, Monte-Carlo-Simulation, Beuth, Berlin, Köln, 1985

VDI 86a N. N.
VDI 4008 Blatt 2, Boolsches Modell, Beuth, Berlin, Köln, 1985

VDI 86b N. N.
VDI 4008 Blatt 2, Markoff-Zustandsänderungsmodelle mit endlich vielen Zuständen, Beuth, Berlin, Köln, 1985

WEBE 90 Weber, J.
Change Management für die Kostenrechnung · Zum Veränderungsbedarf der Kostenrechnung, Controlling 3 (1990) 5, S. 120- 126

WEBE 95 Weber, J.
Einführung in das Controlling, 6. Aufl., Schäffer-Poeschel, Stuttgart, 1995

WEHR 93 Wehrt, K.
Gewährleistungsregeln als Instrument der Informationsübertragung, ZWS 113 (1993) 1, S. 77 - 113

WERN 60 Werninger, G.
Rückstellungen in der Bilanz · betriebswirtschaftlich - steuerlich, Gabler, Wiesbaden, 1960

WEST 91 Westphalen, Fr. Graf v.
Produkthaftungshandbuch, Bd. 2: Das deutsche Produkthaftungsgesetz, Internationales Privat- und Prozeßrecht, Länderberichte zum Produkthaftungsrecht, C.H.Beck'sche Verlagsbuchhandlung, München, 1991

WHEE 86 Wheeler, D.
Understanding Statistical Process Control, Statistical process controls, Knoxville, 1986

WHIT 89 White, J. D.; Truly, E. L.
Price-Quality Integration in Warranty Evaluation · A Preliminary Test of Alternative Models of Risk Assessment, Journal of Business Research 19, 1989, S. 109 - 125

WILD 92 Wildemann, H.
Kosten- und Leistungsbeurteilung von Qualitätssicherungssystemen, Zeitschrift für Betriebswirtschaft, Jg. 62 (1992), H. 7, S. 761 - 782

WILR 87 Wilrich, P.-T.; Henning, H.-J. et al.
Formeln und Tabellen der angewandten mathematischen Statistik, 3. Aufl., Springer, Berlin, 1987

WÖHE 90 Wöhe, G.
Einführung in die Allgemeine Betriebswirtschaftslehre, 17. Aufl., Vahlen, München, 1990

WU 92 Wu, Z.
Vergleich und Entwicklung von Methoden zur Zuverlässigkeitsanalyse von Systemen, Dissertation, Universität Stuttgart, 1992

ZINK 94 Zink, K. J.
Business Excellence durch TQM - Erfahrungen Europäischer Unternehmer, Carl Hanser, München, Wien, 1994

ZINK 95 Zink, K. J.
TQM als integratives Managementkonzept · Das Europäische Qualitätsmodell und seine Umsetzung, Carl Hanser, München, Wien, 1995

ZIPP 94 Zipperer, M.
Zuverlässigkeitsprüfung, in: Masing, W. (Hrsg.): Handbuch Qualitätsmanagement, 3. Aufl., Carl Hanser, München, 1994, S. 301 - 328

Verzeichnis der unveröffentlichten Studien- und Diplomarbeiten, die zu dieser Dissertation beigetragen haben

Baum, H.   *Entwicklung eines Modells zur Darstellung und Analyse der Unternehmensprozesse zur Abwicklung von Garantie- und Gewährleistungsforderungen*, Diplomarbeit, RWTH Aachen, 1995

Brinkmann, J.   *Entwicklung einer Methode zur systematischen Fehldatenauswertung - ein Beitrag zur lebenszyklusorientierten Qualitätslenkung*, Diplomarbeit, RWTH Aachen, 1996

Güthenke, G.   *Detaillierung und Operationalisierung eines Konzeptes zum Controlling von Garantie- und Gewährleistungen*, Studienarbeit, RWTH Aachen, 1996

Kohlhaas, W.   *Entwicklung einer Methode zur Bestimmung der Systemzuverlässigkeit für technische Produkte mit mechanischen und elektronischen Bauteilen sowie Software-Komponenten hinsichtlich einer kostenorientierten Qualitätsplanung*, Diplomarbeit, RWTH Aachen, 1995

Korreck, A.   *Strukturierung und Systematisierung von Garantiekosten mit Hilfe einer ressourcenorientierten Produkt- und Prozeßmatrix am Beispiel der Produktpalette eines mittelständischen Unternehmens*, Studienarbeit, RWTH Aachen, 1995

Krisch, H.   *Entwicklung eines Simulationsmodells zur Bewertung von Maßnahmen zur Reduzierung von Garantiekosten*, Diplomarbeit, RWTH Aachen, 1996

Leiters, M.   *Entwicklung eines Grobkonzeptes für das Controlling externer Fehlleistungen*, Studienarbeit, RWTH Aachen, 1996

Leiters, M.   *Entwicklung eines Planungs- und Kontrollsystems zur Steuerung externer Fehlerkosten und -aufwände*, Diplomarbeit, RWTH Aachen, 1996

Michels, M. *Bewertung eines Referenzprozesses für die Abwicklung von Garantie- und Gewährleistungsforderungen mit Hilfe der prozeßorientierten Ressourcenanalyse*, Studienarbeit, RWTH Aachen, 1996

Nilles, V. *Aufbau eines Modells zur Abbildung der Verrechnung qualitätsbezogener Kosten im betrieblichen Rechnungswesen*, Studienarbeit, RWTH Aachen, 1996

Schulze, T. *Entwicklung eines Modells zur Bewertung von Maßnahmen hinsichtlich der Senkung von Garantie- und Gewährleistungsausgaben*, Studienarbeit, RWTH Aachen, 1996

Thormählen, H. *Aufbau und Segmentierung eines Wirkmodells zur theoretischen Analyse technisch-wirtschaftlicher Zusammenhänge am Beispiel der Garantie- und Gewährleistungen*, Studienarbeit, RWTH Aachen, 1996

Wittig, O. *Entwicklung eines Produktstrukturmodells zur Abbildung der wesentlichen technischen Parameter der Systemzuverlässigkeit - ein Beitrag zur kostenorientierten Qualitätsplanung*, Diplomarbeit, RWTH Aachen, 1995

Wortberg, A. *Empirische und theoretische Entwicklung eines Modells zur Klassifizierung unterschiedlicher Garantiebedingungen für technische Produkte im Konsum- und Investitionsgüterbereich*, Studienarbeit, RWTH Aachen, 1996

8 Anhang

Anhang A1

Garantiebedingungen

Anhang A2

Kennzahlensystem

Anhang A3

A3.1 Funktionsmodell

A3.2 Datenmodell

A3.3 Steuerungsmodell

A3.4 Flow-Charts

Anhang A1:
Garantiebedingungen

Die Gerätegarantie der AEG Hausgeräte AG

Für dieses Gerät leisten wir - zusätzlich zur gesetzlichen Gewährleistung des Händlers aus Kaufvertrag - dem Endabnehmer gegenüber zu den nachstehenden Bedingungen Garantie:

1. Die Garantiezeit beträgt 12 Monate und beginnt mit dem Zeitpunkt der Übernahme des Geräts, der durch Rechnung oder andere Unterlagen zu belegen ist. Die Garantiezeit ist auf 6 Monate beschränkt, wenn das Gerät gewerblich genutzt wird.
2. Die Garantie umfaßt die Behebung aller innerhalb der Garantiezeit auftretenden Schäden oder Mängel des Geräts, die nachweislich auf Material- und Fertigungsfehlern beruhen. Nicht unter die Garantie fallen Schäden oder Mängel aus nicht vorschriftsmäßigem Anschluß, unsachgemäßer Handhabung sowie Nichtbeachtung der Gebrauchsanweisungen.
3. Im Garantiefall kann das Gerät einer unserer Kundendienststellen oder dem autorisierten Fachhandel übergeben oder - in Deutschland - direkt an unseren Werkskundendienst (Zentralwerkstatt) eingesandt werden:

    AEG Kundendienst, Zentralwerkstatt
    Max-Eyth-Str. 10
    7057 Winnenden
4. Bei Einsendung des Geräts an unseren Werkskundendienst ist darauf zu achten, daß das Gerät gut verpackt, mit vollständigen Absender und - soweit möglich - mit einer kurzen Fehlerbeschreibung versehen wird.
5. Die Garantieleistungen werden ohne jede Berechnung durchgeführt; sie bewirken weder eine Verlängerung noch einen Neubeginn der Garantiezeit. Ausgewechselte Teile gehen in unser Eigentum über.

AEG Hausgeräte AG, Muggenhofer Straße 135, D-8500 Nürnberg 80

Bild A1-1: Garantiebedingungen AEG Hausgeräte AG

Anhang A5

Die Garantie der Beechcraft Vertrieb und Service GmbH

BONANZA NEW AIRPLANE WARRANTY

All new Bonanza Airplanes are covered by the following MANUFACTURES LIMITED WARRANTY, which gives Buyer specific legal rights, and Buyer may have other rights which vary from state to state.

A. BEECH AIRCRAFT CORPORATION'S („BEECH") LIMITED WARRANTY:

(1) Subject to the limitations and conditions hereinafter set forth, Beech warrants, at the time of delivery by Beech, each part of the Airplane, except avionics equipement and engines (reference paragraphs B and C below), to be free from (i) defects in material and workmanship, and (ii) defects in design that in view of the state of the artas of the date of manufacture should have been foreseen; provided, however, that the defects must be discovered within twelve (12) months or one thousand (1,000) hours of airplane operation from the date of delivery of the Airplane to Buyer, whichever time period first expires or event first occurs.

(2) The entire extent of Beech's liability shall be limited to that of either repairing the defective part or providing a new or rebuilt-to-zero-time replacement part, free of charge to the Buyer. The labor necessary to remove from the Airplane such part or parts and to reinstall in the Airplane such part or parts, as well as any repairs made as the result of improper installations by Beech, shall be covered by this Warranty, provided the work is performed at a Rates Beechcraft Franchised Service Center. The part to be repaired or replaced shall be returned prepaid to Beech. BEECH'S LIMITED WARRANTY will apply to any part repaired or replaced by a Rated Beechcraft Franchised Service Center, in which event the applicable Warranty for such part shall be limited to the unexpired portion of BEECH'S LIMITED WARRANTY described in paragraph (1) above. The warranty period of the repaired or replacement part does not start over from the date of installation.

Bild A1-2: Garantiebedingungen Beechcraft GmbH (Teil 1)

(3) Routine services (such as inspections, cleaning, adjustments, etc.) and replacement of items which deteriorate from wear or exposure (such as finish paint, upholstery, trim items, bulbs, tires, brakes, hoses, belts, etc.) are not covered by this Limited Warranty. Such routine services and replacements required during the course of operation are not considered to be the result of any defect in the airplane.

B. AVIONICS EQUIPEMENT WARRANTY BY APPLICABLE MANUFACTURERS:

All factory installed avionics equipement is warranted by the respective manufacturers for varying periods of time. Details of these programs are available from the applicable manufacturer.

C. ENGINES WARRANTED BY TELEDYNE CONTINENTAL MOTORS:

The airplane engines are warranted by their manufacturer, Teledyne Continental Motors of Mobile, Alabama, under its Gold Medallion Warranty. Details of this warranty are available from the engine manufacturer.

D. LIMITATIONS APPLICABLE TO BEECH'S LIMITED WARRANTY:

(1) Beech will be relieved of all obligations and liability under this warranty if:
    (i)   The alleged defect in the part is due to misuse or negligence on the part of someone other than Beech; or
    (ii)   Beech's identification mark or name or serial number has been removed from the part in question; or
    (iii)   The Airplane and/or Equipement purchased herein have not been maintained, operated or stored either in accordance with applicable manuals, communications or other written instructions of Beech or any manufacturer of the part involved, or in accordance with applicable Federal Aviation Regulations and advisory circulars unless Buyer shows that such maintainance, operation or storage was not a contributory cause of the defect.

Bild A1-3: Garantiebedingungen Beechcraft GmbH (Teil 2)

Anhang A7

(2) For the purpose of this warranty no part of the Airplane or equipement purchased herein will be regarded as defective merely because, subsequent to its delivery, some modification or alteration becomes necessary for product improvements or in order to meet a change in the requirements of any applicable Federal Aviation Regulation.

(3) TO THE EXTENT ALLOWED BY APPLICABLE LAW; BUYER WAIVES AS TO SELLER AND BEECH ALL OTHER WARRANTIES, WHETHER OF MERCHANTABILITY, FITNESS OR OTHERWISE. SOME STATES DO NOT ALLOW LIMITATIONS ON HOW LONG AN IMPLIED WARRANTY LASTS, SO THE ABOVE LIMITATIONS MAY NOT APPLY TO THE BUYER.

(4) TO THE EXTENT ALLOWED BY APPLICABLE LAW, THE OBLIGATIONS OF BEECH SET FORTH HEREIN SHALL BE THE EXCLUSIVE REMEDIES FOR ANY BREAK OF WARRANTY HEREUNDER, AND, TO THE SAME EXTENT NEITHER BEECH NOR SELLER SHALL BE LIABLE FOR ANY GENERAL, CONSEQUENTIAL OR INCIDENTAL DAMAGES, INCLUDING, WITHOUT LIMITATION, ANY DAMAGES FOR DIMINUATION OF MARKET VALUE, LOSS OF USE OR LOSS OF PROFITS, OR ANY DAMAGES TO THE AIRPLANE CLAIMED BY THE BUYER OR ANY OTHER PERSON OR ENTITY UPON THE THEORY OF NEGLIGENCE OR STRICT LIABILITY IN TORT. SOME STATES DO NOT ALLOW THE EXCLUSION OR LIMITATION OF INCIDENTAL OR CONSEQUENTIAL DAMAGES, SO THE FOREGOING LIMITATION AND EXCLUSION MAY NOT APPLY TO THE BUYER.

Bild A1-4: Garantiebedingungen Beechcraft GmbH (Teil 3)

Die Garantie der Toyota Deutschland GmbH

Die nachfolgenden Bedingungen regeln nur die Ansprüche des Käufers gegenüber Toyota. Sie schränken insbesondere nicht etwaige weitergehende Rechte des Käufers ein, im Falle eines Fehlers am verkauften Fahrzeug den verkaufenden Toyota-Händler aufgrund der gesetzlichen Gewährleistungsrechte oder einer eigenen Garantieerklärung des Toyota-Händlers nach eigener Wahl alleine oder neben Toyota in Anspruch zu nehmen, z.B. auf Wandlung (Rückgängigmachung des Kaufvertrags) oder Minderung (Herabsetzung des Kaufpreises).

1. TOYOTA gewährleistet dem Käufer eine dem jeweiligen Stand der Technik für den spezifischen Wagentyp entsprechende Fehlerfreiheit des neuen Fahrzeugs in Werkstoff und Werkarbeit.

Die Garantie beginnt mit dem Tage der amtlichen Erstzulassung bzw. der Auslieferung und endet bei einer Fahrleistung von 100.000 km, frühestens jedoch 12 Monate und spätestens 36 Monate nach ihrem Beginn, soweit sich nachstehend keine Abweichungen ergeben.

Für fehlerhafte Lackierung beträgt die Garantiezeit unabhängig von der Kilometerleistung 3 Jahre (bei dem Modell HiLux jedoch lediglich 1 Jahr für Korrosionsschäden an der Pritsche). Zusätzlich garantiert TOYOTA für die Dauer von 6 Jahren, ab Tag der amtlichen Erstzulassung bzw. Auslieferung, daß aufgrund von Material- oder Herstellungsfehlern keine Karosserieteile durchrosten (bei dem Modell HiLux beträgt die Garantiefrist für solche Durchrostungsschäden 3 Jahre).

Durch Eigentumswechsel des Fahrzeuges werden die Garantieansprüche nicht berührt.

2. Die Garantieansprüche sind unverzüglich nach Feststellung eines Fehlers unter Vorlage des Service-Heftes bei einem TOYOTA-Händler, vorzugsweise beim verkaufenden TOYOTA-Händler, schriftlich anzuzeigen oder von diesem aufnehmen zu lassen.

Bild A1-5: Garantiebedingungen Toyota Deutschland GmbH (Teil 1)

Anhang A9

Wird das Fahrzeug wegen eines garantiepflichtigen Fehlers betriebsunfähig, hat sich der Käufer an den nächstgelegenen, dienstbereiten TOYOTA-Händler zu wenden.

Sollte in Notfällen eine Instandsetzung bei einem nicht autorisierten Unternehmen erforderlich sein, behält sich TOYOTA eine Regulierung in Anlehnung an die jeweils gültigen Richtlinien vor.

3. Die Nachbesserung erfolgt nach Wahl von TOYOTA, unter Zugrundelegung der technischen Erfordernisse, durch Reparatur bzw. Nachlackierung des Fahrzeugs oder den Ersatz der fehlerhaften Teile. Die Garantie schließt die Kosten des Aus- und Einbaus gemäß den TOYOTA-Werksrichtlinien ein. Ersetzte Teile werden Eigentum von TOYOTA.

Werden durch die Nachbesserung zusätzliche vorgeschriebene Wartungsarbeiten erforderlich, übernimmt TOYOTA deren Kosten, einschließlich der vorgeschriebenen Materialien und Schmierstoffe.

4. Der Austausch eines Teiles oder Aggregates im Zuge von Garantiearbeiten verlängert nicht die Dauer der Garantie für das Fahrzeug.

5. Von der Garantieverpflichtung ausgeschlossen sind:
- natürlicher Verschleiß, wie z.B. Zündkerzen, Filter, Reibbeläge, Reifen, Scheibenwischblätter, Glühlampen und dgl. sowie Pflege- und Einstellarbeiten;
- Fehler an Aufbauten, Umbauten oder Einbauten am Fahrzeug, die von fremden Herstellern vorgenommen wurden und die nicht Gegenstand des Kaufvertrages sind (s.a. Ziff. 8 dieser Garantiebedingungen);
- Schäden, die auf unsachgemäße oder fahrlässige Behandlung und äußere Gewalteinwirkung zurückzuführen sind.

6. Ein Anspruch auf Ersatz eines eventuell entstandenen unmittelbaren oder mittelbaren Schadens, wie z.B. Sach-, Hotel-, Bahn-, Taxi- oder Mietwagenkosten etc., ist gegenüber TOYOTA ausgeschlossen.

Bild A1-6: Garantiebedingungen Toyota Deutschland GmbH (Teil 2)

7. Gegenüber TOYOTA sind die Ansprüche aus dieser Garantie im Falle eines Fehlers in der Ziff.3 dieser Garantiebedingungen abschließend aufgeführt. Falls TOYOTA oder der aufgrund dieser Garantie in Anspruch genommene TOYOTA-Händler nicht in der Lage ist, einen Fehler zu beheben oder weitere Nachbesserungsversuche für den Käufer unzumutbar sind, sind eventuelle Ansprüche des Käufers auf Wandlung (Rückgängigmachung des Kaufvertrages) oder Minderung (Herabsetzung des Kaufpreises) ausschließlich gegen den Verkäufer zu richten.

Ihr Umfang wird durch die gesetzlichen Gewährleistungsrechte oder das eigene Gewährleistungsversprechen weder beschränkt noch erweitert. Ein Anspruch auf Ersatzlieferung gegenüber TOYOTA besteht nicht.

8. Bei fremden Aufbauten, Umbauten oder Einbauten, die Gegenstand des Kaufvertrages sind, gelten für die damit verbundenen Fehler die Gewährleistungsbestimmungen dieser Hersteller. Für ·derartige Teile leistet TOYOTA nur dann Garantie, wenn der vorher erfolglos den Hersteller in Anspruch genommen hat.

9. Der Garantieanspruch erlischt, wenn der aufgetretene Fehler damit in ursächlichem Zusammenhang steht, daß
- die im TOYOTA-Serviceheft vorgeschriebenen Wartungs- und Überprüfungsarbeiten sowie Korrosionskontrollen nicht ordnungsgemäß und durch einen TOYOTA-Händler durchgeführt wurden;
- Karrosserie- oder Lackschäden, die durch äußere Einflüsse entstanden sind, z.B. Steinschlag, Kratzer, Lackabplatzungen, chemische Einwirkungen, Industrieabgase usw. nicht unverzüglich fachgerecht beseitigt wurden;
- Unfallschäden nicht entsprechend den TOYOTA-Reparaturrichtlinien von einem TOYOTA-Händler beseitigt wurden;
- die Vorschriften der Betriebsanleitung zur Behandlung des Fahrzeugs nicht befolgt wurden;
- das Fahrzeug von fremder, nicht von TOYOTA autorisierter Seite oder durch den Einbau von durch TOYOTA nicht genehmigten Teilen fremder Hersteller verändert wurde;

Bild A1-7: Garantiebedingungen Toyota Deutschland GmbH (Teil 3)

- das Fahrzeug unsachgemäß behandelt oder überbeansprucht worden ist oder bei sportlichen Wettbewerben eingesetzt wurde;
- nach Entdeckung eines Fehlers nicht unverzüglich ein TOYOTA-Händler informiert und mit der Beseitigung beauftragt wurde.

10. Die vorherstehend genannten Garantieansprüche verjähren mit Ablauf der Garantiefrist gemäß Ziff. 1. Für innerhalb der Garantiefrist geltend gemachte, aber nicht beseitigte Fehler wird bis zur Beseitigung des Fehlers Garantie geleistet; solange ist die Verjährungsfrist für diesen Fehler gehemmt. Sie endet jedoch in diesem Fall drei Monate nach der Erklärung des Verkäufers, der Fehler sei beseitigt oder es liegt kein Fehler vor.

Bild A1-8: Garantiebedingungen Toyota Deutschland GmbH (Teil 4)

Die Garantie der Alfred Kärcher GmbH & Co.

Garantiebedingungen

Sehr geehrter Kunde,

Kärcher-Geräte werden mit großer Sorgfalt hergestellt und vor der Auslieferung einer eingehenden Qualitätskontrolle unterzogen. Sollte Ihr Gerät dennoch einen Material- oder Herstellungsfehler aufweisen, so haben Sie einen gesetzlichen Gewährleistungsanspruch gegen die Firma, bei der Sie Ihr Kärcher-Gerät gekauft haben. Zusätzlich übernehmen wir für Neugeräte folgende Garantie:

1. Innerhalb der Garantiefrist beseitigen wir an Ihrem Kärcher-Gerät etwa auftretende Störungen kostenlos, sofern ein Material- oder Herstellungsfehler die Ursache sein sollte. Hierbei ausgetauschte schadhafte Teile überlassen Sie uns.

2. Sollte an Ihrem Kärcher-Gerät inkl. Standartzubehör (Gerätelieferumfang) innerhalb der Garantiefrist von 12 Monaten eine Störung auftreten, so melden Sie dies der Firma, bei welcher Sie das Gerät gekauft haben, oder einem Kärcher-Verkaufshaus.

3. Die Garantiefrist beginnt mit Ablieferung des neuen Kärcher-Gerätes beim Endabnehmer. Bei gewerblichem Gebrauch oder gleichzusetzender Beanspruchung und für alle Ersatz- und Zubehörteile beträgt die Garantiefrist 6 Monate. Die Einhaltung der Garantiefrist ist durch Vorlage der Rechnung oder des Lieferscheins nachzuweisen.

4. Mangelhafte Geräte werden nach unserer Wahl unentgeltlich instandgesetzt. Ersetzte Teile gehen in unser Eigentum über.

5. Instandsetzung am Aufstellungsort kann nur für nicht tragbare Kärcher-Geräte verlangt werden. In den ersten 6 Monaten seit Ablieferung erbringen wir die Garantieleistung ohne Berechnung von Fahrt- und Wegekosten, danach nur gegen Erstattung.

Bild A1-9: Garantiebedingungen Alfred Kärcher GmbH & Co. (Teil 1)

6. Tragbare Kärcher-Geräte sind dem nächstgelegenen Kärcher-Verkaufshaus oder der nächstgelegenen Vertragswerkstatt zu übergeben oder einzusenden. Die Firma, bei der Sie Ihr Gerät gekauft haben, oder eines unserer Kärcher-Verkaufshäuser teilt Ihnen gerne mit, wo sich die nächstgelegene Vertragswerkstatt befindet.

7. Ein Anspruch auf Garantieleistungen besteht nicht, wenn die Störung auf Reparaturen oder Eingriffe von Personen zurückzuführen ist, die hierzu nicht von uns ermächtigt wurden. Dasselbe gilt, wenn unsere Geräte mit Ergänzungs- oder Zubehörteilen versehen wurden, die nicht auf unsere Geräte abgestimmt sind und die Verwendung dieser Teile für die Störung ursächlich war.

8. Tritt an einem Gerät, das im Rahmen von Garantiearbeiten repariert wurde, innerhalb von 6 Monaten seit Ablieferung des reparierten Geräts dieselbe Störung erneut auf, wird diese Störung kostenlos beseitigt, sofern unsachgemäße Reparatur oder ein Material- oder Herstellungsfehler von ausgetauschten Ersatzteilen oder des ausgetauschten Geräts die Ursache der Störung sein sollte. Ansonsten wird die Garantiefrist durch Garantiearbeiten nicht verlängert.

9. Weitergehende oder andere Ansprüche, insbesondere solche auf Ersatz außerhalb des Geräts entstandener Schäden sind - soweit eine Haftung nicht zwingend gesetzlich vorgeschrieben ist - ausgeschlossen.

Bild A1-10: Garantiebedingungen Alfred Kärcher GmbH & Co. (Teil 2)

Anhang A2:
Kennzahlensystem

Anhang

Rechnungswesen

$\dfrac{\text{Garantiekosten}}{\text{Umsatz}}$

$\dfrac{\text{RK}}{\text{Herstellkosten}}$

$\dfrac{\text{indirekte RK}}{\text{direkte RK}}$

Vertrieb

Reklamationsquote

$\dfrac{\text{MTBF}}{\text{Garantiedauer}}$

$\dfrac{\text{\#G-pflichtige Komp.}}{\text{\#Komponenten}}$

\#Funktionsausfälle / \#fehlerhafte Komp.

\#Bauteile

MTBF

$\dfrac{\text{\#Wiederholrekl.}}{\text{\#Reklamationen}}$

$\dfrac{\text{Reklamationsquote Zulieferteile}}{\text{1-Fertigungstiefe}}$

Kundendienst

$\dfrac{\text{ET-Lagerkosten}}{\text{RK}}$

$\dfrac{\text{ET-Lagerabgang}}{\text{ET-Lagerbestand}}$

$\dfrac{\text{Reparaturkosten}}{\text{RK}}$

$\dfrac{\text{Reparaturkosten}}{\text{Komponentenwert}}$

Qualitätsmanagement

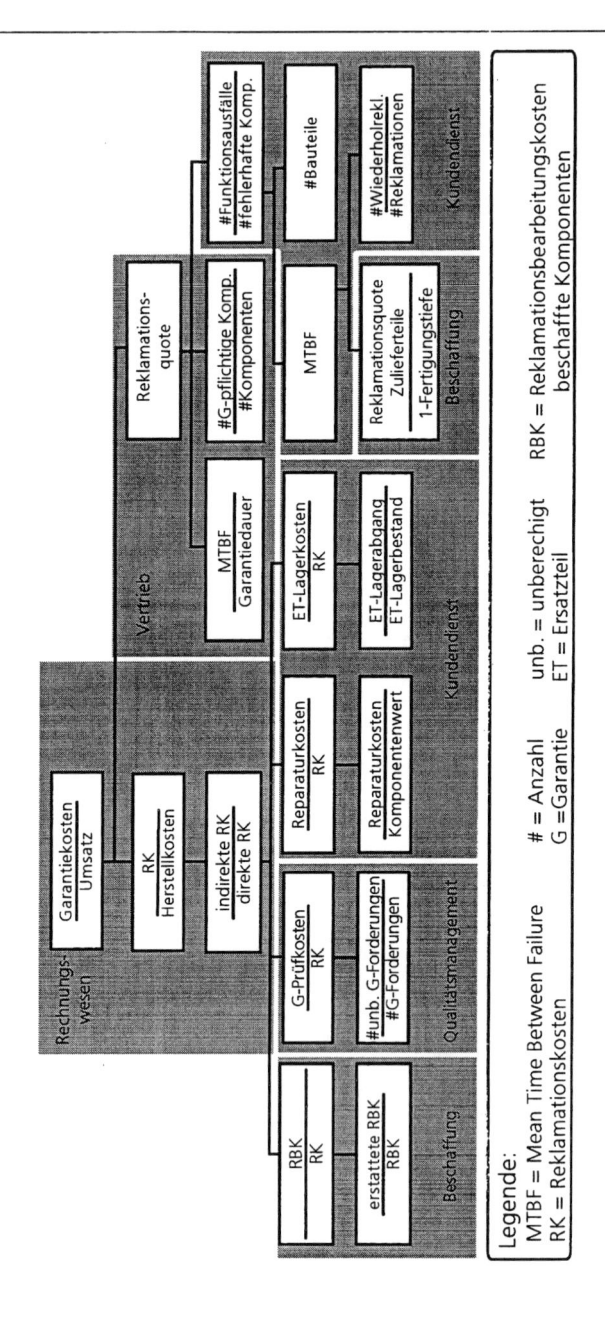

$\dfrac{\text{G-Prüfkosten}}{\text{RK}}$

$\dfrac{\text{\#unb. G-Forderungen}}{\text{\#G-Forderungen}}$

Beschaffung

$\dfrac{\text{RBK}}{\text{RK}}$

$\dfrac{\text{erstattete RBK}}{\text{RBK}}$

Beschaffung

Legende:
MTBF = Mean Time Between Failure   \# = Anzahl   unb. = unberechigt   RBK = Reklamationsbearbeitungskosten
RK = Reklamationskosten   G = Garantie   ET = Ersatzteil   beschaffte Komponenten

Bild A2-1: Kostenorientiertes Kennzahlensystem zum Garantiecontrolling

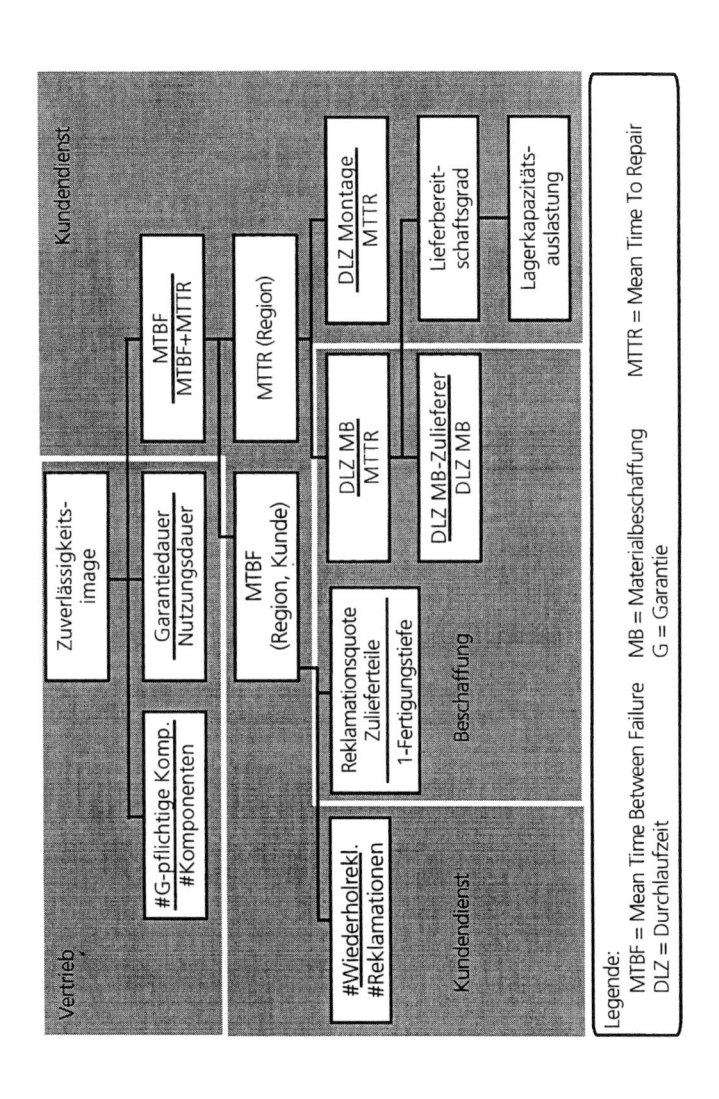

Bild A2-2: Leistungsorientiertes Kennzahlensystem zum Garantiecontrolling

Anhang A3:
A3.1 Funktionsmodell
A3.2 Datenmodell
A3.3 Steuerungsmodell
A3.4 Flow-Charts

BROC 89   N. N.
          Gewährleistung, in: *Brockhaus-Enzyklopädie*, 19. Aufl., Bd. 8, Mannheim, 1989, S. 452 - 453

BRON 87   Bronstein, I. N.; Semendjajew, K. A.
          Taschenbuch der Mathematik, Harri Deutsch, Frankfurt, 1987

BRUN 91   Bruns, M.
          Systemtechnik: ingenieurwissenschaftliche Methodik zur interdisziplinären Systementwicklung, Springer, Berlin u. a., 1991

BRUN 92a Brunner, F. J.
          Stellungnahme zu G. F. Kamiske: „Das untaugliche Mittel der Qualitätskostenrechung", QZ 37 (1992), S. 312

A22 Anhang

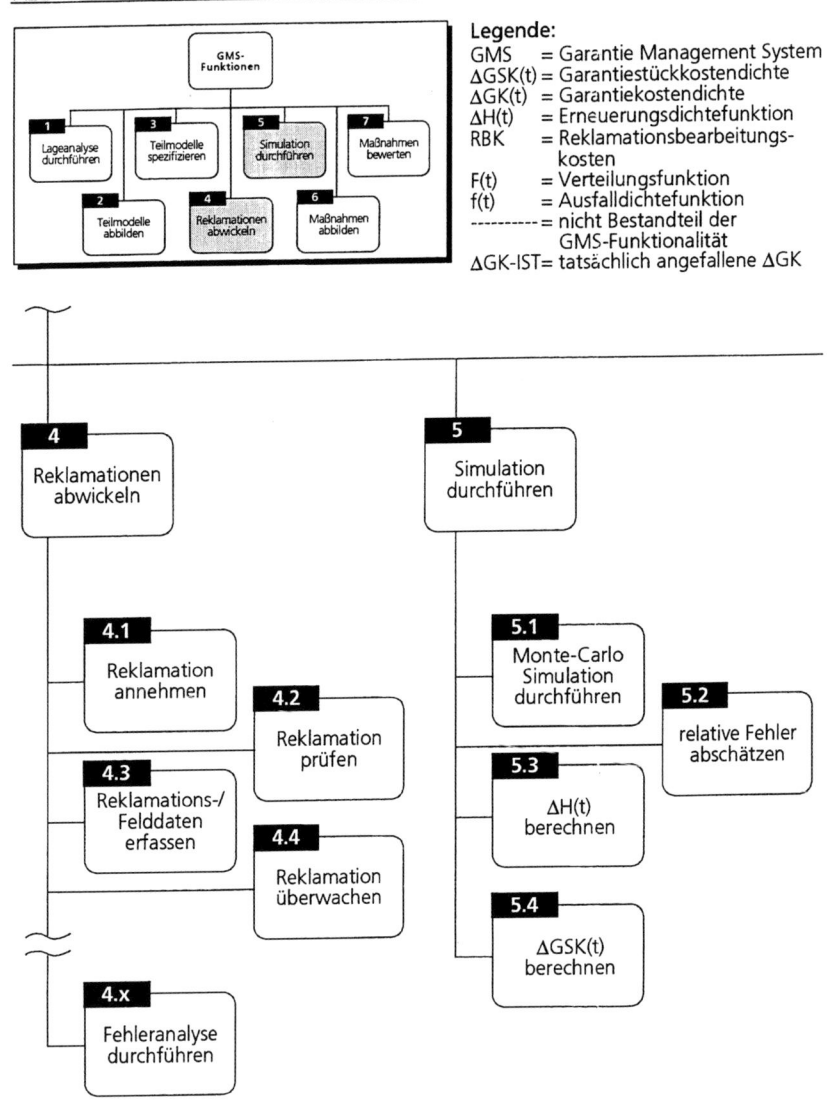

Legende:
- GMS = Garantie Management System
- $\Delta GSK(t)$ = Garantiestückkostendichte
- $\Delta GK(t)$ = Garantiekostendichte
- $\Delta H(t)$ = Erneuerungsdichtefunktion
- RBK = Reklamationsbearbeitungskosten
- $F(t)$ = Verteilungsfunktion
- $f(t)$ = Ausfalldichtefunktion
- ---------- = nicht Bestandteil der GMS-Funktionalität
- $\Delta GK\text{-IST}$ = tatsächlich angefallene ΔGK

GMS-Funktionen:
1. Lageanalyse durchführen
2. Teilmodelle abbilden
3. Teilmodelle spezifizieren
4. Reklamationen abwickeln
5. Simulation durchführen
6. Maßnahmen abbilden
7. Maßnahmen bewerten

4 Reklamationen abwickeln
- 4.1 Reklamation annehmen
- 4.2 Reklamation prüfen
- 4.3 Reklamations-/Felddaten erfassen
- 4.4 Reklamation überwachen
- 4.x Fehleranalyse durchführen

5 Simulation durchführen
- 5.1 Monte-Carlo Simulation durchführen
- 5.2 relative Fehler abschätzen
- 5.3 $\Delta H(t)$ berechnen
- 5.4 $\Delta GSK(t)$ berechnen

Bild A3.1-3: Funktionsmodell (Teil 3)

Literaturverzeichnis

DANZ 91 Danzer, H.
Neuzuordnung qualitätsbezogener Kosten, qfmt, 9. Q-Leiterforum, Band 2, 1991, S. 825 - 840

DEMI 82 Deming, W. E.
Quality Productivity and Competitive Position, Massachusetts Institute of Technology, Cambridge, USA, 1982

DEMI 86 Deming, W. E.
Out of the Crisis, Massachusetts Institute of Technology, Cambridge, USA, 1986

DEYS 90 Deysson, C.
Subtile Gehirnwäsche · Amerikanische Unternehmen erfinden immer großzügigere und teurere Garantien, Wirtschafts Woche, Nr. 5, 26.01.1990, S. 46 - 47

DGQ 87 N. N.
Begriffe zum Qualitätsmanagement, 4. Aufl., DGQ-Schrift Nr. 11-04, Beuth, Berlin, 1987

DGQ 88 N. N.
Qualität und Recht, 1. Aufl., DGQ-Schrift Nr. 19-30, Beuth, Berlin, Köln, 1988

DGQ 93 N. N.
Begriffe zum Qualitätsmanagement, 5. Aufl., DGQ-Schrift Nr. 11-04, Beuth, Berlin, 1993

DIN 68 N. N.
Regelungstechnik und Steuerungstechnik: Begriffe und Benennungen, DIN 19226, Beuth, Berlin, 1968

DIN 95 N. N.
Qualitätsmanagement · Begriffe, DIN EN ISO 8402, 1995-08, Beuth, Berlin, 1995

EBER 91 Eberstein, H. H.; Braunewell, M.
Einführung in die Grundlagen der Produkthaftung, Recht und Wirtschaft, Heidelberg, 1991

A24 Anhang

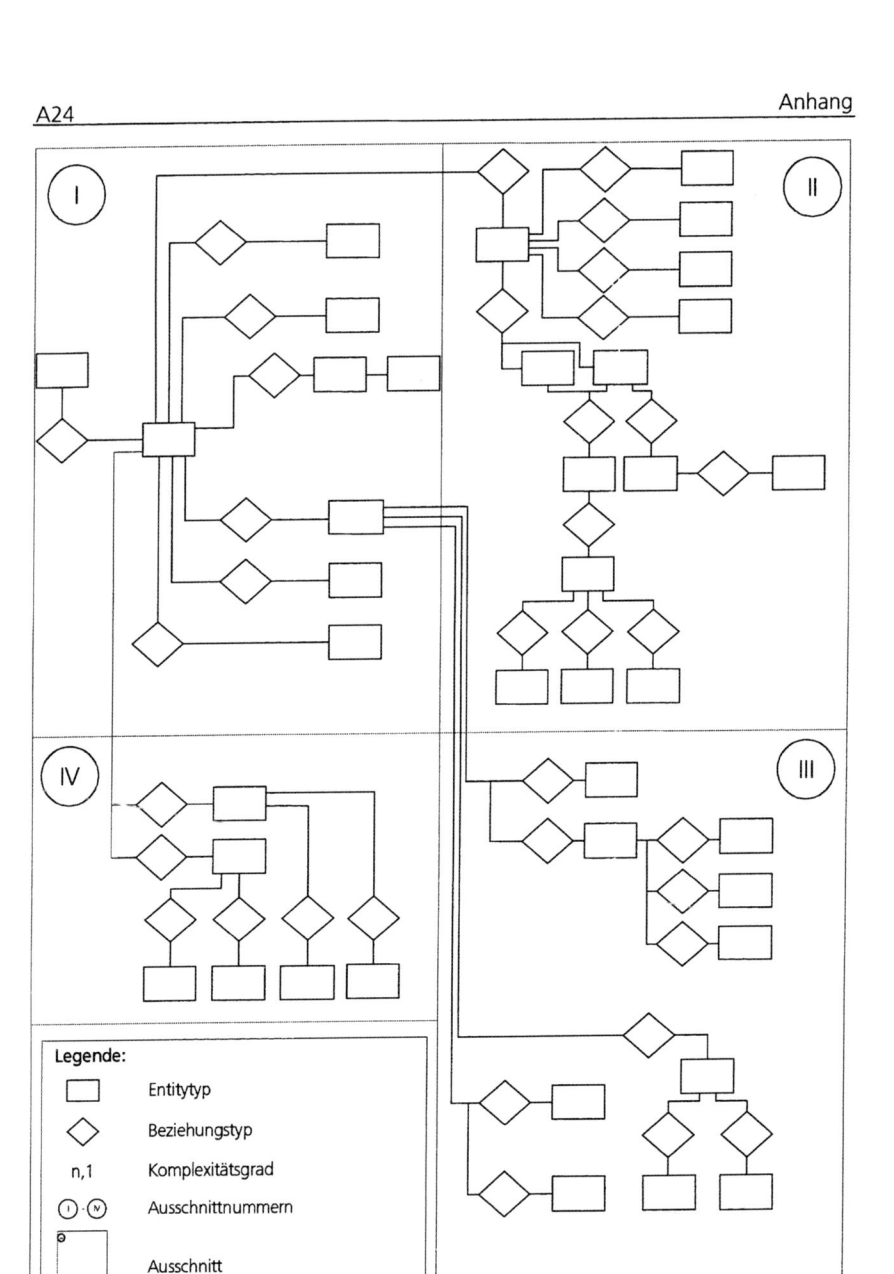

Legende:
- ▭ Entitytyp
- ◇ Beziehungstyp
- n,1 Komplexitätsgrad
- ①·Ⓝ Ausschnittnummern
- Ausschnitt

Bild A3.2-1: Datenmodell - Übersicht

Anhang A25

Ausschnitt I

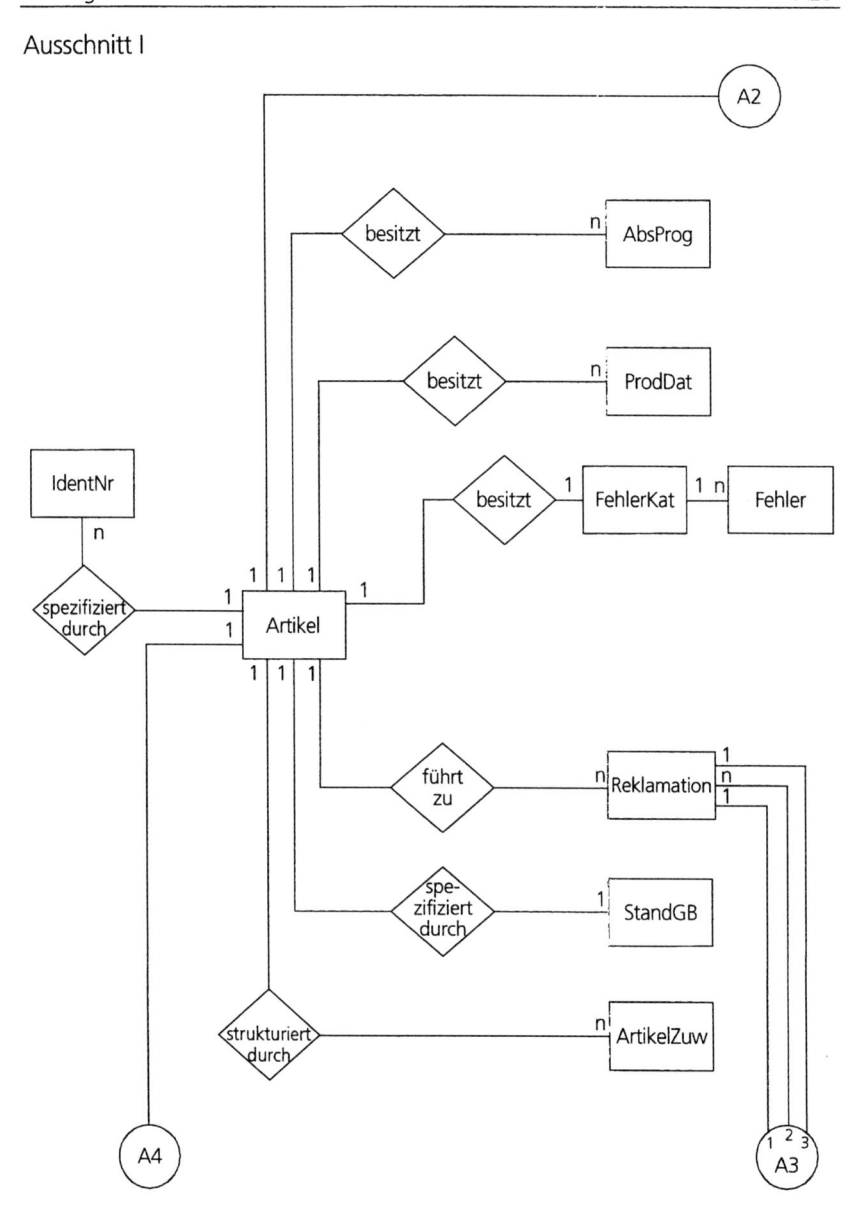

Bild A3.2-2: Datenmodell - Ausschnitt I

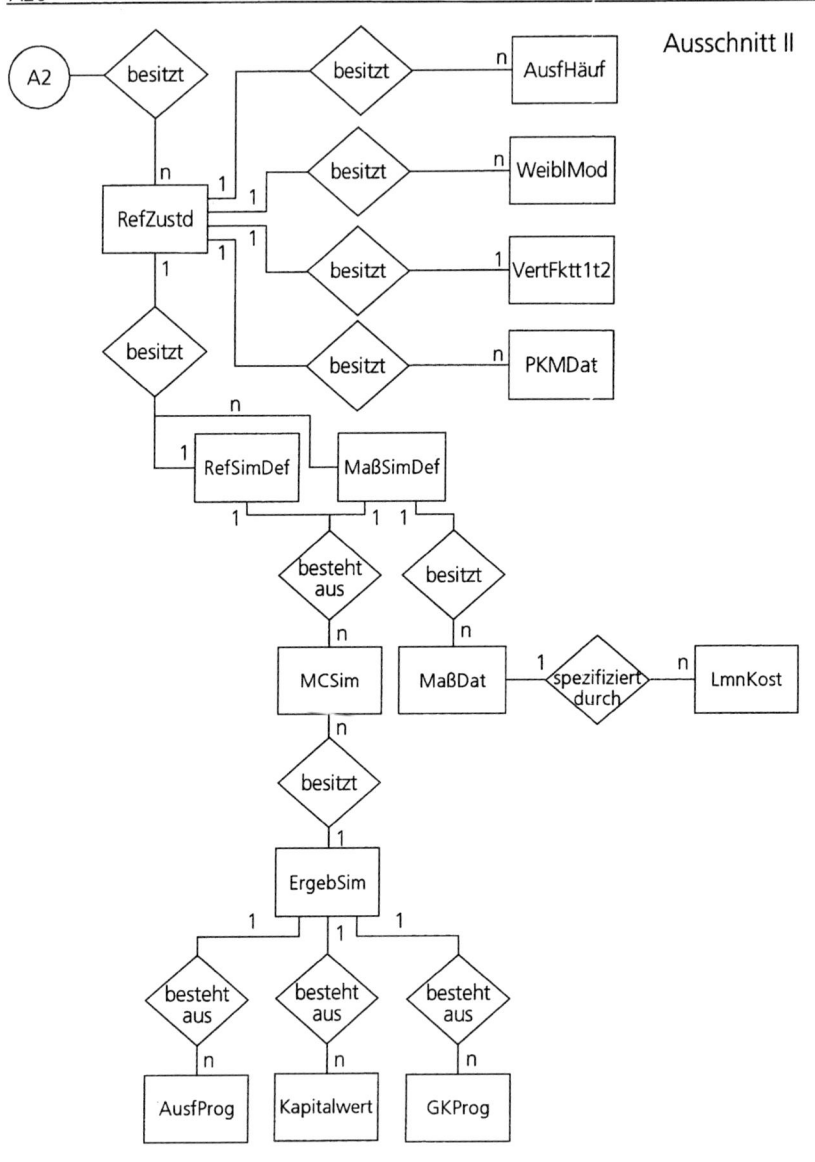

Bild A3.2-3: Datenmodell - Ausschnitt II

Ausschnitt III

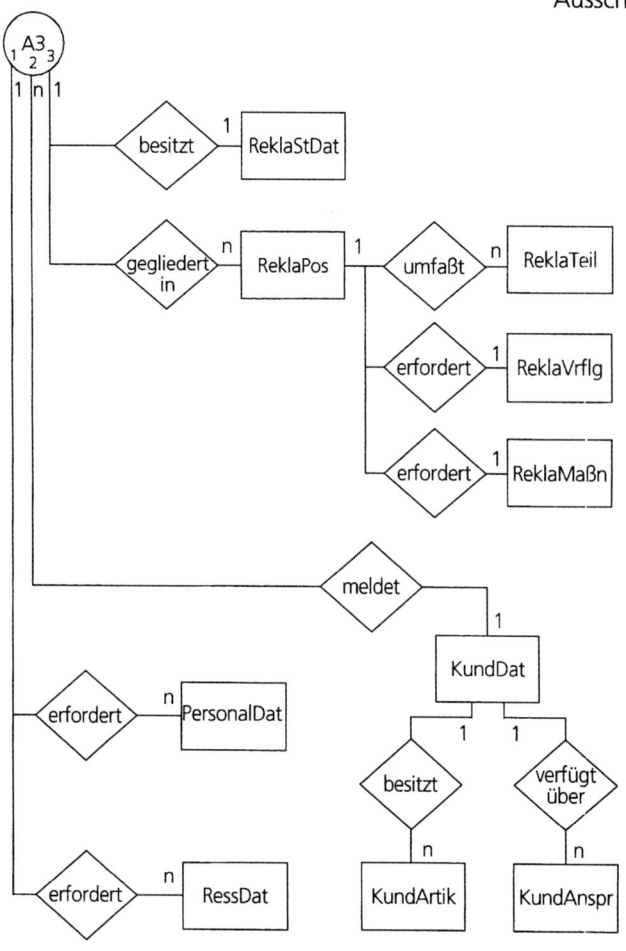

Bild A3.2-4: Datenmodell - Ausschnitt III

Ausschnitt IV

Bild A3.2-5: Datenmodell - Ausschnitt IV

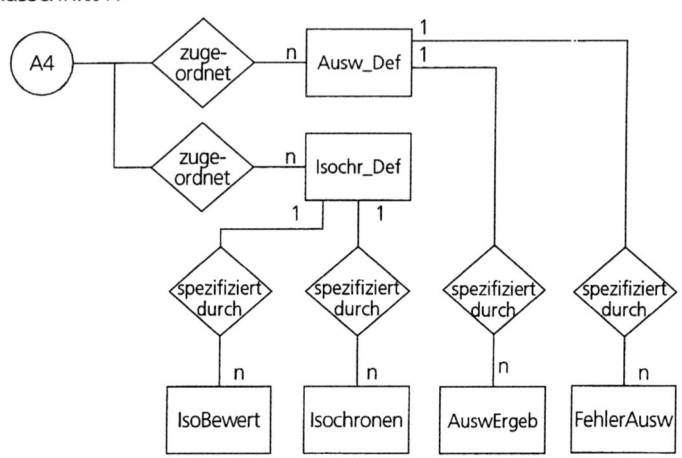

Entity-Attribute

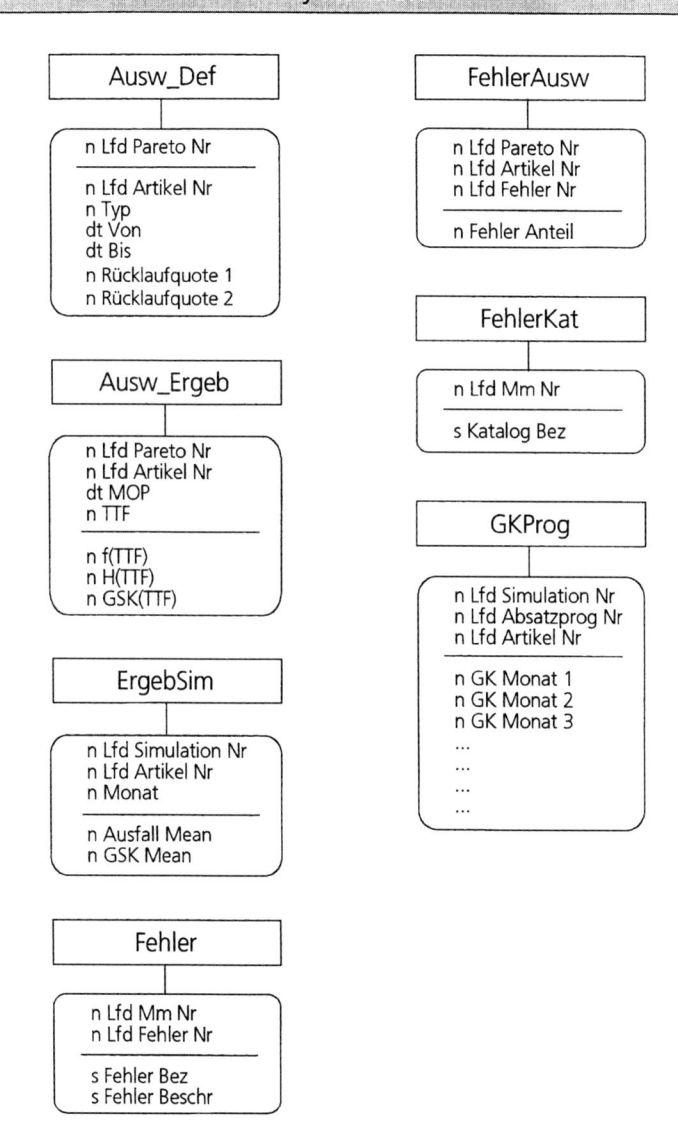

Ausw_Def
- n Lfd Pareto Nr
- n Lfd Artikel Nr
- n Typ
- dt Von
- dt Bis
- n Rücklaufquote 1
- n Rücklaufquote 2

Ausw_Ergeb
- n Lfd Pareto Nr
- n Lfd Artikel Nr
- dt MOP
- n TTF
- n f(TTF)
- n H(TTF)
- n GSK(TTF)

ErgebSim
- n Lfd Simulation Nr
- n Lfd Artikel Nr
- n Monat
- n Ausfall Mean
- n GSK Mean

Fehler
- n Lfd Mm Nr
- n Lfd Fehler Nr
- s Fehler Bez
- s Fehler Beschr

FehlerAusw
- n Lfd Pareto Nr
- n Lfd Artikel Nr
- n Lfd Fehler Nr
- n Fehler Anteil

FehlerKat
- n Lfd Mm Nr
- s Katalog Bez

GKProg
- n Lfd Simulation Nr
- n Lfd Absatzprog Nr
- n Lfd Artikel Nr
- n GK Monat 1
- n GK Monat 2
- n GK Monat 3
- ...
- ...
- ...
- ...

Bild A3.2-6: Datenmodell - Entity-Attribute (Teil 1)

Entity-Attribute

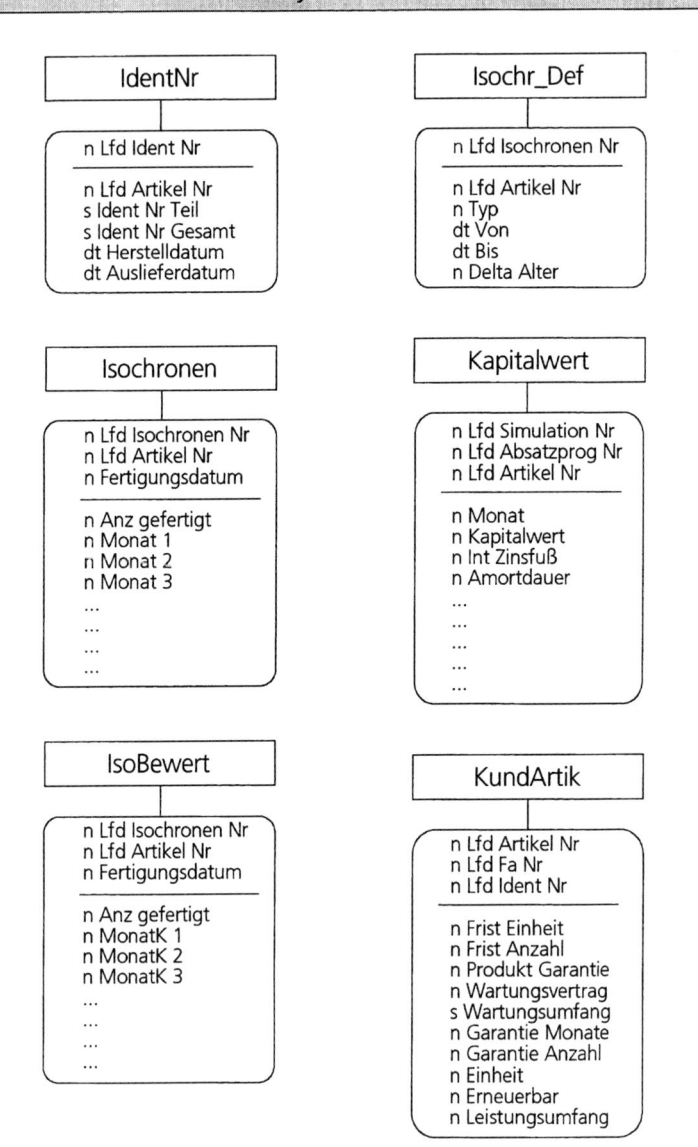

IdentNr
- n Lfd Ident Nr

- n Lfd Artikel Nr
- s Ident Nr Teil
- s Ident Nr Gesamt
- dt Herstelldatum
- dt Auslieferdatum

Isochr_Def
- n Lfd Isochronen Nr

- n Lfd Artikel Nr
- n Typ
- dt Von
- dt Bis
- n Delta Alter

Isochronen
- n Lfd Isochronen Nr
- n Lfd Artikel Nr
- n Fertigungsdatum

- n Anz gefertigt
- n Monat 1
- n Monat 2
- n Monat 3
- ...
- ...
- ...
- ...

Kapitalwert
- n Lfd Simulation Nr
- n Lfd Absatzprog Nr
- n Lfd Artikel Nr

- n Monat
- n Kapitalwert
- n Int Zinsfuß
- n Amortdauer
- ...
- ...
- ...
- ...
- ...

IsoBewert
- n Lfd Isochronen Nr
- n Lfd Artikel Nr
- n Fertigungsdatum

- n Anz gefertigt
- n MonatK 1
- n MonatK 2
- n MonatK 3
- ...
- ...
- ...
- ...

KundArtik
- n Lfd Artikel Nr
- n Lfd Fa Nr
- n Lfd Ident Nr

- n Frist Einheit
- n Frist Anzahl
- n Produkt Garantie
- n Wartungsvertrag
- s Wartungsumfang
- n Garantie Monate
- n Garantie Anzahl
- n Einheit
- n Erneuerbar
- n Leistungsumfang

Bild A3.2-7: Datenmodell - Entity-Attribute (Teil 2)

Entity-Attribute

KundAnspr

n Lfd Fa Nr
n Lfd Ansprech Nr

s Ansprech Name
s Ansprech Mann Frau
s Ansprech Titel
s Ansprech Tel
s Ansprech Fax
s Ansprech Str
s Ansprech PLZ
s Ansprech Ort

KundDat

n Lfd Fa Nr

s Fa Nr
s Fa BLZ
s Fa BLZ 2
s Straße
s Postfach
s PLZ
s Fa Ort
s Land
s Fax
s Telex
n Kunde
n Lieferant
n Händler
s Zus Info

LmnKost

n Lfd Simulation Nr
n Lfd Artikel Nr
n Jahr

n Monat 1
n Monat 2
n Monat 3
...
...

MaßDat

n Lfd Simulation Nr
n Lfd Artikel nr

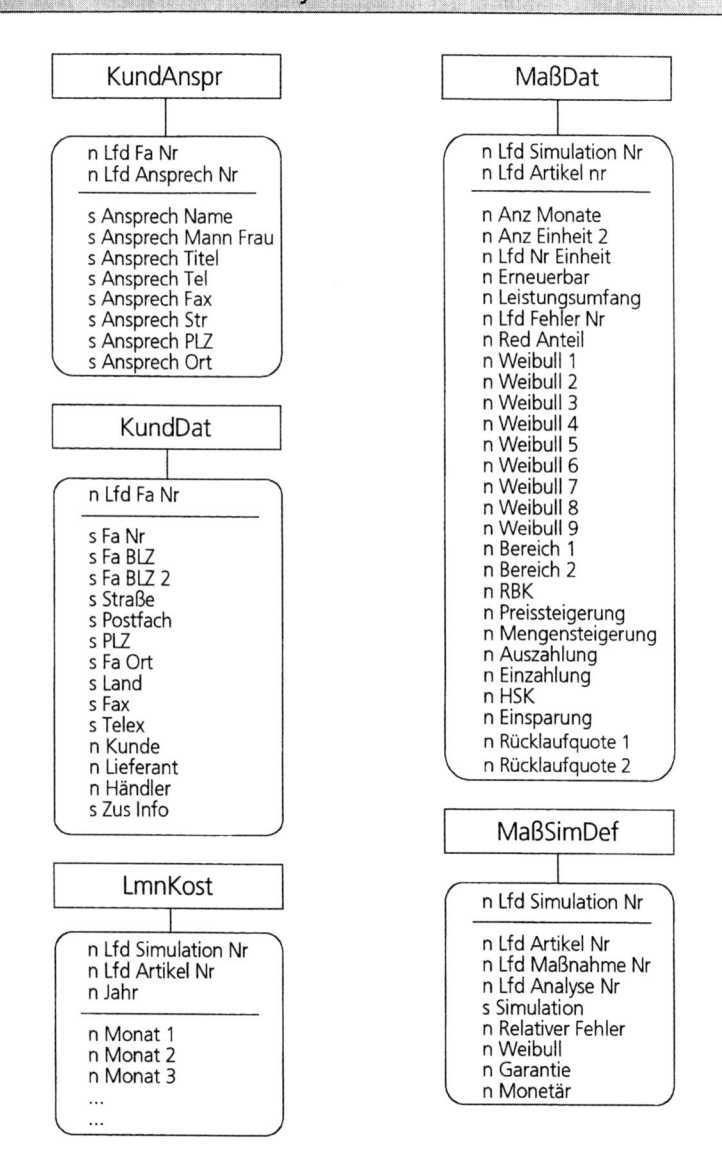

n Anz Monate
n Anz Einheit 2
n Lfd Nr Einheit
n Erneuerbar
n Leistungsumfang
n Lfd Fehler Nr
n Red Anteil
n Weibull 1
n Weibull 2
n Weibull 3
n Weibull 4
n Weibull 5
n Weibull 6
n Weibull 7
n Weibull 8
n Weibull 9
n Bereich 1
n Bereich 2
n RBK
n Preissteigerung
n Mengensteigerung
n Auszahlung
n Einzahlung
n HSK
n Einsparung
n Rücklaufquote 1
n Rücklaufquote 2

MaßSimDef

n Lfd Simulation Nr

n Lfd Artikel Nr
n Lfd Maßnahme Nr
n Lfd Analyse Nr
s Simulation
n Relativer Fehler
n Weibull
n Garantie
n Monetär

Bild A3.2-8: Datenmodell - Entity-Attribute (Teil 3)

Entity-Attribute

MCSim
n Lfd Nr Simulation
n Lfd Artikel Nr
n Lfd M_C_Nr
n Monat

n Anzahl Ausfälle
n Garantie Kosten

RefSimDef
n Lfd Simulation Nr

n Lfd Artikel Nr
n Lfd Analyse Nr
s Simulation
n Relativer Fehler

PersonalDat
n Lfd MA Nr

s MA Name
s MA Nr
s MA Qualifikation
s MA Verfügbarkeit

Refzustd
n Lfd Analyse Nr

n Lfd Artikel
dt Von
dt Bis
n Ausfälle
n Laufstrecke

PKMDat
n Lfd Artikel Nr

n Stillstand Mean
n RBK

ReklaMaßn
dt Fehlerdatum
n RQ Nr
n Lfd Pos Nr
n Table

n Abstell Maßn
n Preventiv Maßn
n Ursache
n Abstellen Durch
s Verantwortlich
n Kunden Nr
dt Datum AM
dt Datum LM
dt Erledigt AM
s Erledigt
s Ansprechpartner
s Zus Txt 1

ProdDat
n Lfd Artikel Nr
dt MOP

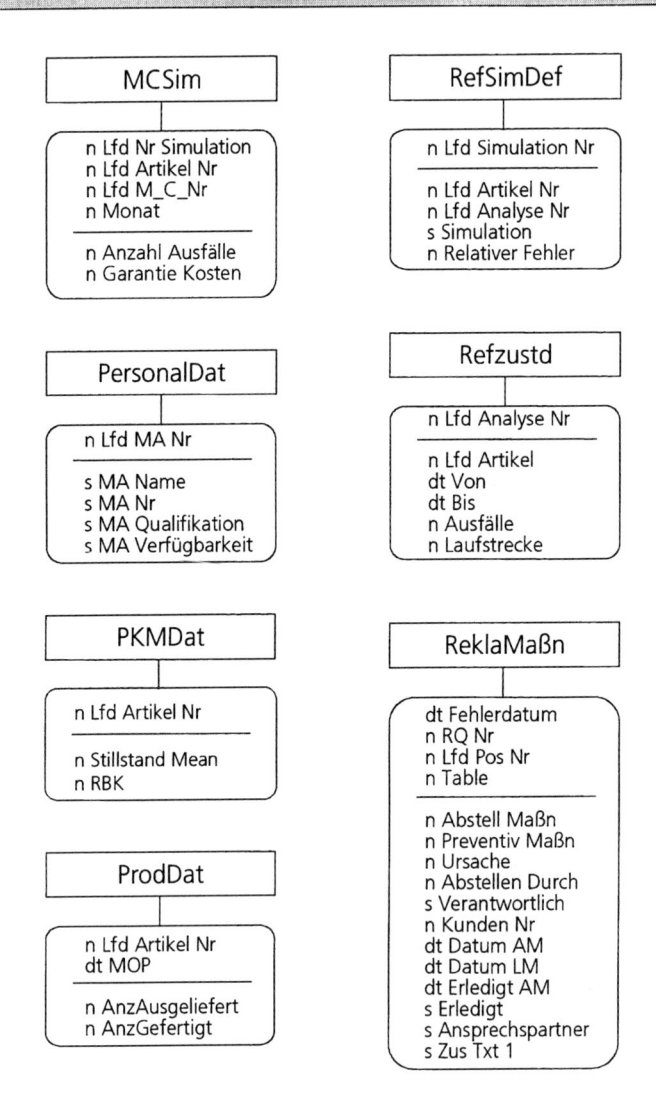

n AnzAusgeliefert
n AnzGefertigt

Bild A3.2-9: Datenmodell - Entity-Attribute (Teil 4)

Entity-Attribute

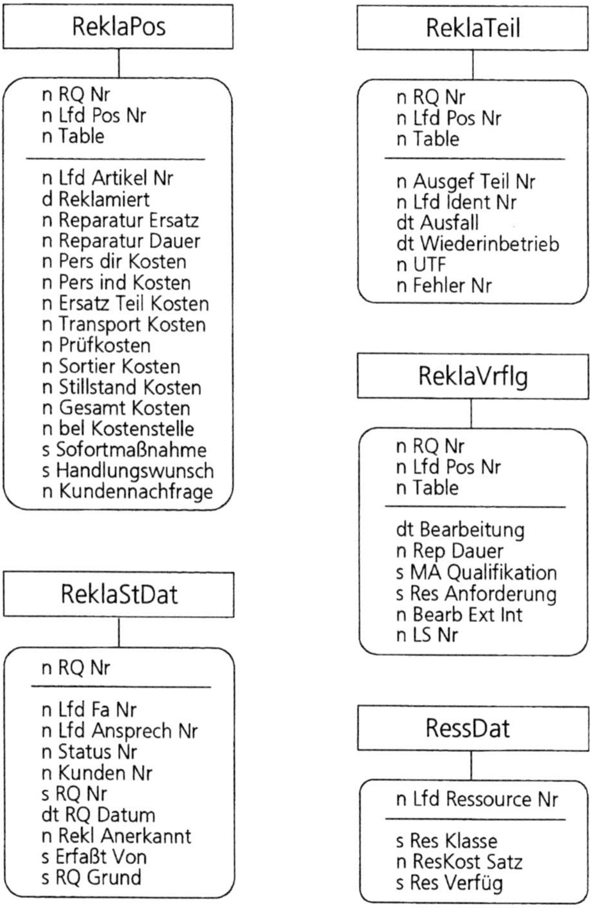

ReklaPos

n RQ Nr
n Lfd Pos Nr
n Table

---
n Lfd Artikel Nr
d Reklamiert
n Reparatur Ersatz
n Reparatur Dauer
n Pers dir Kosten
n Pers ind Kosten
n Ersatz Teil Kosten
n Transport Kosten
n Prüfkosten
n Sortier Kosten
n Stillstand Kosten
n Gesamt Kosten
n bel Kostenstelle
s Sofortmaßnahme
s Handlungswunsch
n Kundennachfrage

ReklaStDat

n RQ Nr

---
n Lfd Fa Nr
n Lfd Ansprech Nr
n Status Nr
n Kunden Nr
s RQ Nr
dt RQ Datum
n Rekl Anerkannt
s Erfaßt Von
s RQ Grund

ReklaTeil

n RQ Nr
n Lfd Pos Nr
n Table

---
n Ausgef Teil Nr
n Lfd Ident Nr
dt Ausfall
dt Wiederinbetrieb
n UTF
n Fehler Nr

ReklaVrflg

n RQ Nr
n Lfd Pos Nr
n Table

---
dt Bearbeitung
n Rep Dauer
s MA Qualifikation
s Res Anforderung
n Bearb Ext Int
n LS Nr

RessDat

n Lfd Ressource Nr

---
s Res Klasse
n ResKost Satz
s Res Verfüg

Bild A3.2-10: Datenmodell - Entity-Attribute (Teil 5)

Entity-Attribute

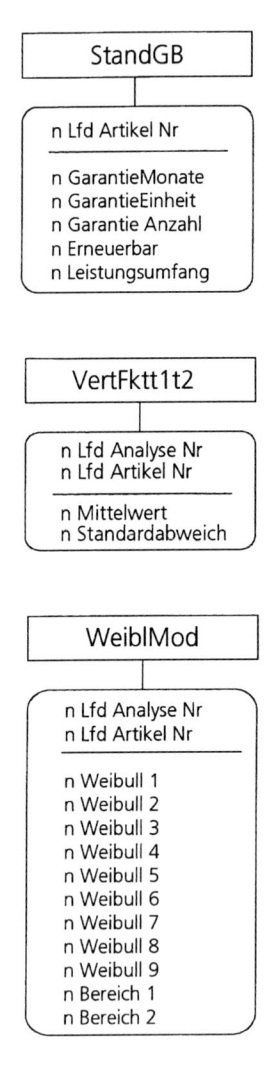

StandGB
- n Lfd Artikel Nr

- n GarantieMonate
- n GarantieEinheit
- n Garantie Anzahl
- n Erneuerbar
- n Leistungsumfang

VertFktt1t2
- n Lfd Analyse Nr
- n Lfd Artikel Nr

- n Mittelwert
- n Standardabweich

WeiblMod
- n Lfd Analyse Nr
- n Lfd Artikel Nr

- n Weibull 1
- n Weibull 2
- n Weibull 3
- n Weibull 4
- n Weibull 5
- n Weibull 6
- n Weibull 7
- n Weibull 8
- n Weibull 9
- n Bereich 1
- n Bereich 2

Bild A3.2-11: Datenmodell - Entity-Attribute (Teil 6)

Anhang A35

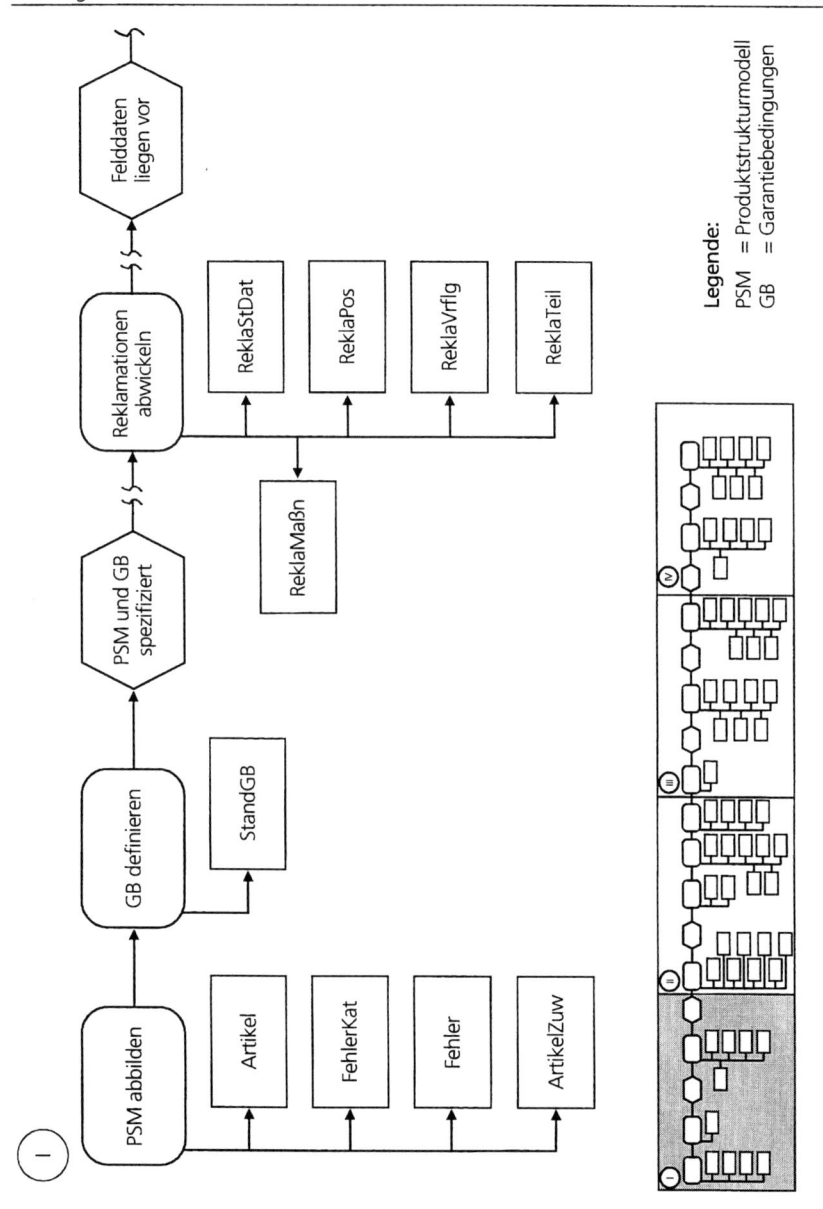

Bild A3.3-1: Steuerungsmodell (Teil 1)

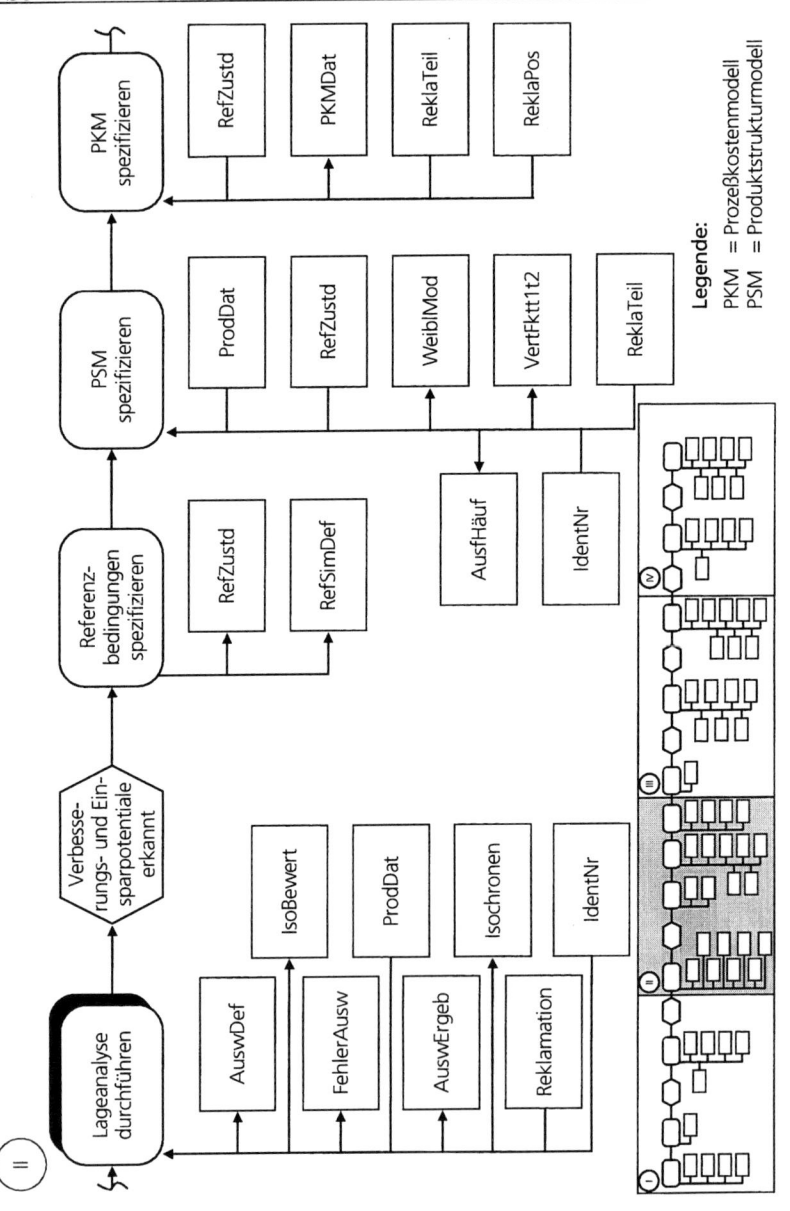

Bild A3.3-2: Steuerungsmodell (Teil 2)

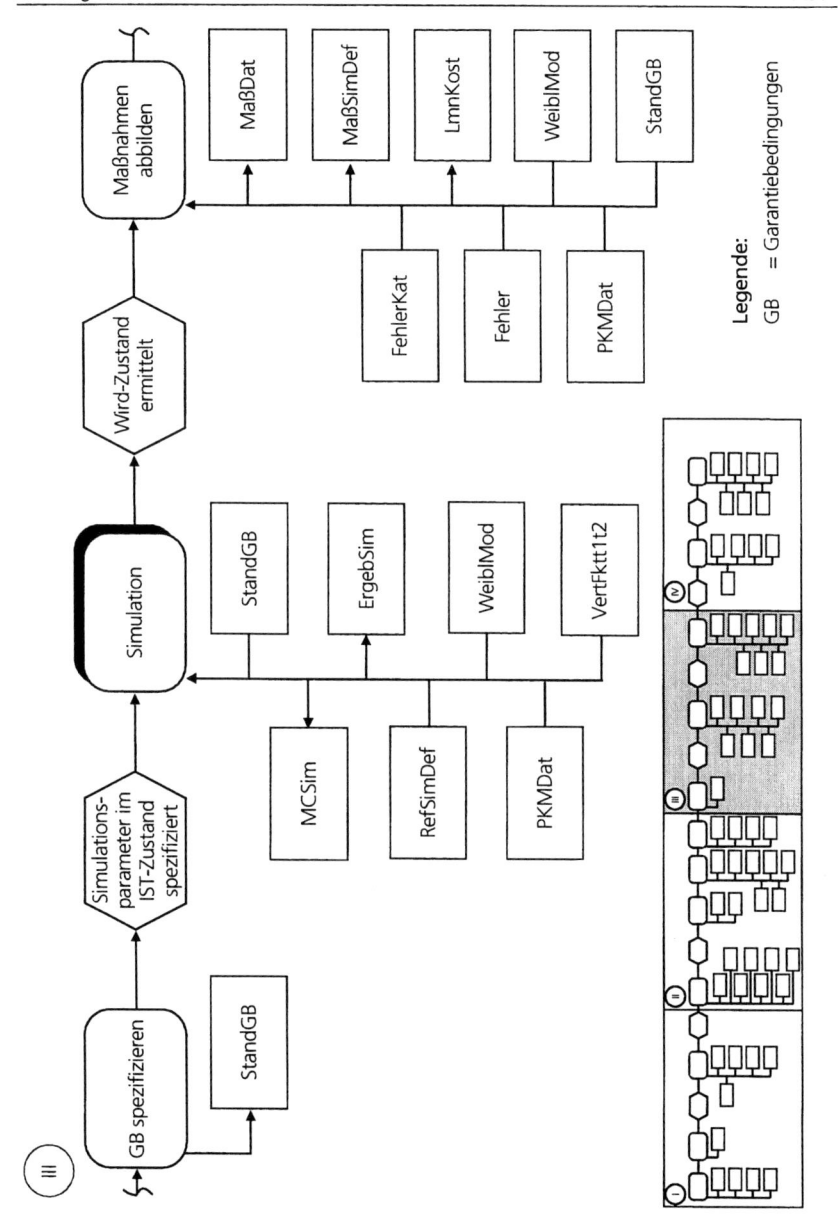

Bild A3.3-3: Steuerungsmodell (Teil 3)

Legende:
MC = Monte Carlo
GK = Garantiekosten

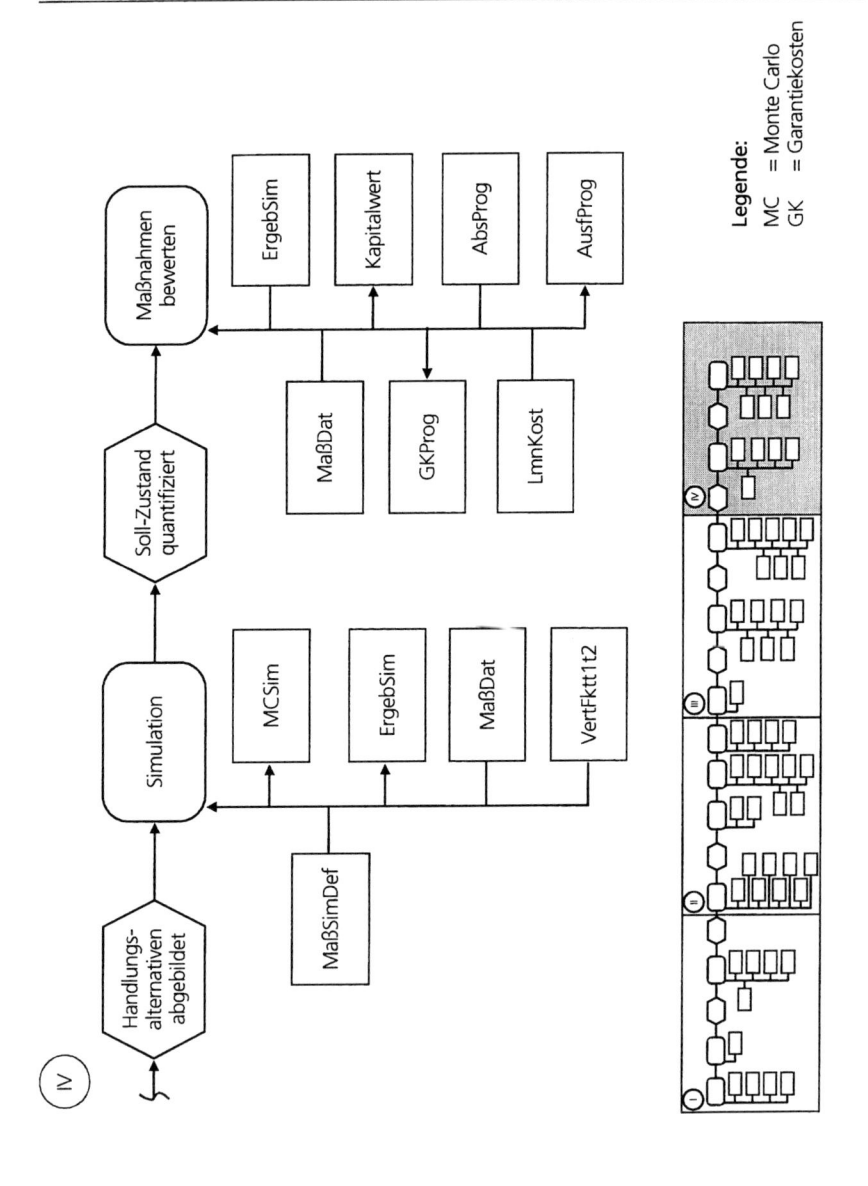

Bild A3.3-4: Steuerungsmodell (Teil 4)

Anhang   A39

Ablauf der Lageanalyse
Seite 1 von 1

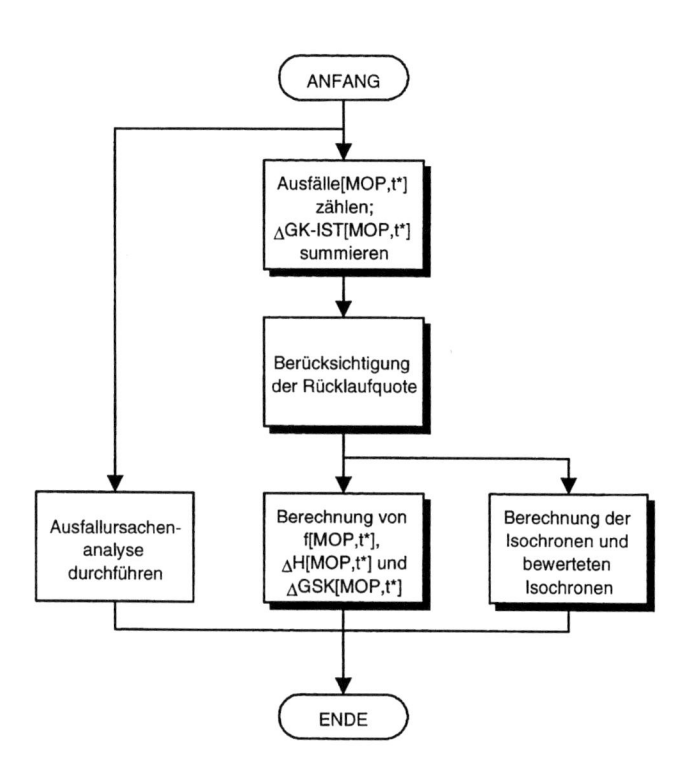

```
                        ┌─────────┐
                        │ ANFANG  │
                        └────┬────┘
                             │
                  ┌──────────▼──────────┐
                  │  Ausfälle[MOP,t*]   │
                  │      zählen;        │
                  │  ΔGK-IST[MOP,t*]    │
                  │     summieren       │
                  └──────────┬──────────┘
                             │
                  ┌──────────▼──────────┐
                  │  Berücksichtigung   │
                  │  der Rücklaufquote  │
                  └──────────┬──────────┘
          ┌──────────────────┼──────────────────┐
          ▼                  ▼                  ▼
 ┌────────────────┐ ┌────────────────┐ ┌────────────────┐
 │Ausfallursachen-│ │  Berechnung von│ │ Berechnung der │
 │   analyse      │ │    f[MOP,t*],  │ │ Isochronen und │
 │  durchführen   │ │  ΔH[MOP,t*] und│ │   bewerteten   │
 │                │ │  ΔGSK[MOP,t*]  │ │   Isochronen   │
 └────────┬───────┘ └────────┬───────┘ └────────┬───────┘
          └──────────────────┼──────────────────┘
                             ▼
                        ┌─────────┐
                        │  ENDE   │
                        └─────────┘
```

Legende:
BE = Basiselement
GP = Gesamtprodukt
Auswertedt1 = untere Datumsgrenze des Auswertebereichs
Auswertedt2 = obere Datumsgrenze des Auswertebereichs
TTF_Max = Heutiges Datum - Auswertedt1
[MOP,TTF] = Matrix MOP und TTF bezogen
ΔGK = Garantiekosten
ΔGK-IST = tatsächlich angefallene ΔGK im IST-Zustand
BZ_f(t) = Bezugszahl von f(t)

RBK = Reklamationsbearbeitungskosten
ΔGSK = Garantiestückkosten
ΔH(t*) = Erneuerungsfunktion
f(t) = Ausfalldichtefunktion
TTF = Time to Failure
MOP = Month of Production
ISO = Isochronenwert
ISO_Kost = bewerteter Isochronenwert
BZ_H(t) = Bezugszahl von H(t)

Bild A3.4-1: Flow-Charts - Lageanalyse (Teil 1)

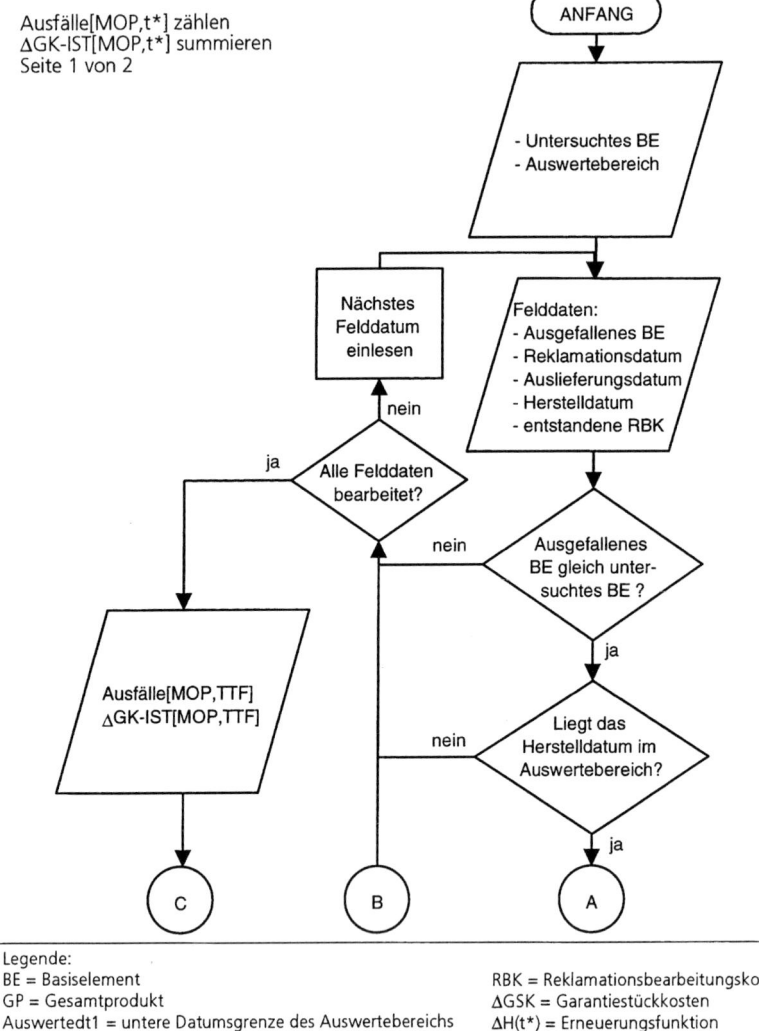

Ausfälle[MOP,t*] zählen
ΔGK-IST[MOP,t*] summieren
Seite 1 von 2

```
                                    ANFANG
                                       │
                                       ▼
                              - Untersuchtes BE
                              - Auswertebereich
                                       │
          ┌──────────────┐             │
          │   Nächstes   │    ┌────────▼─────────────┐
          │  Felddatum   │    │ Felddaten:           │
          │   einlesen   │    │ - Ausgefallenes BE   │
          └──────▲───────┘    │ - Reklamationsdatum  │
                 │  nein      │ - Auslieferungsdatum │
                 │            │ - Herstelldatum      │
         ja   ◄──┤            │ - entstandene RBK    │
      ┌──── Alle Felddaten    └──────────┬───────────┘
      │     bearbeitet?                  │
      │           ▲            nein  Ausgefallenes
      │           │          ◄────── BE gleich unter-
      │           │                   suchtes BE?
      │           │                       │ ja
      │           │                       ▼
  Ausfälle[MOP,TTF]                  Liegt das
  ΔGK-IST[MOP,TTF]            nein   Herstelldatum im
      │                     ◄──────  Auswertebereich?
      │                                   │ ja
      ▼                                   ▼
     (C)                 (B)              (A)
```

Legende:
BE = Basiselement
GP = Gesamtprodukt
Auswertedt1 = untere Datumsgrenze des Auswertebereichs
Auswertedt2 = obere Datumsgrenze des Auswertebereichs
TTF_Max = Heutiges Datum - Auswertedt1
[MOP,TTF] = Matrix MOP und TTF bezogen
ΔGK = Garantiekosten
ΔGK-IST = tatsächlich angefallene ΔGK im IST-Zustand
BZ_f(t) = Bezugszahl von f(t)

RBK = Reklamationsbearbeitungskosten
ΔGSK = Garantiestückkosten
$\Delta H(t^*)$ = Erneuerungsfunktion
$f(t)$ = Ausfalldichtefunktion
TTF = Time to Failure
MOP = Month of Production
ISO = Isochronenwert
ISO_Kost = bewerteter Isochronenwert
BZ_H(t) = Bezugszahl von H(t)

Bild A3.4-2: Flow-Charts - Lageanalyse (Teil 2)

Ausfälle[MOP,t*] zählen
ΔGK-IST[MOP,t*] summieren
Seite 2 von 2

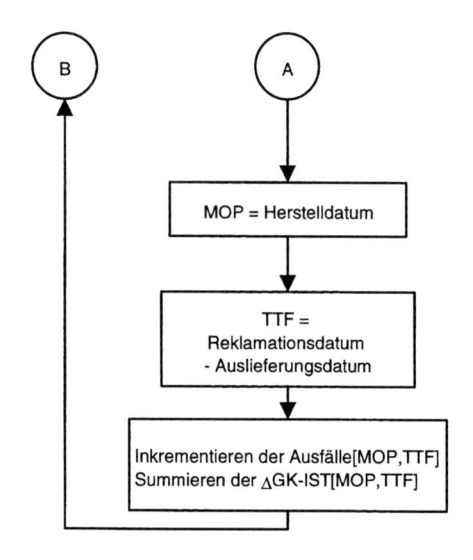

```
     B                    A
     │                    │
     │                    ▼
     │     ┌──────────────────────────┐
     │     │  MOP = Herstelldatum     │
     │     └──────────────────────────┘
     │                    │
     │                    ▼
     │     ┌──────────────────────────┐
     │     │  TTF =                   │
     │     │  Reklamationsdatum       │
     │     │  - Auslieferungsdatum    │
     │     └──────────────────────────┘
     │                    │
     │                    ▼
     │     ┌────────────────────────────────────────┐
     │     │ Inkrementieren der Ausfälle[MOP,TTF]   │
     └─────│ Summieren der ΔGK-IST[MOP,TTF]         │
           └────────────────────────────────────────┘
```

Legende:
BE = Basiselement
GP = Gesamtprodukt
Auswertedt1 = untere Datumsgrenze des Auswertebereichs
Auswertedt2 = obere Datumsgrenze des Auswertebereichs
TTF_Max = Heutiges Datum - Auswertedt1
[MOP,TTF] = Matrix MOP und TTF bezogen
ΔGK = Garantiekosten
ΔGK-IST = tatsächlich angefallene ΔGK im IST-Zustand
BZ_f(t) = Bezugszahl von f(t)

RBK = Reklamationsbearbeitungskosten
ΔGSK = Garantiestückkosten
ΔH(t*) = Erneuerungsfunktion
f(t) = Ausfalldichtefunktion
TTF = Time to Failure
MOP = Month of Production
ISO = Isochronenwert
ISO_Kost = bewerteter Isochronenwert
BZ_H(t) = Bezugszahl von H(t)

Bild A3.4-3: Flow-Charts - Lageanalyse (Teil 3)

A42 Anhang

Rücklaufquoten berücksichtigen
Seite 1 von 1

(C)

Für das untersuchte BE:
- 1. Garantiedauer
- Rücklaufquote1
- Rücklaufquote2
- Auswertebereich

MOP = Auswertdt1

TTF = 1

TTF = TTF + 1

Falls TTF ≤ tG1 setze:
RQ = Rücklaufquote1
sonst setze:
RQ = Rücklaufquote2

MOP = MOP + 1

Berechne
Ausfälle[MOP,TTF] = Ausfälle[MOP,TTF] * (1/RQ)
ΔGK-IST[MOP,TTF] = ΔGK-IST[MOP,TTF] * (1/RQ)

TTF < TTF_Max ? — ja (Schleife zurück) / nein

MOP = Auswertedt2 ? — ja / nein (Schleife zurück)

(D)

Legende:
BE = Basiselement
GP = Gesamtprodukt
Auswertedt1 = untere Datumsgrenze des Auswertebereichs
Auswertedt2 = obere Datumsgrenze des Auswertebereichs
TTF_Max = Heutiges Datum - Auswertedt1
[MOP,TTF] = Matrix MOP und TTF bezogen
ΔGK = Garantiekosten
ΔGK-IST = tatsächlich angefallene ΔGK im IST-Zustand
BZ_f(t) = Bezugszahl von f(t)

RBK = Reklamationsbearbeitungskosten
ΔGSK = Garantiestückkosten
ΔH(t*) = Erneuerungsfunktion
f(t) = Ausfalldichtefunktion
TTF = Time to Failure
MOP = Month of Production
ISO = Isochronenwert
ISO_Kost = bewerteter Isochronenwert
BZ_H(t) = Bezugszahl von H(t)

Bild A3.4-4: Flow-Charts - Lageanalyse (Teil 4)

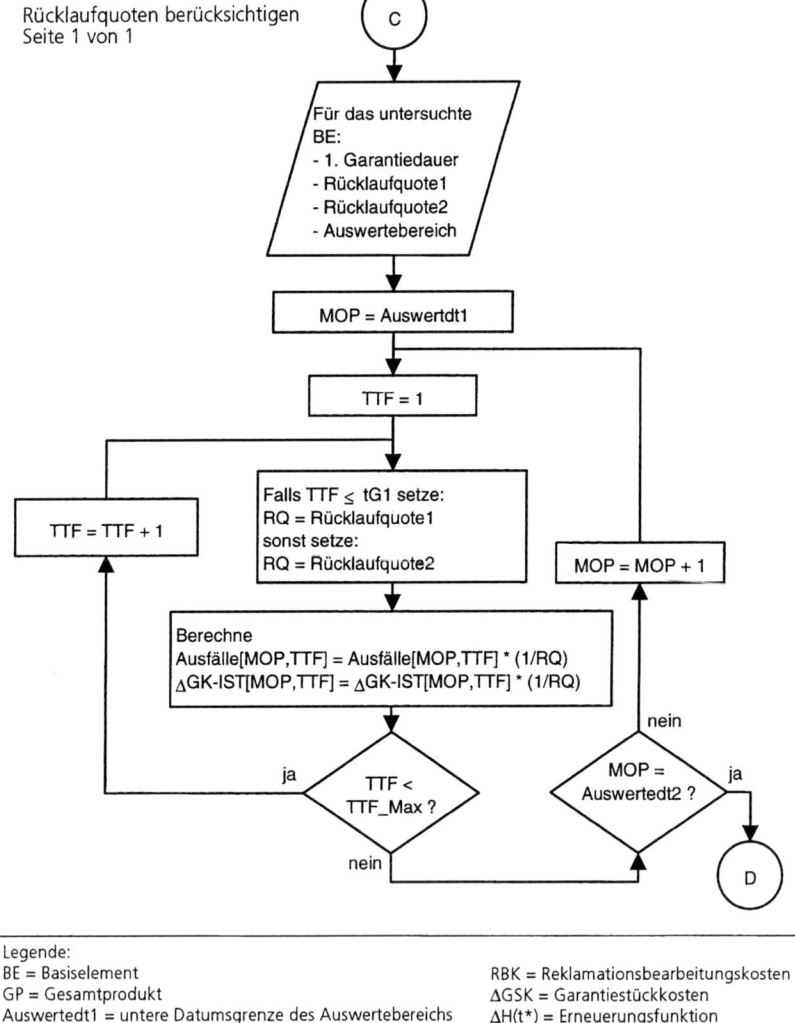

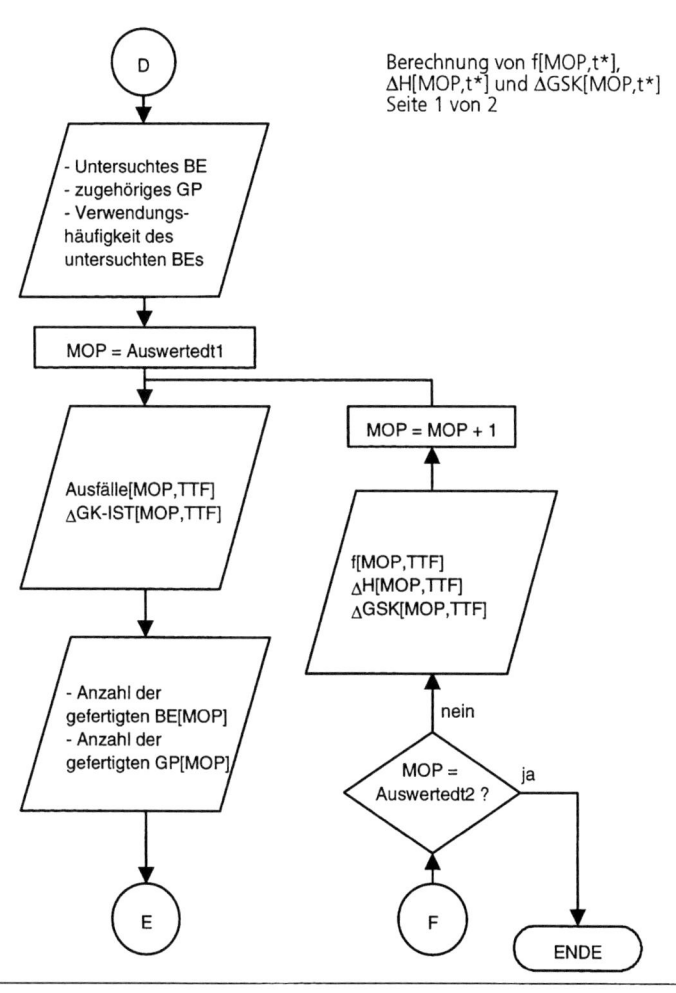

Anhang A43

Berechnung von f[MOP,t*], ΔH[MOP,t*] und ΔGSK[MOP,t*]
Seite 1 von 2

```
D
│
▼
- Untersuchtes BE
- zugehöriges GP
- Verwendungs-
  häufigkeit des
  untersuchten BEs
│
▼
MOP = Auswertedt1
│
▼
Ausfälle[MOP,TTF]
ΔGK-IST[MOP,TTF]
│
▼
- Anzahl der gefertigten BE[MOP]
- Anzahl der gefertigten GP[MOP]
│
▼
E
```

```
MOP = MOP + 1
  ▲
  │
f[MOP,TTF]
ΔH[MOP,TTF]
ΔGSK[MOP,TTF]
  ▲
  │ nein
MOP = Auswertedt2 ? ──ja──▶ ENDE
  ▲
  │
  F
```

Legende:
BE = Basiselement
GP = Gesamtprodukt
Auswertedt1 = untere Datumsgrenze des Auswertebereichs
Auswertedt2 = obere Datumsgrenze des Auswertebereichs
TTF_Max = Heutiges Datum - Auswertedt1
[MOP,TTF] = Matrix MOP und TTF bezogen
ΔGK = Garantiekosten
ΔGK-IST = tatsächlich angefallene ΔGK im IST-Zustand
BZ_f(t) = Bezugszahl von f(t)

RBK = Reklamationsbearbeitungskosten
ΔGSK = Garantiestückkosten
ΔH(t*) = Erneuerungsfunktion
f(t) = Ausfalldichtefunktion
TTF = Time to Failure
MOP = Month of Production
ISO = Isochronenwert
ISO_Kost = bewerteter Isochronenwert
BZ_H(t) = Bezugszahl von H(t)

Bild A3.4-5: Flow-Charts - Lageanalyse (Teil 5)

Anhang

Berechnung von f[MOP,t*],
ΔH[MOP,t*] und ΔGSK[MOP,t*]
Seite 2 von 2

```
                        (E)                    (F)
                         |                      ↑
                         ↓                      |
        ┌────────────────────────────────────┐  |
        │ TTF = 1                            │  |
        │ BZ_f(t) = Anzahl gefertigter BE[MOP]│ |
        │ BZ_H(t) = Anzahl gefertigter GP[MOP]│ |
        └────────────────────────────────────┘  |
                         |                      |
                         ↓                      |
        ┌────────────────────────────────────┐  |
        │ Berechne:                          │  |
        │                                    │  |
        │ f[MOP,TTF] = Ausfälle[MOP,TTF] / BZ_f(t)│
┌──────┐│                                    │  |
│TTF=  ││ ΔH[MOP,TTF] = Ausfälle[MOP,TTF] /  │  |
│TTF+1 ││ (BZ_H(t) * Verwendungshäufigkeit)  │  |
└──────┘│                                    │  |
   ↑    │ ΔGSK[MOP,TTF] = ΔGK-IST[MOP,TTF] / │  |
   |    │ (BZ_H(t) * Verwendungshäufigkeit)  │  |
   |    └────────────────────────────────────┘  |
   |                     |                      |
   |                     ↓                      |
   |                  ╱     ╲     nein          |
   |                 ╱ TTF <  ╲─────────────────┘
   |                ╲ TTF_Max?╱
   |                 ╲       ╱
   |                     | ja
   └─────────────────────┘
```

Legende:
BE = Basiselement
GP = Gesamtprodukt
Auswertedt1 = untere Datumsgrenze des Auswertebereichs
Auswertedt2 = obere Datumsgrenze des Auswertebereichs
TTF_Max = Heutiges Datum - Auswertedt1
[MOP,TTF] = Matrix MOP und TTF bezogen
ΔGK = Garantiekosten
ΔGK-IST = tatsächlich angefallene ΔGK im IST-Zustand
BZ_f(t) = Bezugszahl von f(t)

RBK = Reklamationsbearbeitungskosten
ΔGSK = Garantiestückkosten
ΔH(t*) = Erneuerungsfunktion
f(t) = Ausfalldichtefunktion
TTF = Time to Failure
MOP = Month of Production
ISO = Isochronenwert
ISO_Kost = bewerteter Isochronenwert
BZ_H(t) = Bezugszahl von H(t)

Bild A3.4-6: Flow-Charts - Lageanalyse (Teil 6)

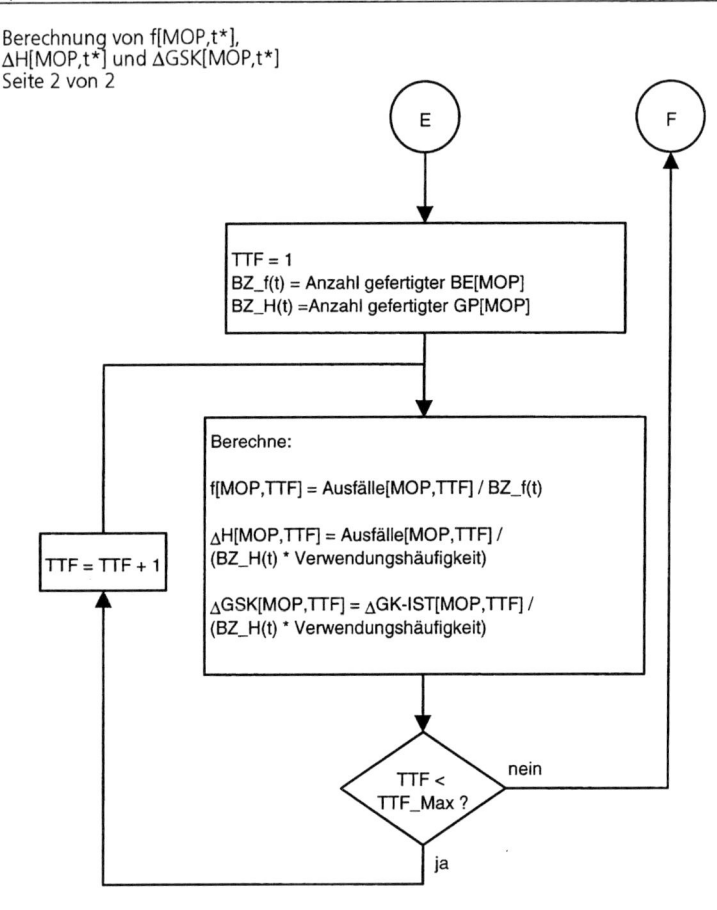

Anhang

Berechnen der Isochronen und der bewerteten Isochronen
Seite 1 von 2

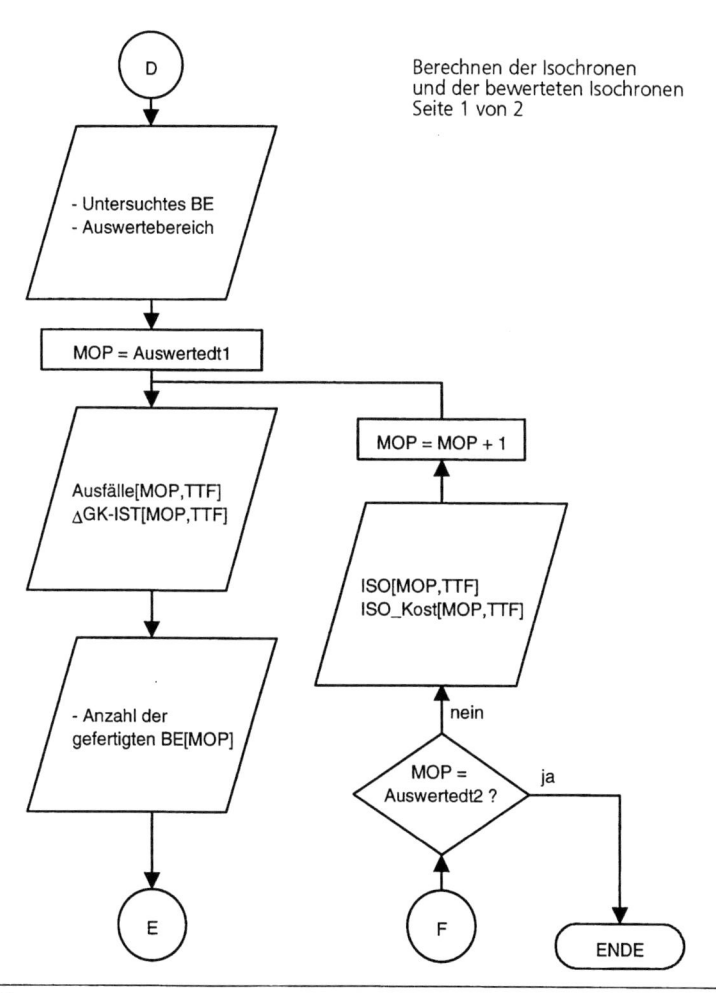

```
         ( D )
           │
           ▼
    ┌─────────────┐
   /  - Untersuchtes BE  /
  /   - Auswertebereich /
 └─────────────────┘
           │
           ▼
   ┌─────────────────┐
   │ MOP = Auswertedt1 │
   └─────────────────┘
           │           ┌──────────────────┐
           ▼           │  MOP = MOP + 1   │
   ┌─────────────────┐ └──────────────────┘
  / Ausfälle[MOP,TTF] /         ▲
 /  ΔGK-IST[MOP,TTF] /           │
 └─────────────────┘    ┌─────────────────┐
           │           /  ISO[MOP,TTF]    /
           ▼          /  ISO_Kost[MOP,TTF]/
   ┌─────────────────┐ └─────────────────┘
  / - Anzahl der     /         ▲
 /   gefertigten    /      nein │
 /   BE[MOP]       /       ┌────◇────┐  ja
 └────────────────┘       │   MOP =  ├──────┐
           │              │Auswertedt2?│     │
           │              └─────▲────┘      │
           ▼                    │           ▼
         ( E )                ( F )      ( ENDE )
```

Legende:
BE = Basiselement
GP = Gesamtprodukt
Auswertedt1 = untere Datumsgrenze des Auswertebereichs
Auswertedt2 = obere Datumsgrenze des Auswertebereichs
TTF_Max = Heutiges Datum - Auswertedt1
[MOP,TTF] = Matrix MOP und TTF bezogen
ΔGK = Garantiekosten
ΔGK-IST = tatsächlich angefallene ΔGK im IST-Zustand
BZ_f(t) = Bezugszahl von f(t)

RBK = Reklamationsbearbeitungskosten
ΔGSK = Garantiestückkosten
ΔH(t*) = Erneuerungsfunktion
f(t) = Ausfalldichtefunktion
TTF = Time to Failure
MOP = Month of Production
ISO = Isochronenwert
ISO_Kost = bewerteter Isochronenwert
BZ_H(t) = Bezugszahl von H(t)

Bild A3.4-7: Flow-Charts - Lageanalyse (Teil 7)

Berechnen der Isochronen
und der bewerteten Isochronen
Seite 2 von 2

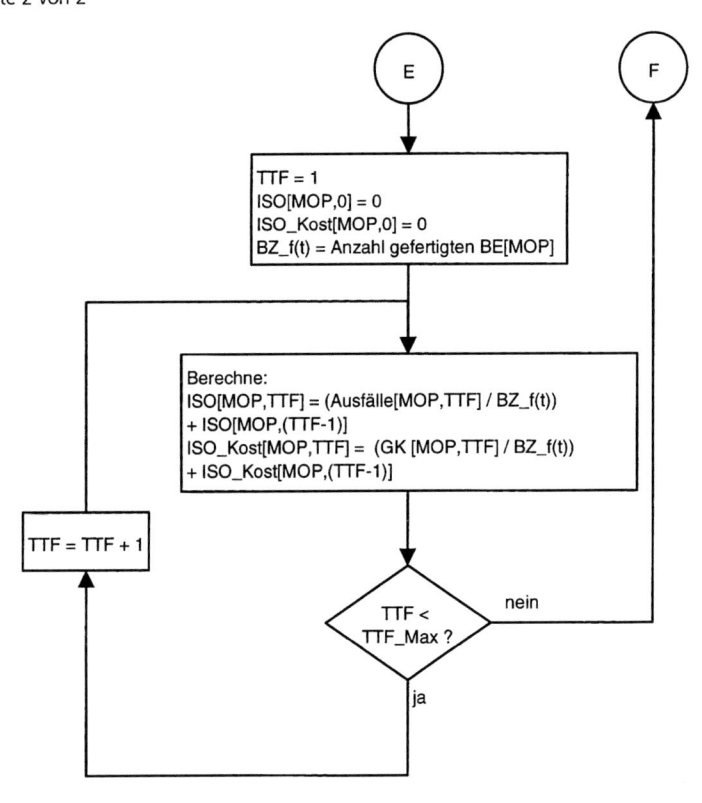

E →

```
TTF = 1
ISO[MOP,0] = 0
ISO_Kost[MOP,0] = 0
BZ_f(t) = Anzahl gefertigten BE[MOP]
```

↓

Berechne:
ISO[MOP,TTF] = (Ausfälle[MOP,TTF] / BZ_f(t))
 + ISO[MOP,(TTF-1)]
ISO_Kost[MOP,TTF] = (GK [MOP,TTF] / BZ_f(t))
 + ISO_Kost[MOP,(TTF-1)]

TTF = TTF + 1

TTF < TTF_Max ? — nein → F

ja ↓ (loop back)

Legende:
BE = Basiselement
GP = Gesamtprodukt
Auswertedt1 = untere Datumsgrenze des Auswertebereichs
Auswertedt2 = obere Datumsgrenze des Auswertebereichs
TTF_Max = Heutiges Datum - Auswertedt1
[MOP,TTF] = Matrix MOP und TTF bezogen
ΔGK = Garantiekosten
ΔGK-IST = tatsächlich angefallene ΔGK im IST-Zustand
BZ_f(t) = Bezugszahl von f(t)

RBK = Reklamationsbearbeitungskosten
ΔGSK = Garantiestückkosten
$\Delta H(t^*)$ = Erneuerungsfunktion
f(t) = Ausfalldichtefunktion
TTF = Time to Failure
MOP = Month of Production
ISO = Isochronenwert
ISO_Kost = bewerteter Isochronenwert
BZ_H(t) = Bezugszahl von H(t)

Bild A3.4-8: Flow-Charts - Lageanalyse (Teil 8)

Anhang A47

Simulative Berechnung von ΔGSK[t*] und ΔH[t*]
Abschätzung des rel. Fehlers
Seite 1 von 2

ANFANG

- erstes BE
- MIS_Max
- geforderter rel. Fehler

Festlegen von n

nächstes Basiselement

Festlegen von N

A

Abbruch nach N Durchläufen

MC-Simulation durchführen

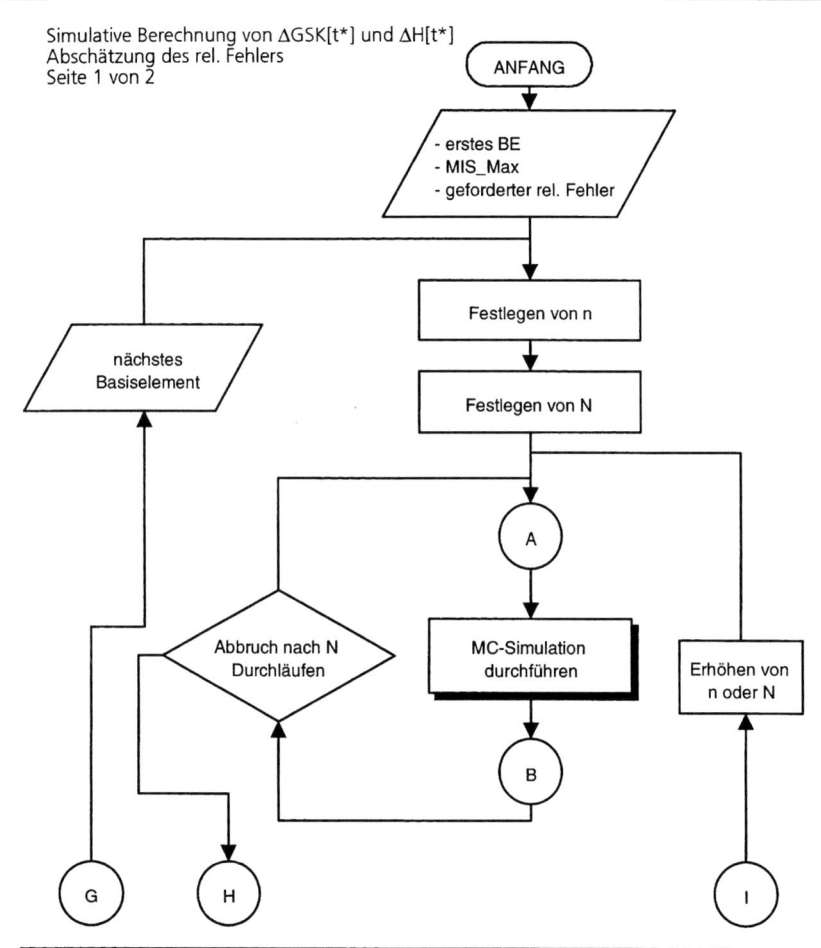

Erhöhen von n oder N

B

G   H   I

Legende:
BE = Basiselement
MC-Simulation = Monte-Carlo-Simulation
N = Anzahl der MC-Simulationen
n = Anzahl der zu simulierenden BE
MIS = Month in Service
MIS_Max = Maximaler MIS der Betrachtung
tG1;tG2 = erste und zweite Garantiedauer
i = Zählvariable für die simulierten BE

RBK = Reklamationsbearbeitungskosten
$\alpha 1, \alpha 2, \alpha 3$ = gleichverteilte Zufallsvariablen
X1 = normalverteilte Zufallszahlen
μ, σ = Kennwerte der Verteilung tG1; tG2
X = nach μ und σ verteilte Zufallszahlen
tGMin = minimale Garantiedauer
T1, T2 = Ausfallzeiten
F(t) = Verteilungsfunktion

Bild A3.4-9: Flow-Charts - Simulation (Teil 1)

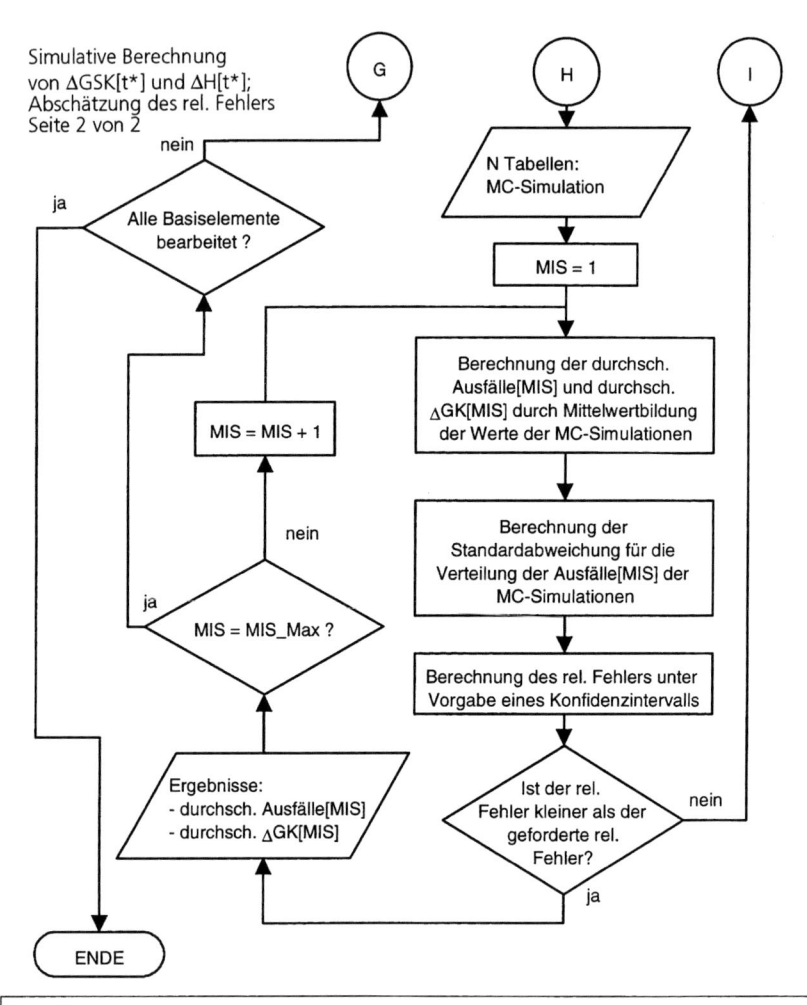

A48 Anhang

Simulative Berechnung von $\Delta GSK[t^*]$ und $\Delta H[t^*]$; Abschätzung des rel. Fehlers
Seite 2 von 2

```
         nein
ja  ┌─── Alle Basiselemente
    │    bearbeitet?              G              H                    I

                                               N Tabellen:
                                               MC-Simulation

                                               MIS = 1

                            Berechnung der durchsch.
                            Ausfälle[MIS] und durchsch.
      MIS = MIS + 1          ΔGK[MIS] durch Mittelwertbildung
                            der Werte der MC-Simulationen

                nein         Berechnung der
                             Standardabweichung für die
      ja                     Verteilung der Ausfälle[MIS] der
    MIS = MIS_Max?            MC-Simulationen

                             Berechnung des rel. Fehlers unter
                             Vorgabe eines Konfidenzintervalls

      Ergebnisse:             Ist der rel.
      - durchsch. Ausfälle[MIS]   Fehler kleiner als der    nein
      - durchsch. ΔGK[MIS]      geforderte rel.
                                Fehler?
                                       ja

   ENDE
```

Legende:
BE = Basiselement
MC-Simulation = Monte-Carlo-Simulation
N = Anzahl der MC-Simulationen
n = Anzahl der zu simulierenden BE
MIS = Month in Service
MIS_Max = Maximaler MIS der Betrachtung
tG1;tG2 = erste und zweite Garantiedauer
i = Zählvariable für die simulierten BE

RBK = Reklamationsbearbeitungskosten
$\alpha 1, \alpha 2, \alpha 3$ = gleichverteilte Zufallsvariablen
X1 = normalverteilte Zufallszahlen
μ, σ = Kennwerte der Verteilung tG1; tG2
X = nach μ und σ verteilte Zufallszahlen
tGMin = minimale Garantiedauer
T1, T2 = Ausfallzeiten
F(t) = Verteilungsfunktion

Bild A3.4-10: Flow-Charts - Simulation (Teil 2)

Anhang A49

Monte-Carlo-Simulation
Seite 1 von 3

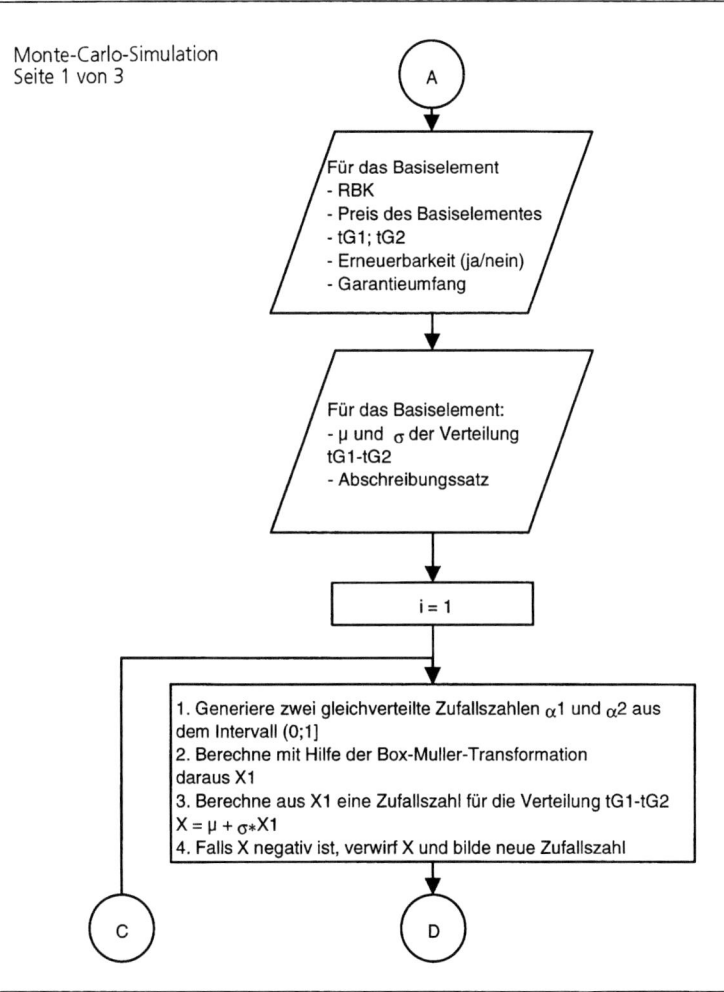

(A)

Für das Basiselement
- RBK
- Preis des Basiselementes
- tG1; tG2
- Erneuerbarkeit (ja/nein)
- Garantieumfang

Für das Basiselement:
- μ und σ der Verteilung tG1-tG2
- Abschreibungssatz

$i = 1$

1. Generiere zwei gleichverteilte Zufallszahlen α_1 und α_2 aus dem Intervall (0;1]
2. Berechne mit Hilfe der Box-Muller-Transformation daraus X1
3. Berechne aus X1 eine Zufallszahl für die Verteilung tG1-tG2
$X = \mu + \sigma * X1$
4. Falls X negativ ist, verwirf X und bilde neue Zufallszahl

(C)   (D)

Legende:
BE = Basiselement
MC-Simulation = Monte-Carlo-Simulation
N = Anzahl der MC-Simulationen
n = Anzahl der zu simulierenden BE
MIS = Month in Service
MIS_Max = Maximaler MIS der Betrachtung
tG1;tG2 = erste und zweite Garantiedauer
i = Zählvariable für die simulierten BE

RBK = Reklamationsbearbeitungskosten
$\alpha_1, \alpha_2, \alpha_3$ = gleichverteilte Zufallsvariablen
X1 = normalverteilte Zufallszahlen
μ, σ = Kennwerte der Verteilung tG1; tG2
X = nach μ und σ verteilte Zufallszahlen
tGMin = minimale Garantiedauer
T1, T2 = Ausfallzeiten
F(t) = Verteilungsfunktion

Bild A3.4-11: Flow-Charts - Simulation (Teil 3)

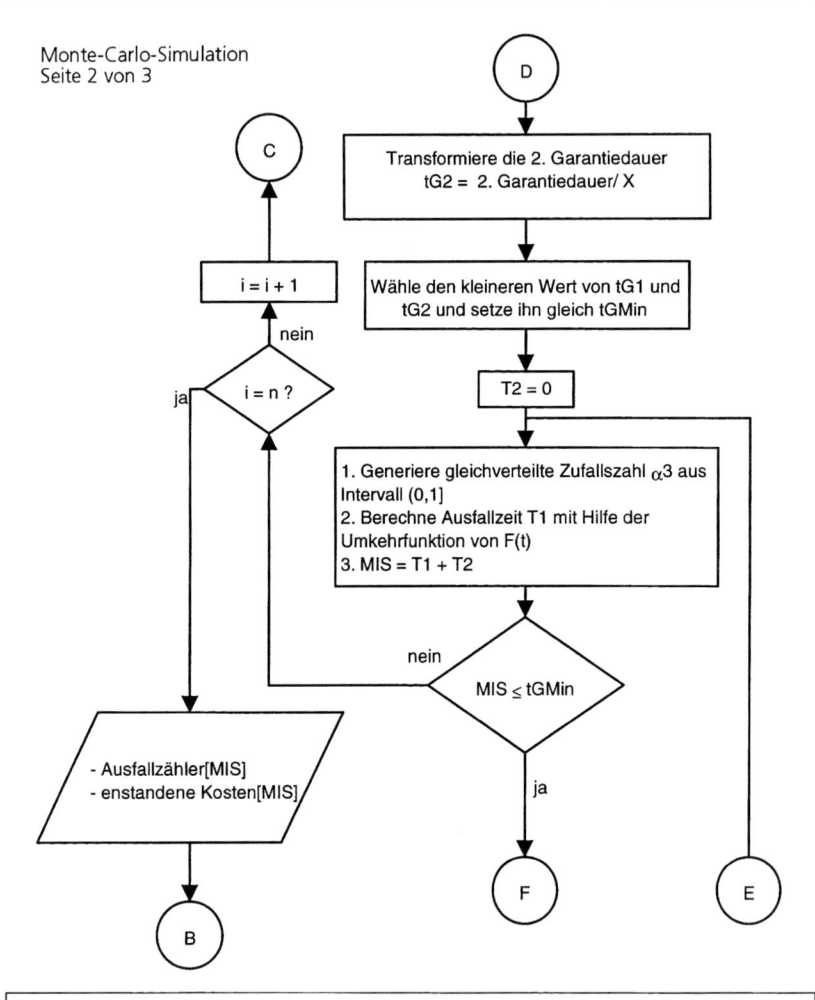

A50 Anhang

Monte-Carlo-Simulation
Seite 2 von 3

```
                            (C)              (D)
                             │                │
                             │    ┌───────────▼───────────────┐
                             │    │ Transformiere die 2. Garantiedauer │
                             │    │ tG2 = 2. Garantiedauer/ X │
                             │    └───────────┬───────────────┘
                             │                │
                   ┌─────────┴──┐  ┌──────────▼──────────────────┐
                   │ i = i + 1  │  │ Wähle den kleineren Wert von tG1 und │
                   └────────────┘  │ tG2 und setze ihn gleich tGMin │
                       ▲ nein      └──────────┬──────────────────┘
                       │                      │
                  ┌────┴────┐              ┌──▼───┐
              ja  │ i = n ? │              │ T2=0 │
              ◄───┤         │              └──┬───┘
                  └─────────┘                 │
                       ▲          ┌───────────▼────────────────────┐
                       │          │ 1. Generiere gleichverteilte    │
                       │          │    Zufallszahl α3 aus           │
                       │          │    Intervall (0,1]              │
                       │          │ 2. Berechne Ausfallzeit T1 mit  │
                       │          │    Hilfe der Umkehrfunktion     │
                       │          │    von F(t)                     │
                       │          │ 3. MIS = T1 + T2                │
                       │          └───────────┬────────────────────┘
                       │                      │
                       │         nein  ┌──────▼──────┐
                       ├──────────────┤ MIS ≤ tGMin │
                       │              └──────┬──────┘
         ┌─────────────┴──────────┐          │ ja
         │ - Ausfallzähler[MIS]   │          │
         │ - enstandene Kosten[MIS]│         │
         └────────────┬───────────┘          │
                     │                    (F)      (E)
                    (B)
```

Legende:
BE = Basiselement
MC-Simulation = Monte-Carlo-Simulation
N = Anzahl der MC-Simulationen
n = Anzahl der zu simulierenden BE
MIS = Month in Service
MIS_Max = Maximaler MIS der Betrachtung
tG1;tG2 = erste und zweite Garantiedauer
i = Zählvariable für die simulierten BE

RBK = Reklamationsbearbeitungskosten
$\alpha 1, \alpha 2, \alpha 3$ = gleichverteilte Zufallsvariablen
X1 = normalverteilte Zufallszahlen
μ, σ = Kennwerte der Verteilung tG1; tG2
X = nach μ und σ verteilte Zufallszahlen
tGMin = minimale Garantiedauer
T1, T2 = Ausfallzeiten
F(t) = Verteilungsfunktion

Bild A3.4-12: Flow-Charts - Simulation (Teil 4)

Anhang   A51

Monte-Carlo-Simulation
Seite 3 von 3

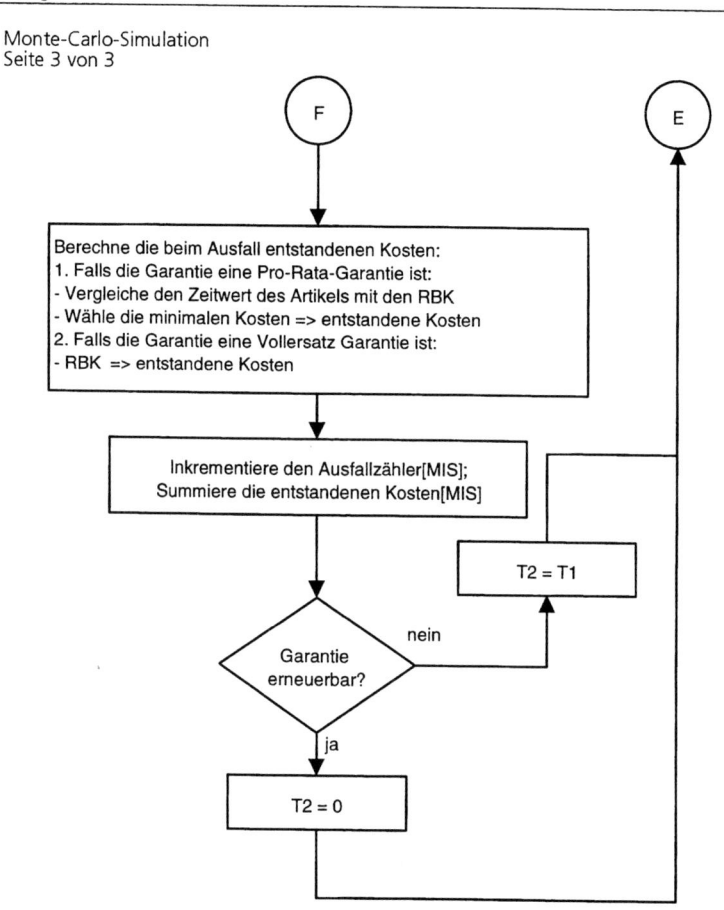

(F)   (E)

Berechne die beim Ausfall entstandenen Kosten:
1. Falls die Garantie eine Pro-Rata-Garantie ist:
- Vergleiche den Zeitwert des Artikels mit den RBK
- Wähle die minimalen Kosten => entstandene Kosten
2. Falls die Garantie eine Vollersatz Garantie ist:
- RBK => entstandene Kosten

Inkrementiere den Ausfallzähler[MIS];
Summiere die entstandenen Kosten[MIS]

T2 = T1

Garantie erneuerbar? — nein →

↓ ja

T2 = 0

Legende:
BE = Basiselement
MC-Simulation = Monte-Carlo-Simulation
N = Anzahl der MC-Simulationen
n = Anzahl der zu simulierenden BE
MIS = Month in Service
MIS_Max = Maximaler MIS der Betrachtung
tG1;tG2 = erste und zweite Garantiedauer
i = Zählvariable für die simulierten BE

RBK = Reklamationsbearbeitungskosten
$\alpha_1, \alpha_2, \alpha_3$ = gleichverteilte Zufallsvariablen
X1 = normalverteilte Zufallszahlen
μ, σ = Kennwerte der Verteilung tG1; tG2
X = nach μ und σ verteilte Zufallszahlen
tGMin = minimale Garantiedauer
T1, T2 = Ausfallzeiten
F(t) = Verteilungsfunktion

Bild A3.4-13: Flow-Charts - Simulation (Teil 5)

Lebenslauf

Persönliche Daten: Ulf Rudolf von Haacke
geboren am 3.03.1966 in Verden/Aller
Staatsangehörigkeit: Deutsch
Familienstand: Ledig

Schulausbildung: 1972 - 1986: Grundschule und Gymnasium,
05/1986: Abitur am Friedrich-Schiller-Gymnasium, Preetz, Schleswig-Holstein

Wehrdienst: 1986 - 1988: Soldat auf Zeit; 4./Fallschirmjägerbataillon 272; Leutnant d.R.

Studium: 1988 - 1993: Maschinenbau an der RWTH Aachen, Fachrichtung Energietechnik-Turbomaschinen
Diplomzeugnis vom 02.09.1993

Berufstätigkeit: Während des Studiums 8 Monate Industriepraktikum im In- und Ausland.

Tätigkeiten am Fraunhofer-Institut für Produktionstechnologie (IPT), Abeilung Planung und Organisation:

06/1992 - 08/1993: Studentische Hilfskraft
11/1993 - 01/1996: Wissenschaftlicher Mitarbeiter
02/1996 - 09/1996: Oberingenieur

10/1996 - : Geschäftsführender Direktor
Fraunhofer Resource Center
Massachusetts, Boston

Aachen, November 1996